Zits®

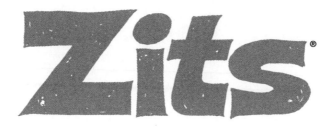

Zits®

¡Mírame cuando te hablo, jovencito!

Volumen 3

por JERRY SCOTT y JIM BORGMAN

NORMA Editorial

Zits vol.3, de Scott y Borgman
Primera edición: febrero 2002.
©2000 ZITS Partnership. Distributed by King Features Syndicate.
©2002 NORMA Editorial por la edición en castellano.
Fluvià, 89. 08019 Barcelona.
Tel.: 93 303 68 20 – Fax: 93 303 68 31.
E-mail: norma@norma-ed.es
Traducción: Robert Falcó. Rotulación: Rosa Romeu.
Depósito legal: B-46451-2001. ISBN: 84-8431-463-4.
Printed in the EU.

www.norma-ed.es

A la gente de The New School, gracias.
J.B.

A Peter, Hedley, Alf, Illka y Mika,
muchas gracias por ayudar a ampliar nuestros horizontes.
J.S.

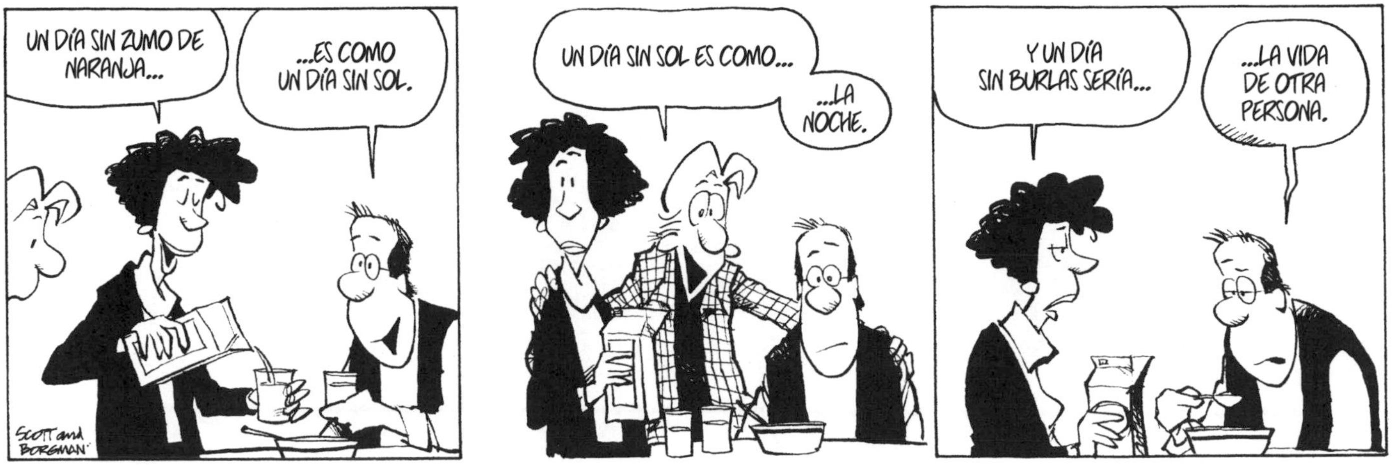
UN DÍA SIN ZUMO DE NARANJA...
...ES COMO UN DÍA SIN SOL.
UN DÍA SIN SOL ES COMO...
...LA NOCHE.
Y UN DÍA SIN BURLAS SERÍA...
...LA VIDA DE OTRA PERSONA.
SCOTT and BORGMAN

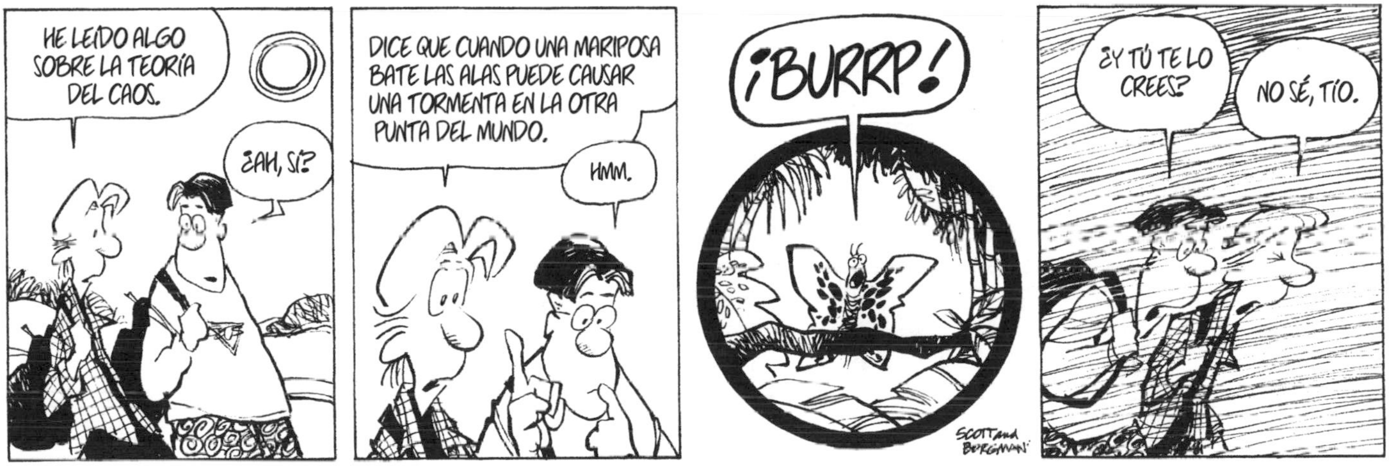
HE LEÍDO ALGO SOBRE LA TEORÍA DEL CAOS.
¿AH, SÍ?
DICE QUE CUANDO UNA MARIPOSA BATE LAS ALAS PUEDE CAUSAR UNA TORMENTA EN LA OTRA PUNTA DEL MUNDO.
HMM.
¡BURRP!
¿Y TÚ TE LO CREES?
NO SÉ, TÍO.
SCOTT and BORGMAN

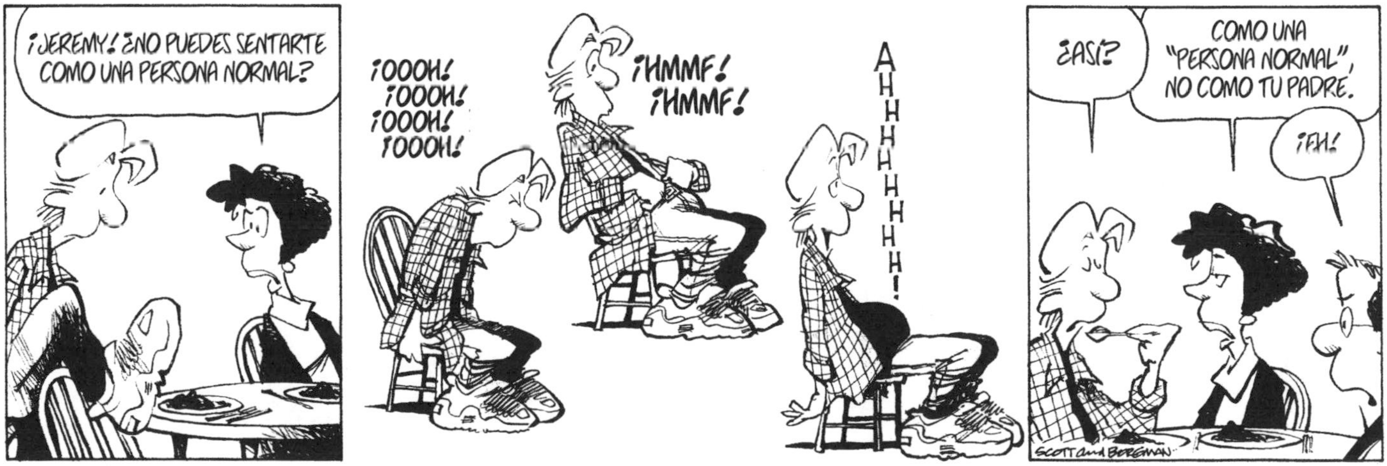
¡JEREMY! ¿NO PUEDES SENTARTE COMO UNA PERSONA NORMAL?
¡OOOH! ¡OOOH! ¡OOOH! ¡OOOH!
¡HMMF! ¡HMMF!
AHHHHHHHH!
¿ASÍ?
COMO UNA "PERSONA NORMAL", NO COMO TU PADRE.
¡EH!
SCOTT and BORGMAN

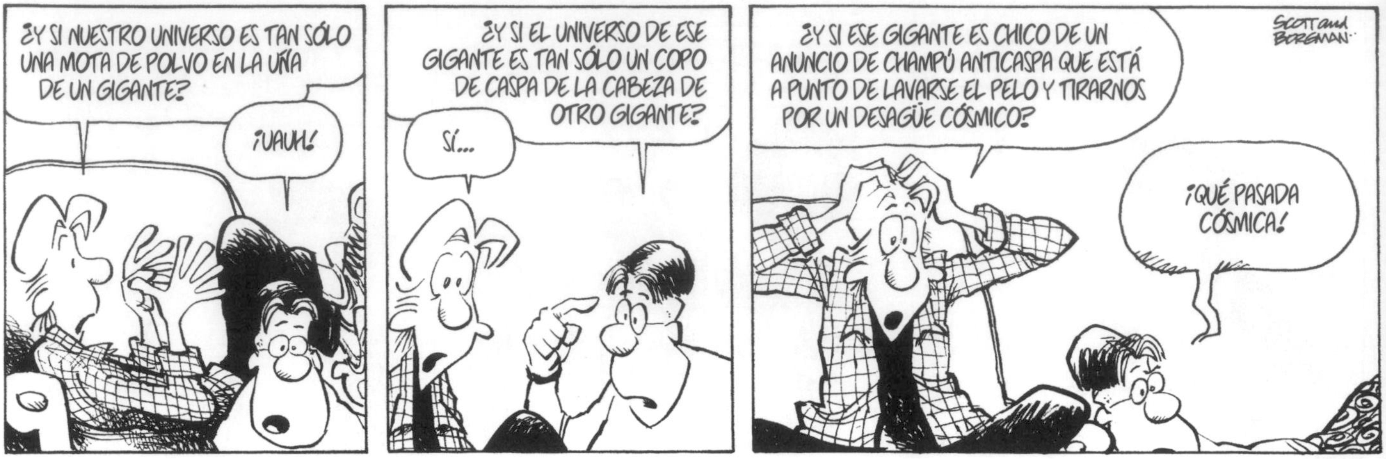
¿Y SI NUESTRO UNIVERSO ES TAN SÓLO UNA MOTA DE POLVO EN LA UÑA DE UN GIGANTE?
¡UAUH!
¿Y SI EL UNIVERSO DE ESE GIGANTE ES TAN SÓLO UN COPO DE CASPA DE LA CABEZA DE OTRO GIGANTE?
SÍ...
¿Y SI ESE GIGANTE ES CHICO DE UN ANUNCIO DE CHAMPÚ ANTICASPA QUE ESTÁ A PUNTO DE LAVARSE EL PELO Y TIRARNOS POR UN DESAGÜE CÓSMICO?
¡QUÉ PASADA CÓSMICA!
SCOTT and BORGMAN

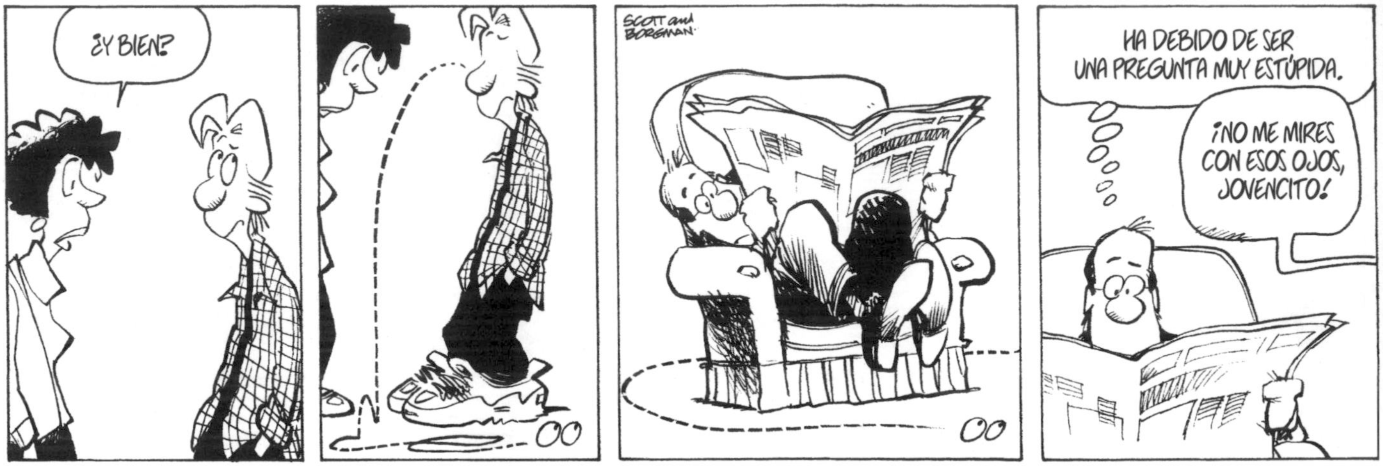
¿Y BIEN?
SCOTT and BORGMAN
HA DEBIDO DE SER UNA PREGUNTA MUY ESTÚPIDA.
¡NO ME MIRES CON ESOS OJOS, JOVENCITO!

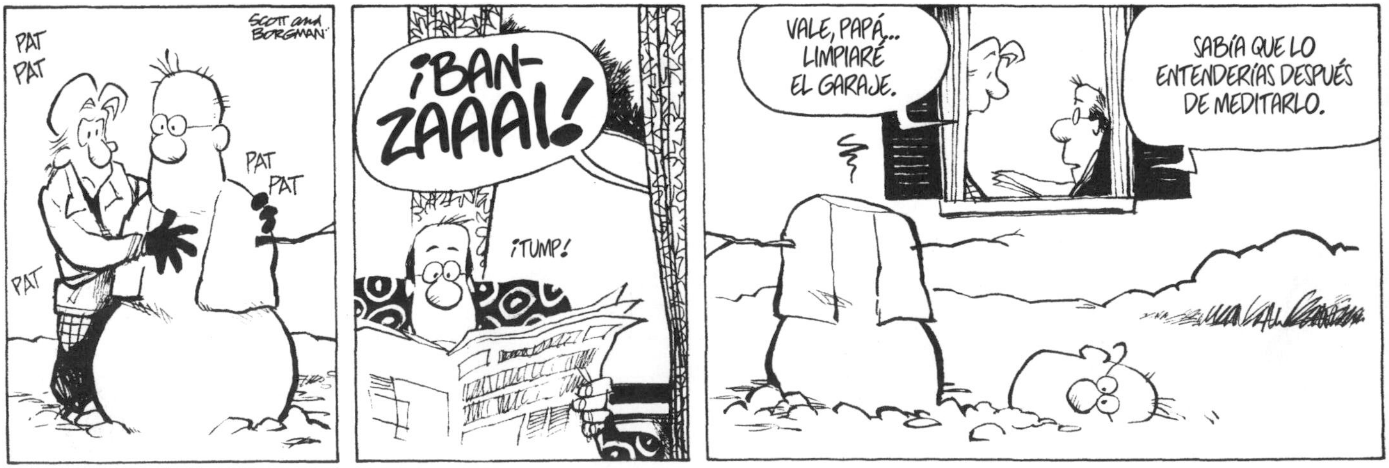
SCOTT and BORGMAN
PAT PAT
PAT PAT
PAT
¡BAN-ZAAAI!
¡TUMP!
VALE, PAPÁ... LIMPIARÉ EL GARAJE.
SABÍA QUE LO ENTENDERÍAS DESPUÉS DE MEDITARLO.

Zits
by JERRY SCOTT and JIM BORGMAN

RING!
¡UAAAH!
¡TCHK!
¡TCHK!

SCOTT and BORGMAN
HOY VAS UN POCO TARDE.
ES QUE ME HA COSTADO UN POCO COMPO-NERME.

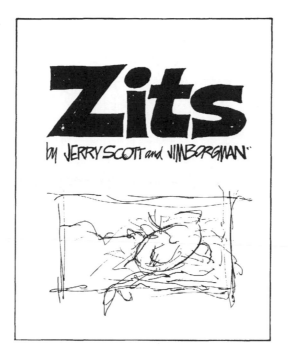

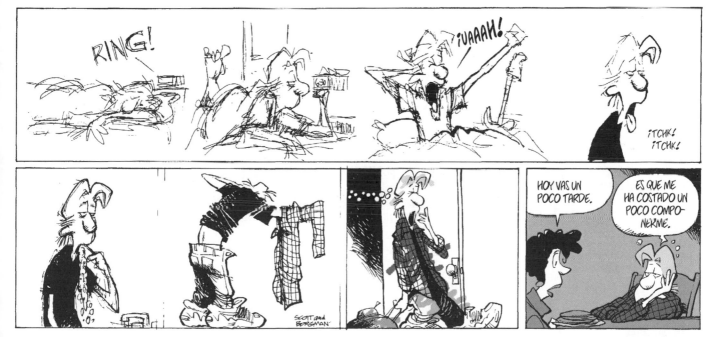

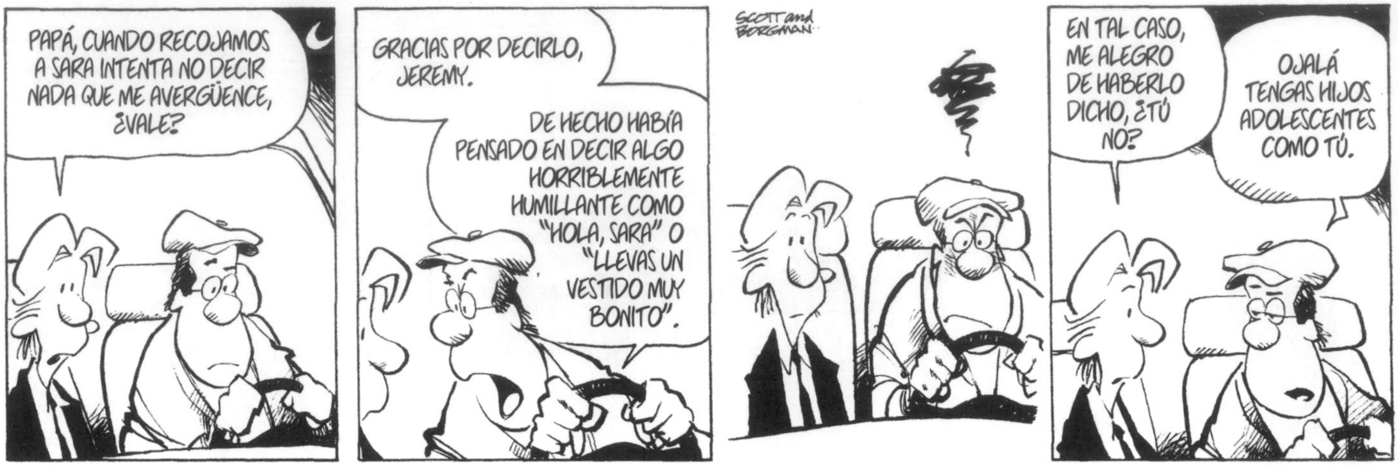
PAPÁ, CUANDO RECOJAMOS A SARA INTENTA NO DECIR NADA QUE ME AVERGÜENCE, ¿VALE?
GRACIAS POR DECIRLO, JEREMY.
DE HECHO HABÍA PENSADO EN DECIR ALGO HORRIBLEMENTE HUMILLANTE COMO "HOLA, SARA" O "LLEVAS UN VESTIDO MUY BONITO".
SCOTT and BORGMAN
EN TAL CASO, ME ALEGRO DE HABERLO DICHO, ¿TÚ NO?
OJALÁ TENGAS HIJOS ADOLESCENTES COMO TÚ.

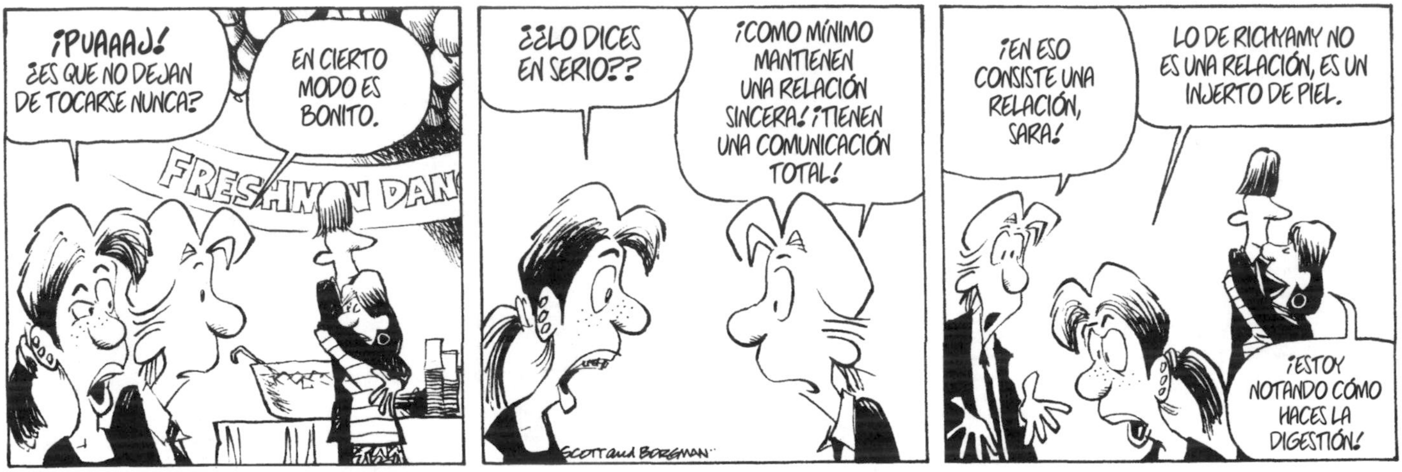
¡PUAAAJ! ¿ES QUE NO DEJAN DE TOCARSE NUNCA?
EN CIERTO MODO ES BONITO.
¿¿LO DICES EN SERIO??
¡COMO MÍNIMO MANTIENEN UNA RELACIÓN SINCERA! ¡TIENEN UNA COMUNICACIÓN TOTAL!
SCOTT and BORGMAN
¡EN ESO CONSISTE UNA RELACIÓN, SARA!
LO DE RICHYAMY NO ES UNA RELACIÓN, ES UN INJERTO DE PIEL.
¡ESTOY NOTANDO CÓMO HACES LA DIGESTIÓN!

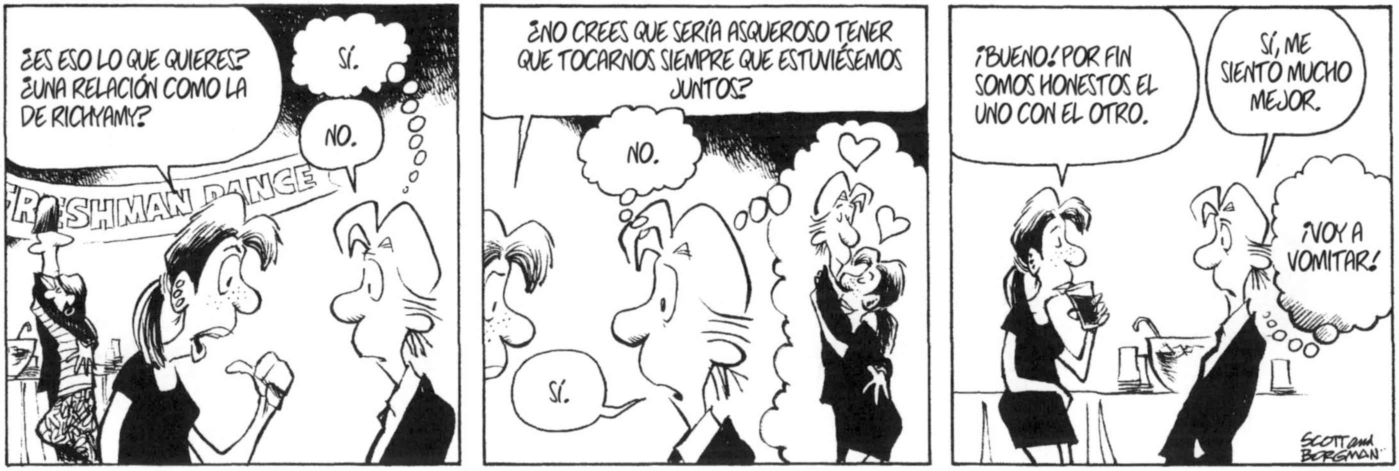
¿ES ESO LO QUE QUIERES? ¿UNA RELACIÓN COMO LA DE RICHYAMY?
SÍ.
NO.
FRESHMAN DANCE
¿NO CREES QUE SERÍA ASQUEROSO TENER QUE TOCARNOS SIEMPRE QUE ESTUVIÉSEMOS JUNTOS?
NO.
SÍ.
¡BUENO! POR FIN SOMOS HONESTOS EL UNO CON EL OTRO.
SÍ, ME SIENTO MUCHO MEJOR.
¡VOY A VOMITAR!
SCOTT and BORGMAN

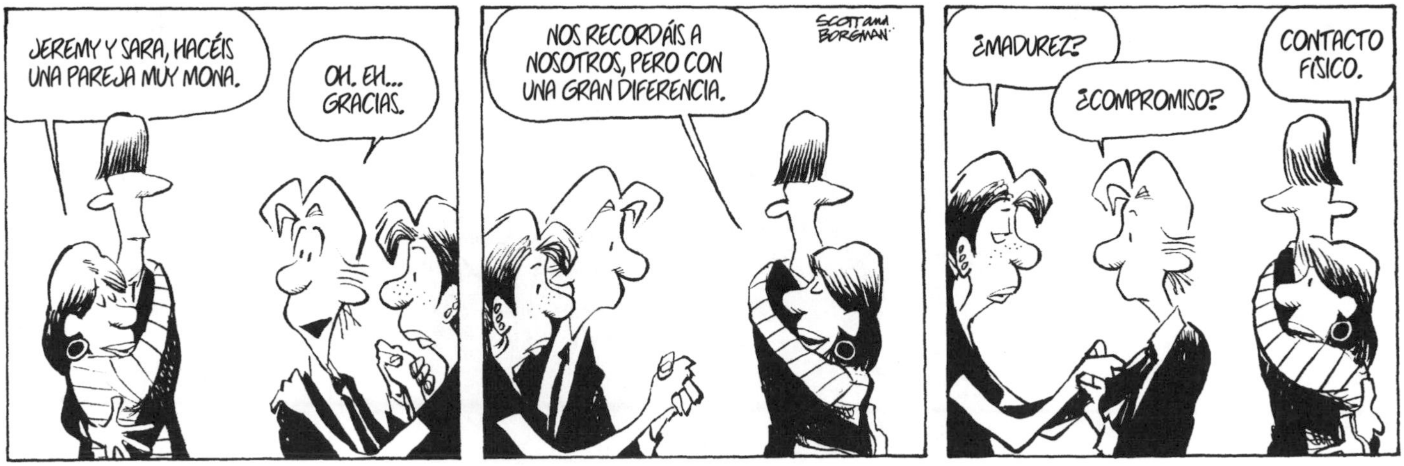
JEREMY Y SARA, HACÉIS UNA PAREJA MUY MONA.
OH. EH... GRACIAS.
NOS RECORDÁIS A NOSOTROS, PERO CON UNA GRAN DIFERENCIA.
SCOTT AND BORGMAN
¿MADUREZ?
¿COMPROMISO?
CONTACTO FÍSICO.

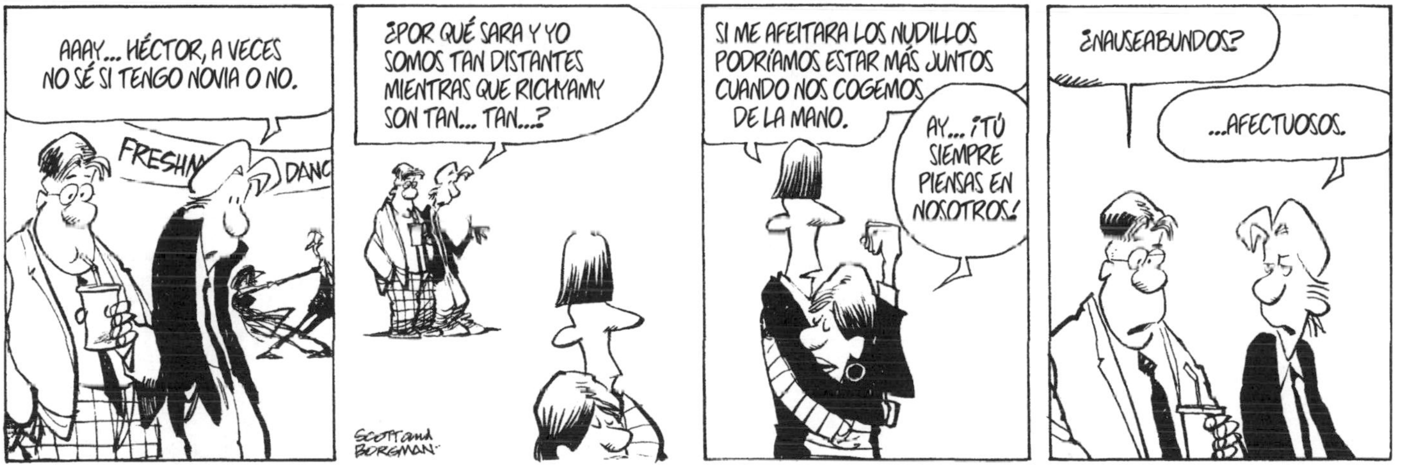
AAAY... HÉCTOR, A VECES NO SÉ SI TENGO NOVIA O NO.
FRESHM
DANC
¿POR QUÉ SARA Y YO SOMOS TAN DISTANTES MIENTRAS QUE RICHYAMY SON TAN... TAN...?
SCOTT AND BORGMAN
SI ME AFEITARA LOS NUDILLOS PODRÍAMOS ESTAR MÁS JUNTOS CUANDO NOS COGEMOS DE LA MANO.
AY... ¡TÚ SIEMPRE PIENSAS EN NOSOTROS!
¿NAUSEABUNDOS?
...AFECTUOSOS.

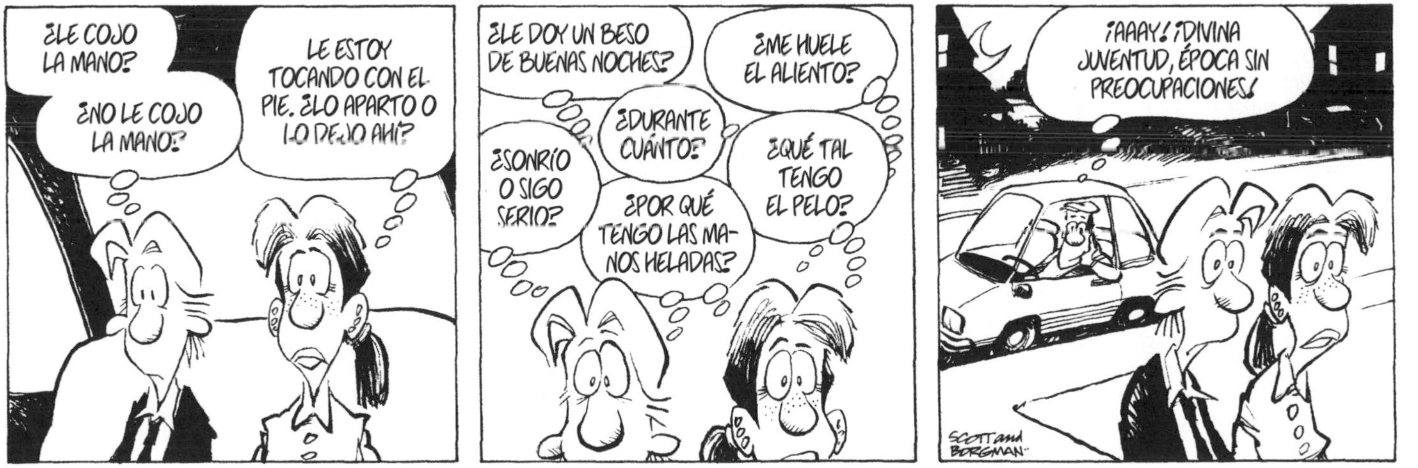
¿LE COJO LA MANO?
¿NO LE COJO LA MANO?
LE ESTOY TOCANDO CON EL PIE. ¿LO APARTO O LO DEJO AHÍ?
¿LE DOY UN BESO DE BUENAS NOCHES?
¿ME HUELE EL ALIENTO?
¿DURANTE CUÁNTO?
¿SONRÍO O SIGO SERIO?
¿QUÉ TAL TENGO EL PELO?
¿POR QUÉ TENGO LAS MANOS HELADAS?
¡AAAY! ¡DIVINA JUVENTUD, ÉPOCA SIN PREOCUPACIONES!
SCOTT AND BORGMAN

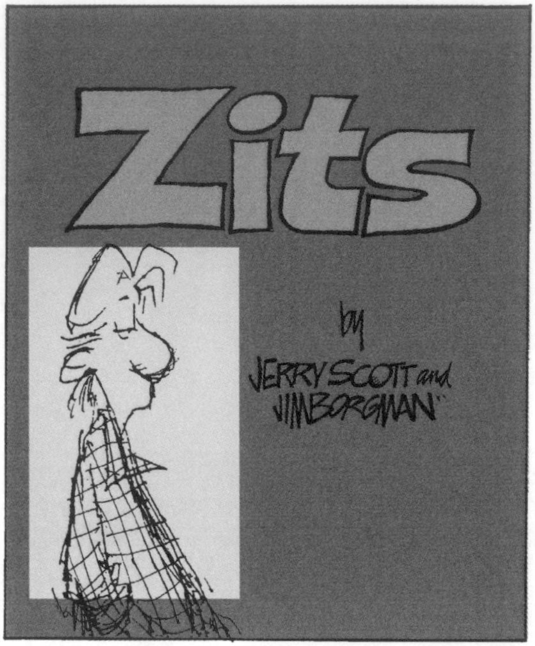
Zits
by
JERRY SCOTT and
JIM BORGMAN

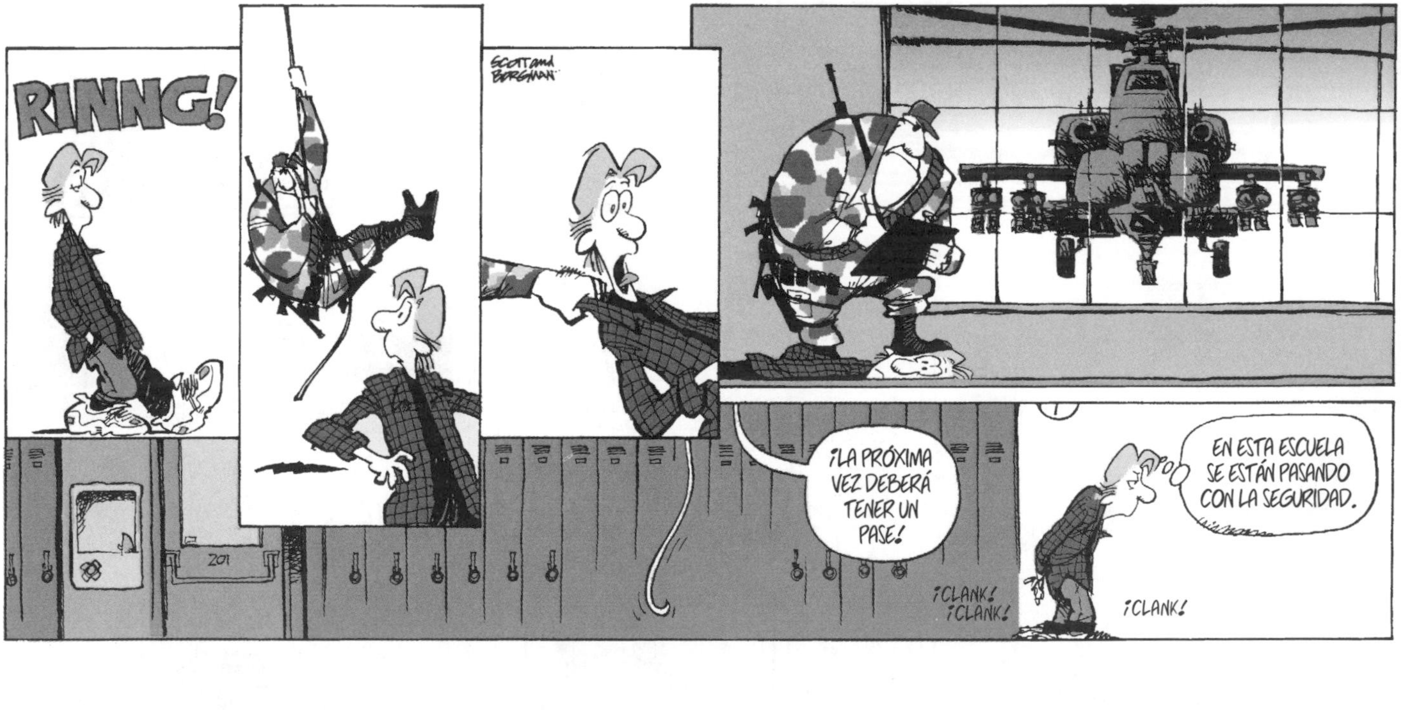
RINNG!
SCOTT and BORGMAN
¡LA PRÓXIMA VEZ DEBERÁ TENER UN PASE!
¡CLANK! ¡CLANK!
EN ESTA ESCUELA SE ESTÁN PASANDO CON LA SEGURIDAD.
¡CLANK!

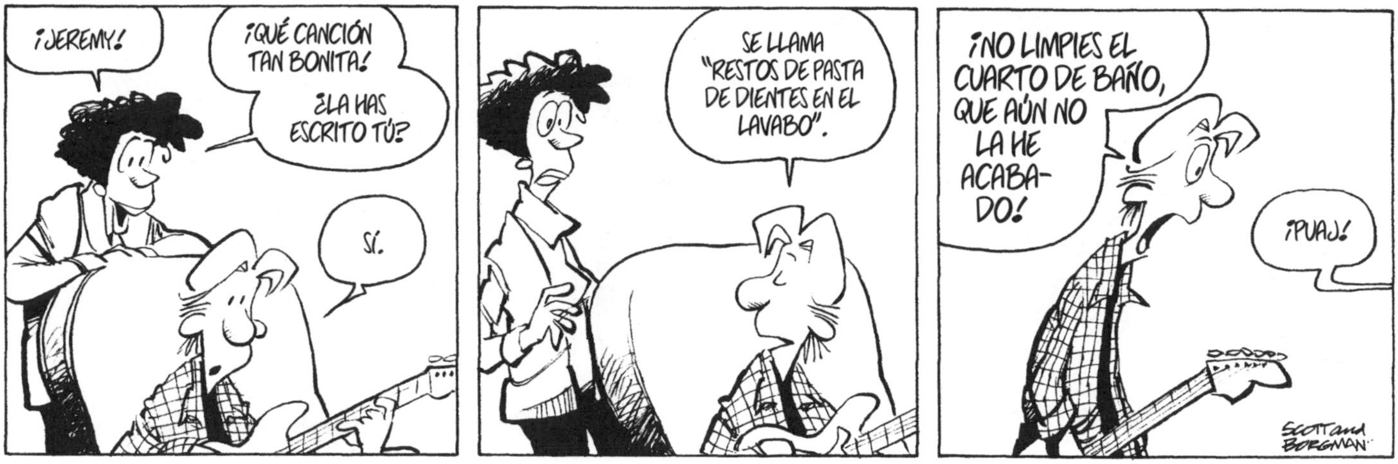
¡JEREMY!
¡QUÉ CANCIÓN TAN BONITA!
¿LA HAS ESCRITO TÚ?
SÍ.
SE LLAMA "RESTOS DE PASTA DE DIENTES EN EL LAVABO".
¡NO LIMPIES EL CUARTO DE BAÑO, QUE AÚN NO LA HE ACABADO!
¡PUAJ!
SCOTT AND BORGMAN

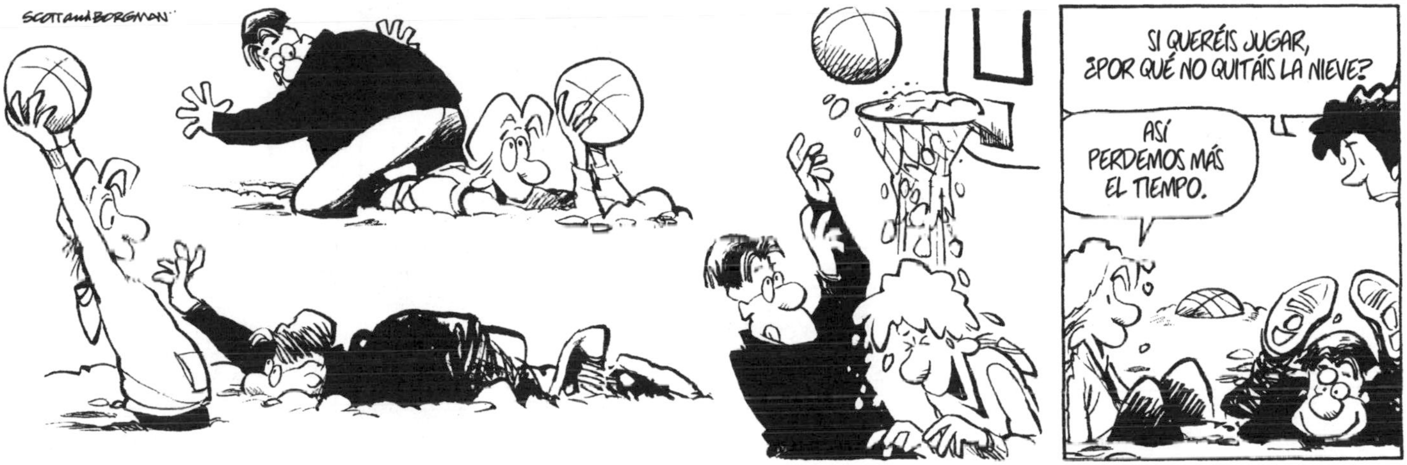
SCOTT AND BORGMAN
SI QUERÉIS JUGAR, ¿POR QUÉ NO QUITÁIS LA NIEVE?
ASÍ PERDEMOS MÁS EL TIEMPO.

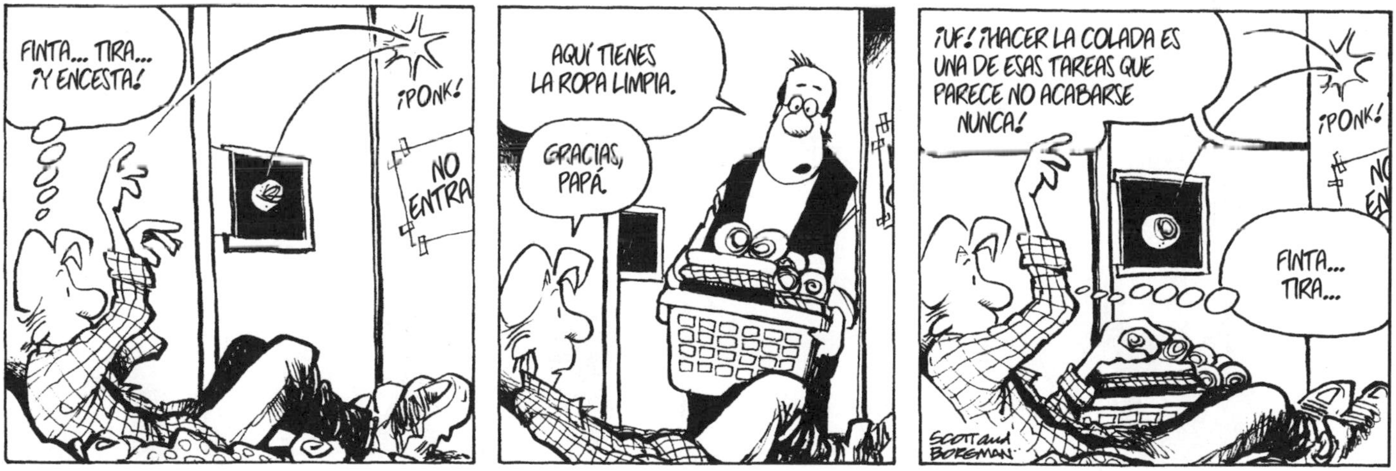
FINTA... TIRA... ¡Y ENCESTA!
¡PONK!
NO ENTRA
AQUÍ TIENES LA ROPA LIMPIA.
GRACIAS, PAPÁ.
¡UF! ¡HACER LA COLADA ES UNA DE ESAS TAREAS QUE PARECE NO ACABARSE NUNCA!
¡PONK!
FINTA... TIRA...
SCOTT AND BORGMAN

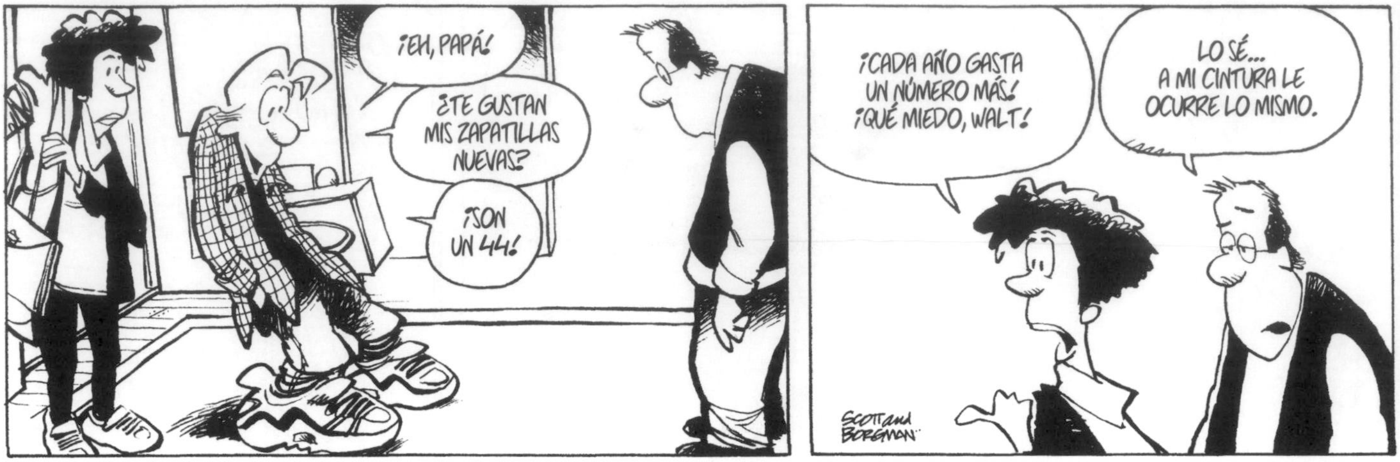
¡EH, PAPÁ!
¿TE GUSTAN MIS ZAPATILLAS NUEVAS?
¡SON UN 44!
¡CADA AÑO GASTA UN NÚMERO MÁS! ¡QUÉ MIEDO, WALT!
LO SÉ... A MI CINTURA LE OCURRE LO MISMO.
SCOTT and BORGMAN

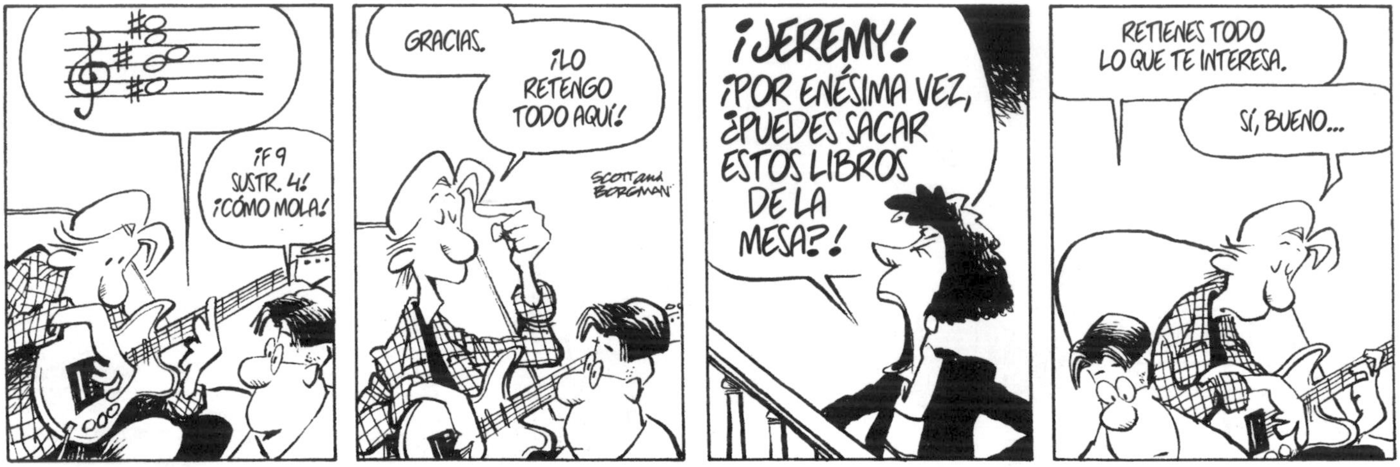
¡F 9 SUSTR. 4! ¡CÓMO MOLA!
GRACIAS.
¡LO RETENGO TODO AQUÍ!
SCOTT and BORGMAN
¡JEREMY! ¡POR ENÉSIMA VEZ, ¿PUEDES SACAR ESTOS LIBROS DE LA MESA?!
RETIENES TODO LO QUE TE INTERESA.
SÍ, BUENO...

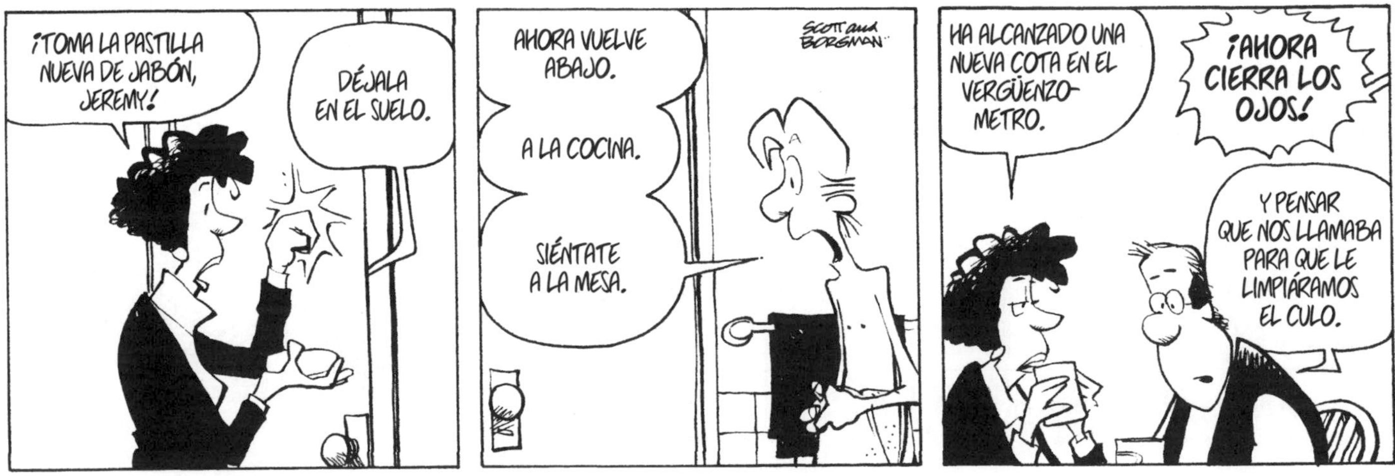
¡TOMA LA PASTILLA NUEVA DE JABÓN, JEREMY!
DÉJALA EN EL SUELO.
AHORA VUELVE ABAJO.
A LA COCINA.
SIÉNTATE A LA MESA.
SCOTT and BORGMAN
HA ALCANZADO UNA NUEVA COTA EN EL VERGÜENZO-METRO.
¡AHORA CIERRA LOS OJOS!
Y PENSAR QUE NOS LLAMABA PARA QUE LE LIMPIÁRAMOS EL CULO.

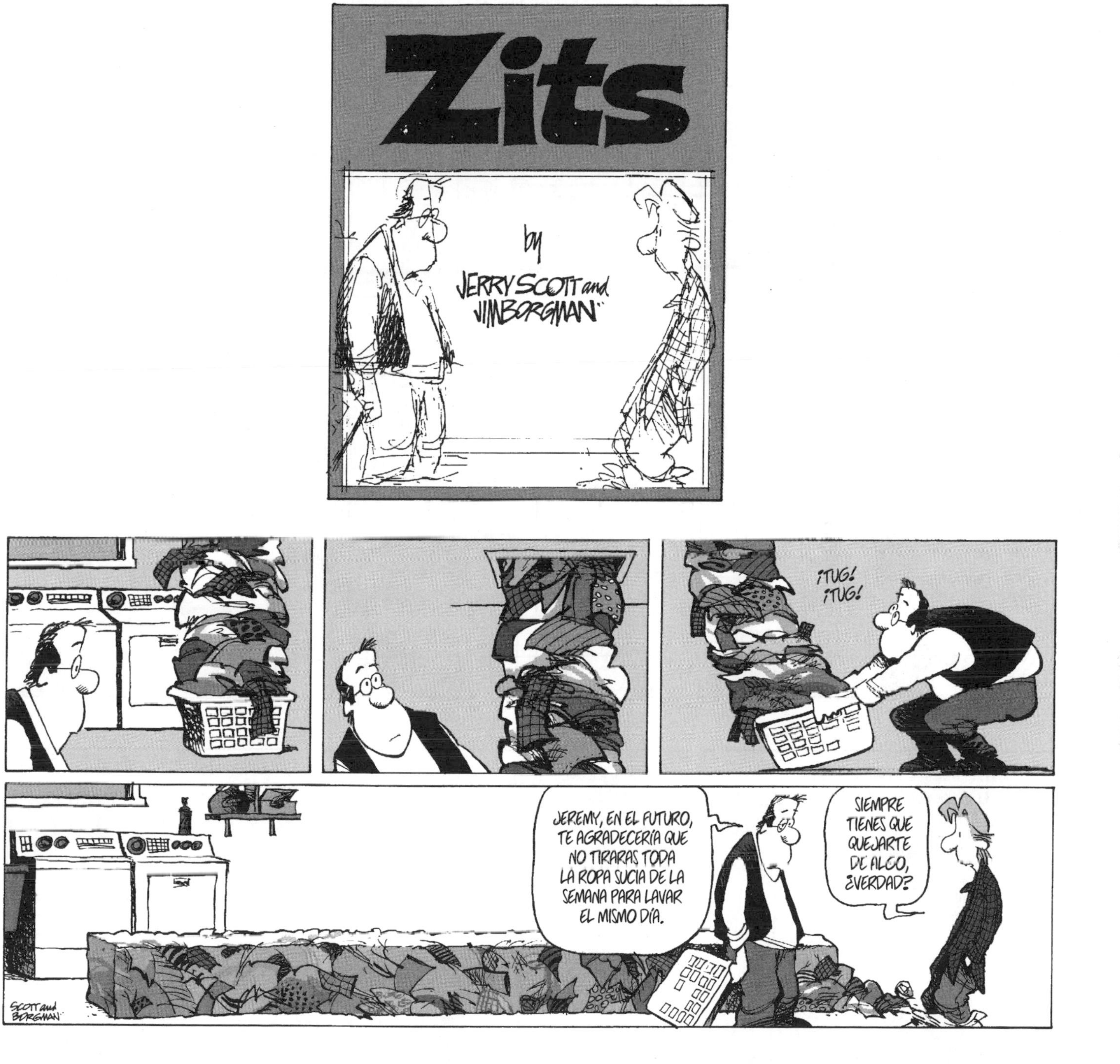
Zits
by
JERRY SCOTT and JIM BORGMAN
¡TUG! ¡TUG!
JEREMY, EN EL FUTURO, TE AGRADECERÍA QUE NO TIRARAS TODA LA ROPA SUCIA DE LA SEMANA PARA LAVAR EL MISMO DÍA.
SIEMPRE TIENES QUE QUEJARTE DE ALGO, ¿VERDAD?
SCOTT and BORGMAN

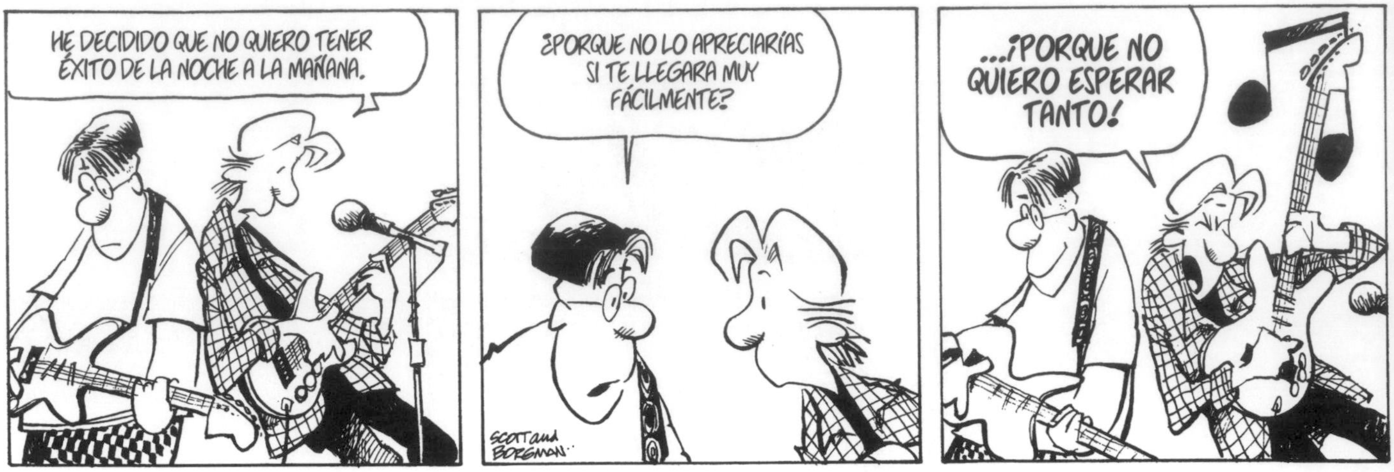
HE DECIDIDO QUE NO QUIERO TENER ÉXITO DE LA NOCHE A LA MAÑANA.
¿PORQUE NO LO APRECIARÍAS SI TE LLEGARA MUY FÁCILMENTE?
...¡PORQUE NO QUIERO ESPERAR TANTO!

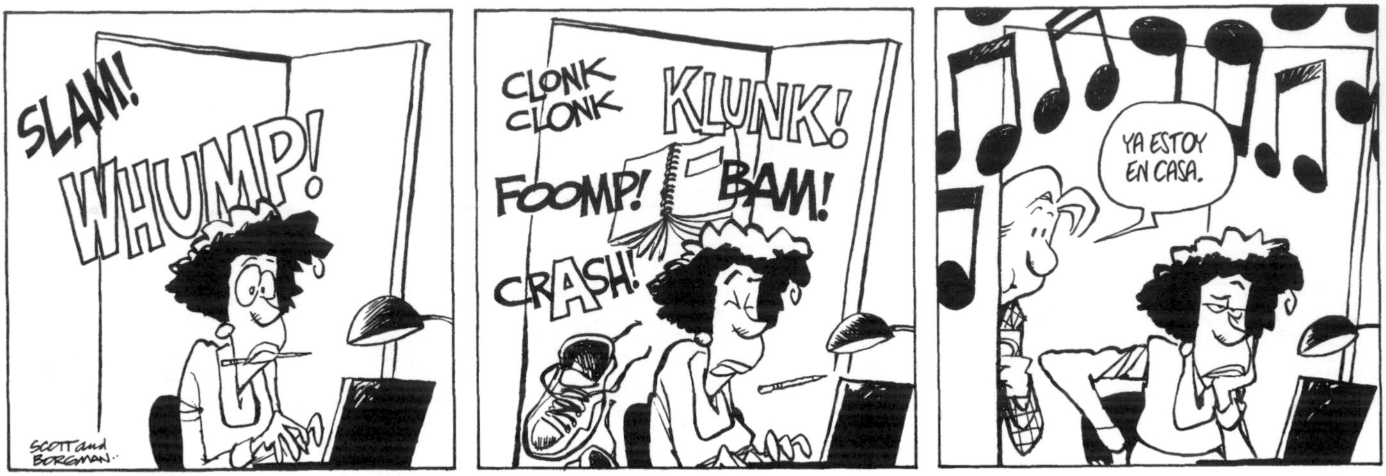
SLAM!
WHUMP!
CLONK CLONK
KLUNK!
FOOMP!
BAM!
CRASH!
YA ESTOY EN CASA.

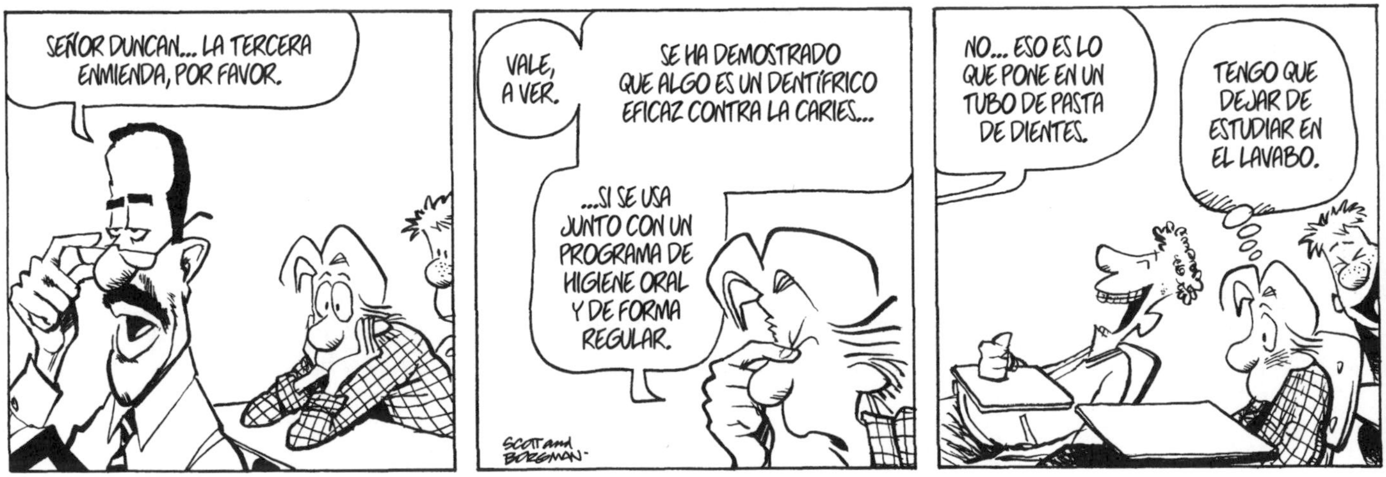
SEÑOR DUNCAN... LA TERCERA ENMIENDA, POR FAVOR.
VALE, A VER.
SE HA DEMOSTRADO QUE ALGO ES UN DENTÍFRICO EFICAZ CONTRA LA CARIES...
...SI SE USA JUNTO CON UN PROGRAMA DE HIGIENE ORAL Y DE FORMA REGULAR.
NO... ESO ES LO QUE PONE EN UN TUBO DE PASTA DE DIENTES.
TENGO QUE DEJAR DE ESTUDIAR EN EL LAVABO.

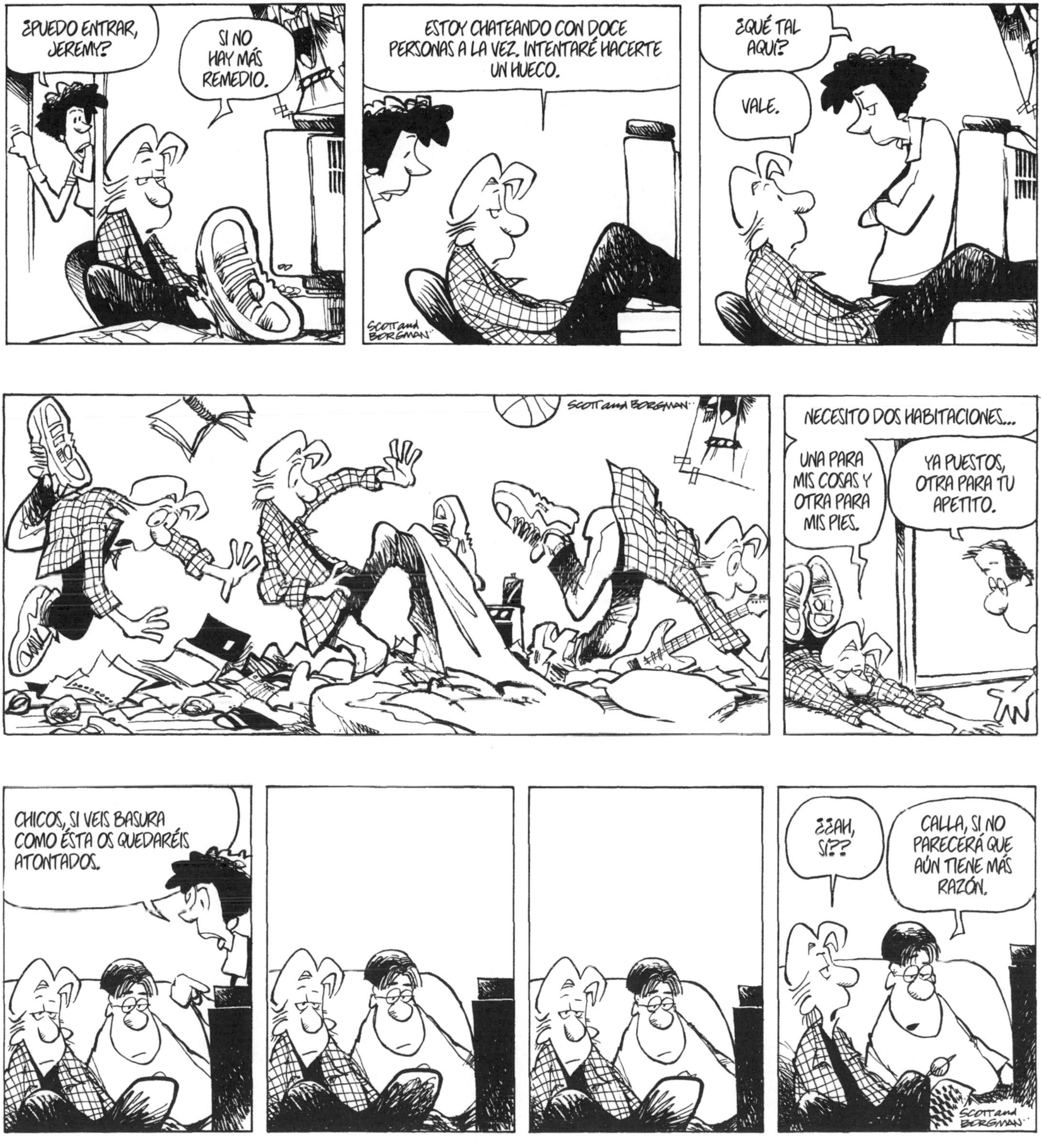
¿PUEDO ENTRAR, JEREMY?
SI NO HAY MÁS REMEDIO.
SCOTT and BORGMAN
ESTOY CHATEANDO CON DOCE PERSONAS A LA VEZ. INTENTARÉ HACERTE UN HUECO.
¿QUÉ TAL AQUÍ?
VALE.
SCOTT and BORGMAN
NECESITO DOS HABITACIONES...
UNA PARA MIS COSAS Y OTRA PARA MIS PIES.
YA PUESTOS, OTRA PARA TU APETITO.
CHICOS, SI VEIS BASURA COMO ÉSTA OS QUEDARÉIS ATONTADOS.
¿¿AH, SÍ??
CALLA, SI NO PARECERÁ QUE AÚN TIENE MÁS RAZÓN.
SCOTT and BORGMAN

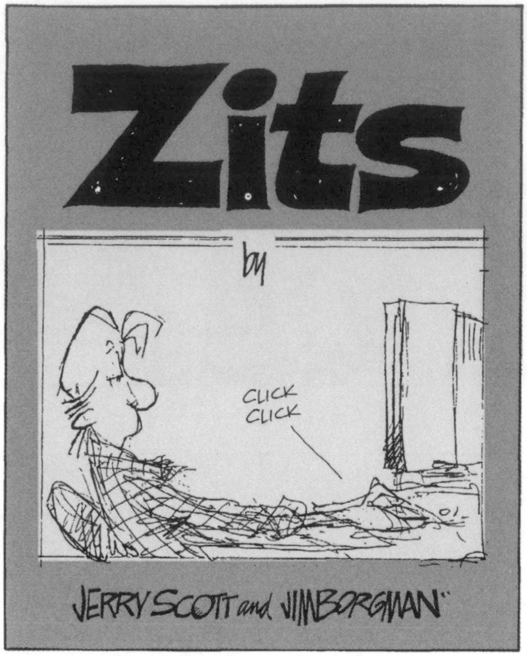
Zits
by
CLICK CLICK
JERRY SCOTT and JIM BORGMAN

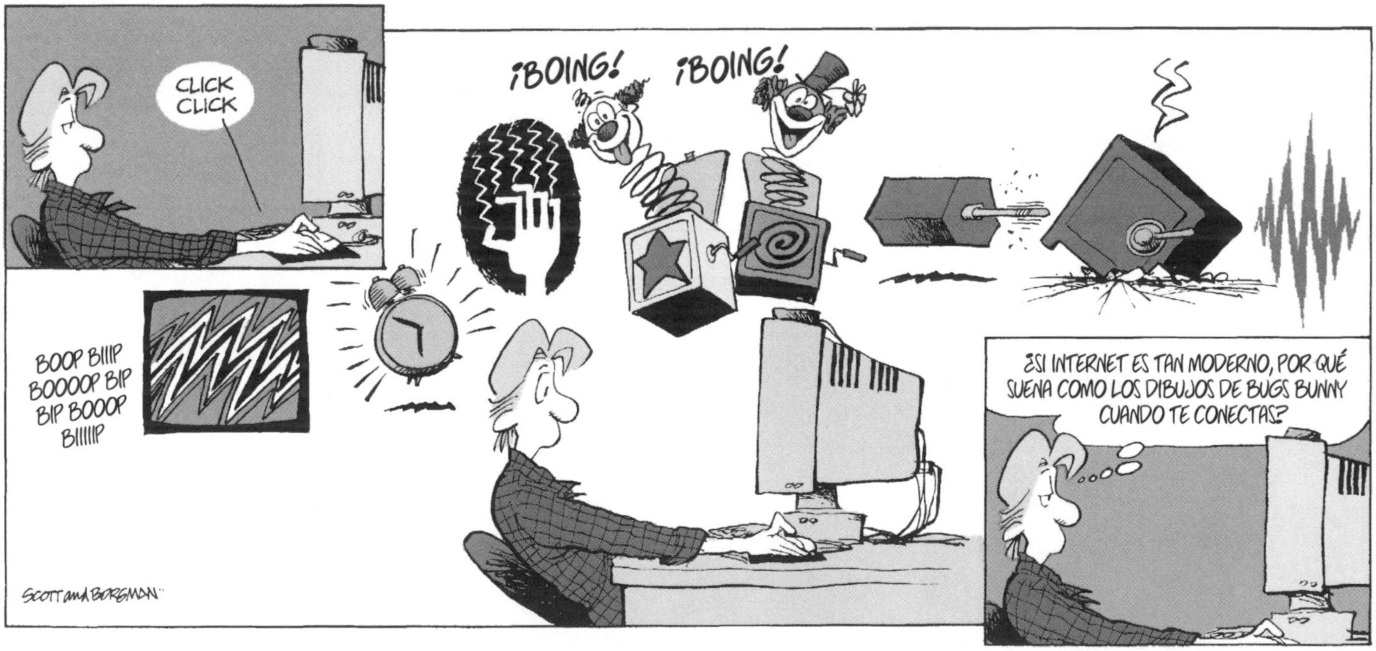
CLICK CLICK
BOOP BIIIP BOOOOP BIP BIP BOOOP BIIIIIP
¡BOING!
¡BOING!
¿SI INTERNET ES TAN MODERNO, POR QUÉ SUENA COMO LOS DIBUJOS DE BUGS BUNNY CUANDO TE CONECTAS?
SCOTT and BORGMAN

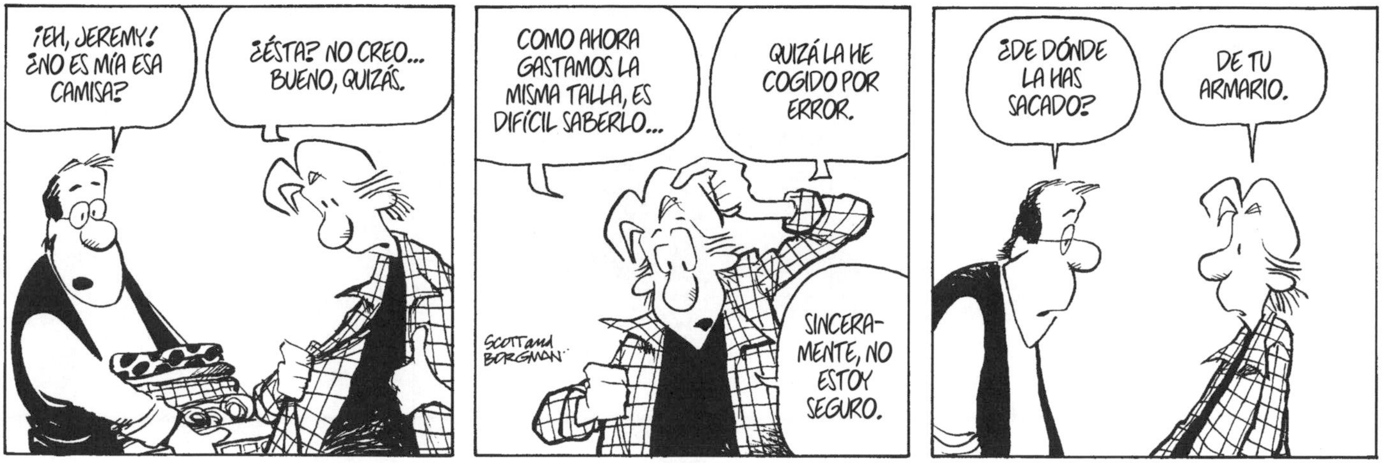
¡EH, JEREMY! ¿NO ES MÍA ESA CAMISA?
¿ÉSTA? NO CREO... BUENO, QUIZÁS.
COMO AHORA GASTAMOS LA MISMA TALLA, ES DIFÍCIL SABERLO...
QUIZÁ LA HE COGIDO POR ERROR.
SINCERAMENTE, NO ESTOY SEGURO.
¿DE DÓNDE LA HAS SACADO?
DE TU ARMARIO.
SCOTT AND BORGMAN

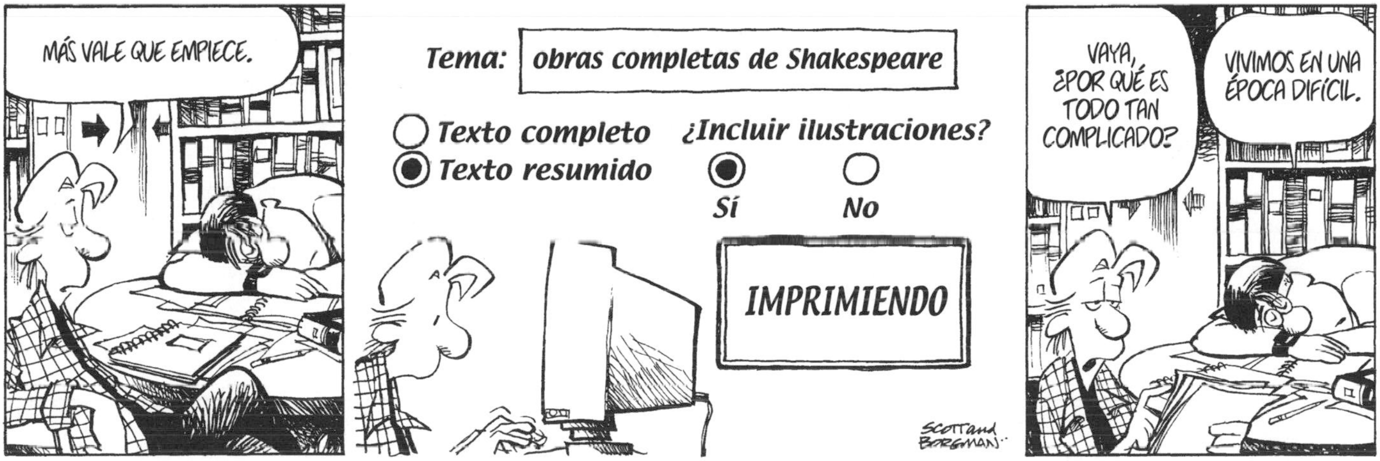
MÁS VALE QUE EMPIECE.
Tema: obras completas de Shakespeare
Texto completo
Texto resumido
¿Incluir ilustraciones?
Sí
No
IMPRIMIENDO
SCOTT AND BORGMAN
VAYA, ¿POR QUÉ ES TODO TAN COMPLICADO?
VIVIMOS EN UNA ÉPOCA DIFÍCIL.

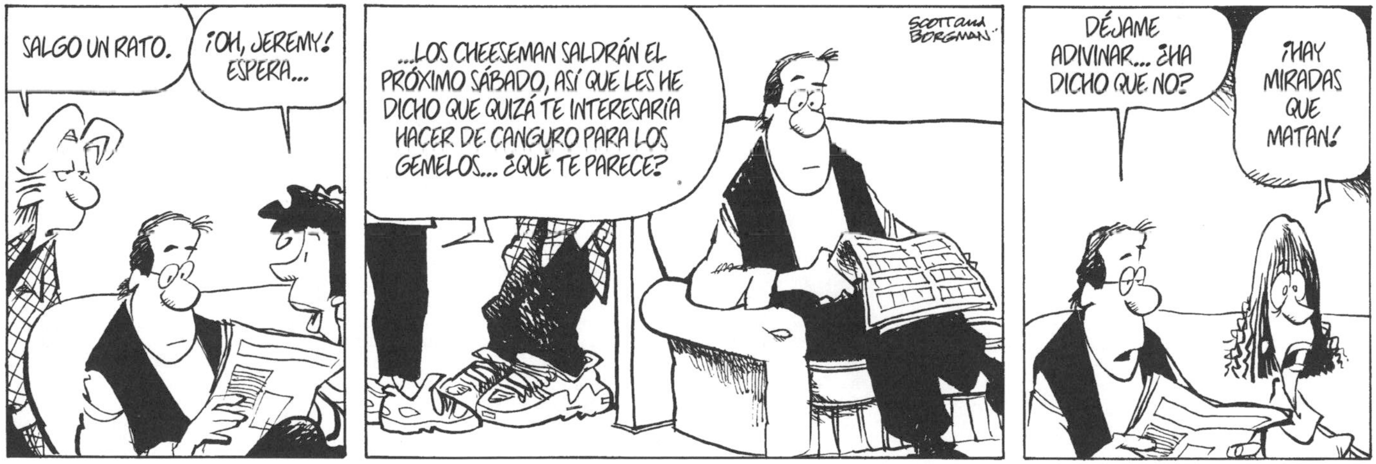
SALGO UN RATO.
¡OH, JEREMY! ESPERA...
...LOS CHEESEMAN SALDRÁN EL PRÓXIMO SÁBADO, ASÍ QUE LES HE DICHO QUE QUIZÁ TE INTERESARÍA HACER DE CANGURO PARA LOS GEMELOS... ¿QUÉ TE PARECE?
SCOTT AND BORGMAN
DÉJAME ADIVINAR... ¿HA DICHO QUE NO?
¡HAY MIRADAS QUE MATAN!

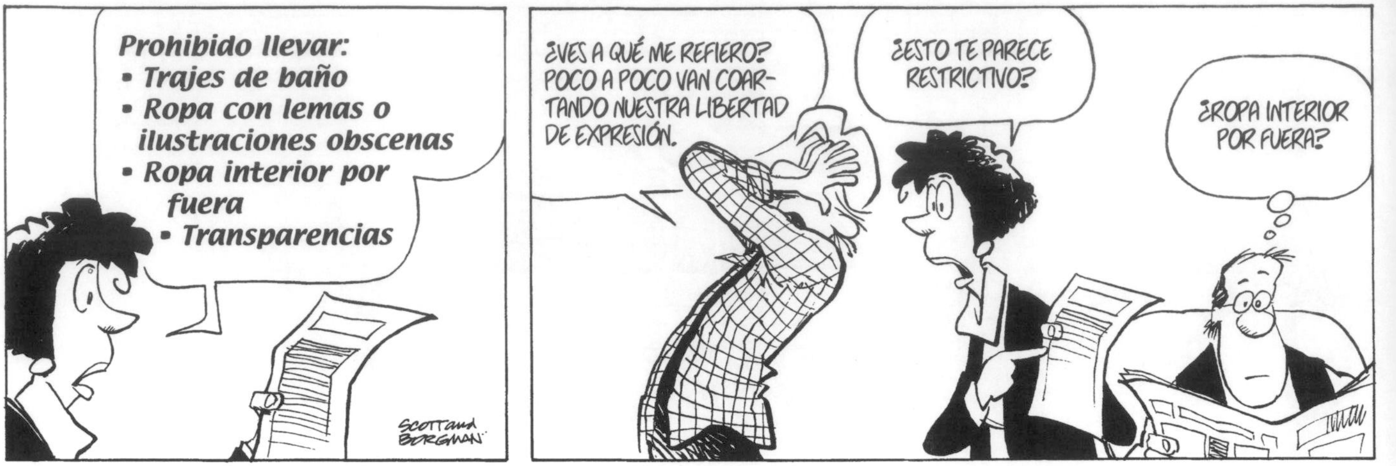
Prohibido llevar:
• Trajes de baño
• Ropa con lemas o ilustraciones obscenas
• Ropa interior por fuera
• Transparencias
¿VES A QUÉ ME REFIERO? POCO A POCO VAN COARTANDO NUESTRA LIBERTAD DE EXPRESIÓN.
¿ESTO TE PARECE RESTRICTIVO?
¿ROPA INTERIOR POR FUERA?
SCOTT and BORGMAN

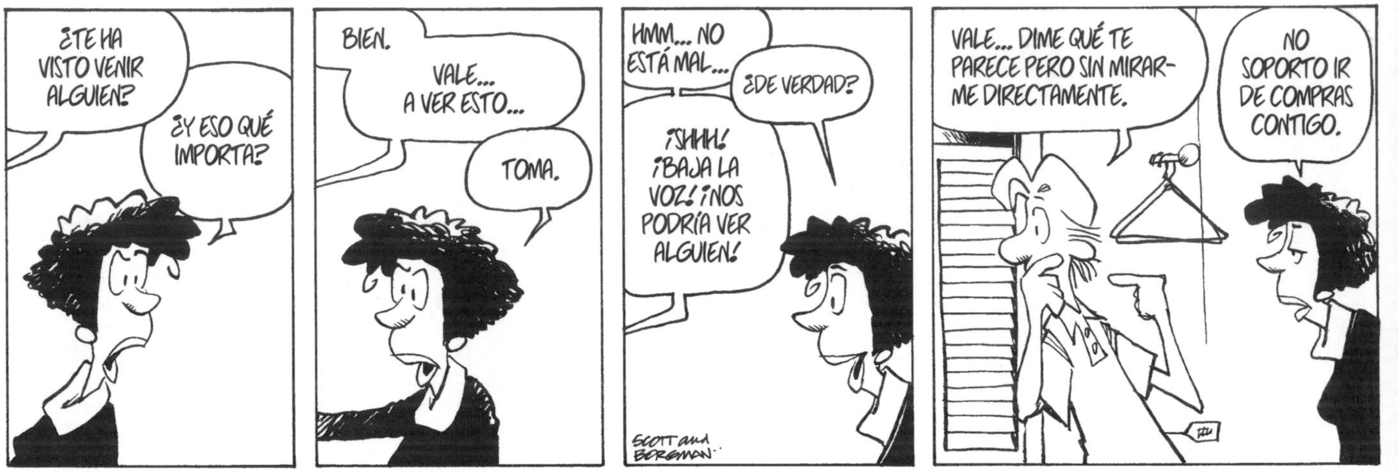
¿TE HA VISTO VENIR ALGUIEN?
¿Y ESO QUÉ IMPORTA?
BIEN.
VALE... A VER ESTO...
TOMA.
HMM... NO ESTÁ MAL...
¿DE VERDAD?
¡SHHH! ¡BAJA LA VOZ! ¡NOS PODRÍA VER ALGUIEN!
SCOTT and BORGMAN
VALE... DIME QUÉ TE PARECE PERO SIN MIRARME DIRECTAMENTE.
NO SOPORTO IR DE COMPRAS CONTIGO.

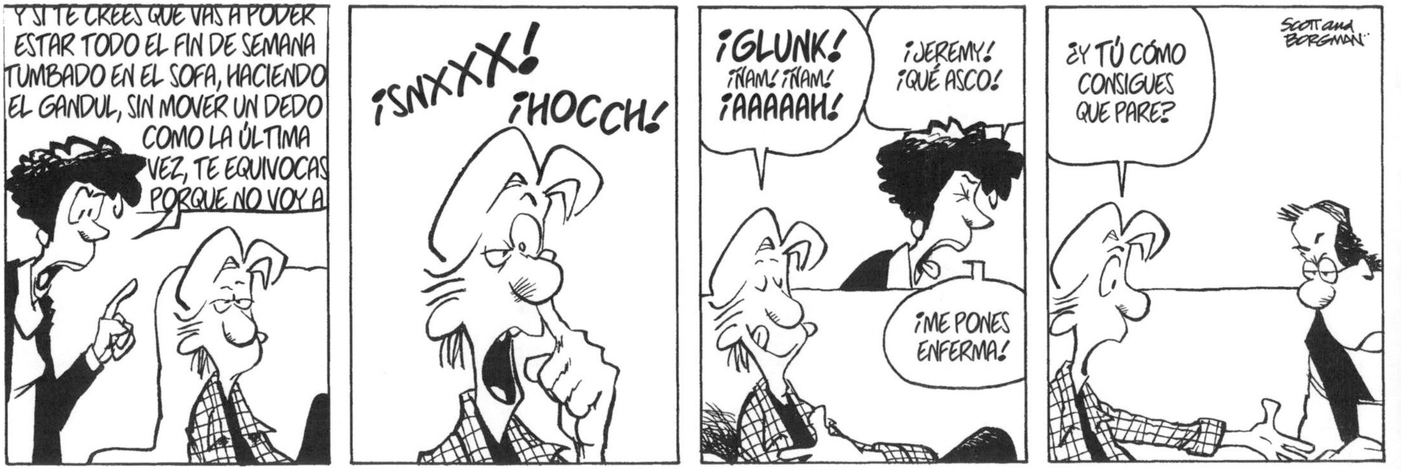
Y SI TE CREES QUE VAS A PODER ESTAR TODO EL FIN DE SEMANA TUMBADO EN EL SOFA, HACIENDO EL GANDUL, SIN MOVER UN DEDO COMO LA ÚLTIMA VEZ, TE EQUIVOCAS PORQUE NO VOY A
¡SNXXX!
¡HOCCH!
¡GLUNK! ¡ÑAM! ¡ÑAM! ¡AAAAAH!
¡JEREMY! ¡QUÉ ASCO!
¡ME PONES ENFERMA!
SCOTT and BORGMAN
¿Y TÚ CÓMO CONSIGUES QUE PARE?

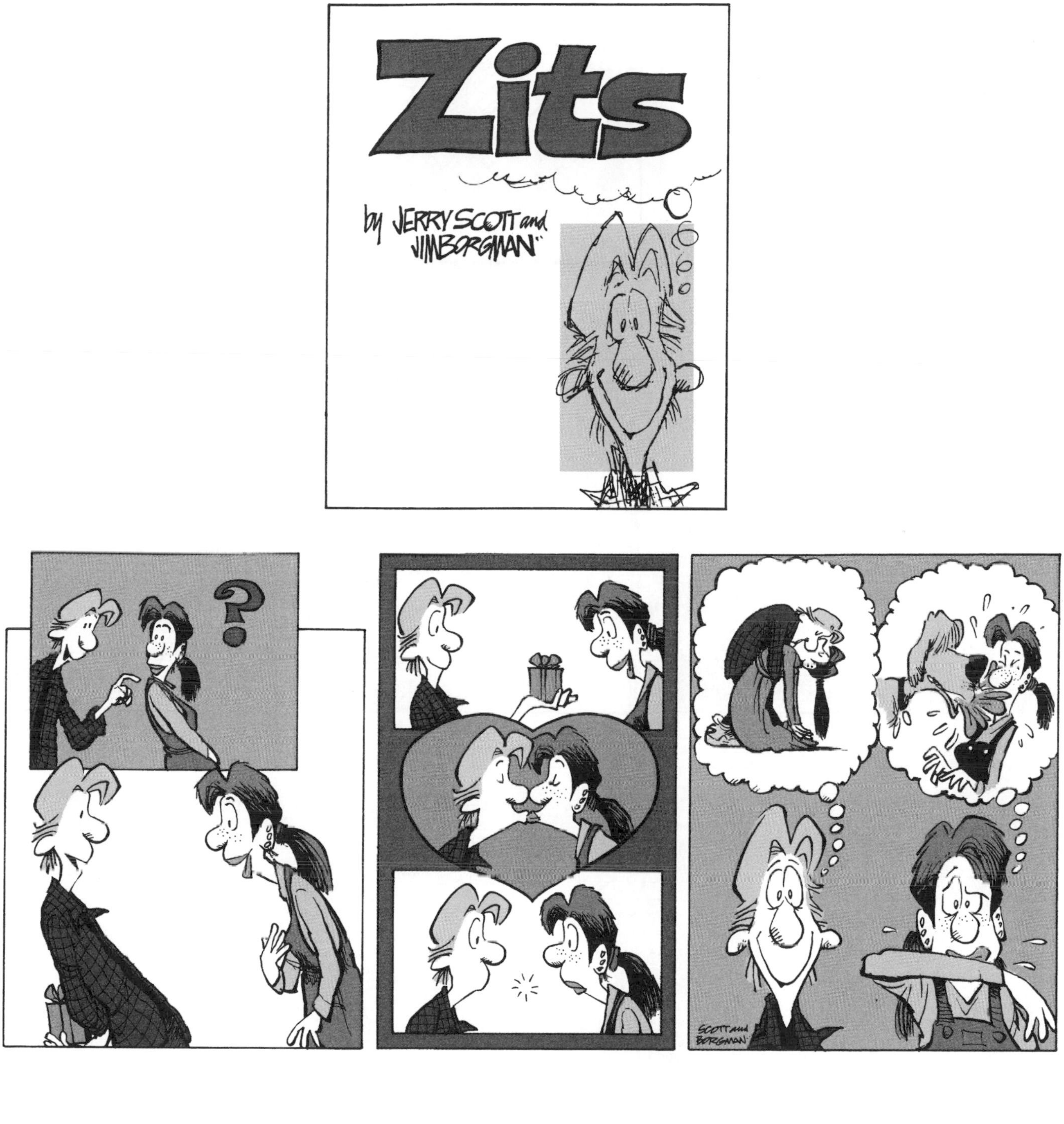
Zits
by JERRY SCOTT and JIM BORGMAN
?
SCOTT and BORGMAN

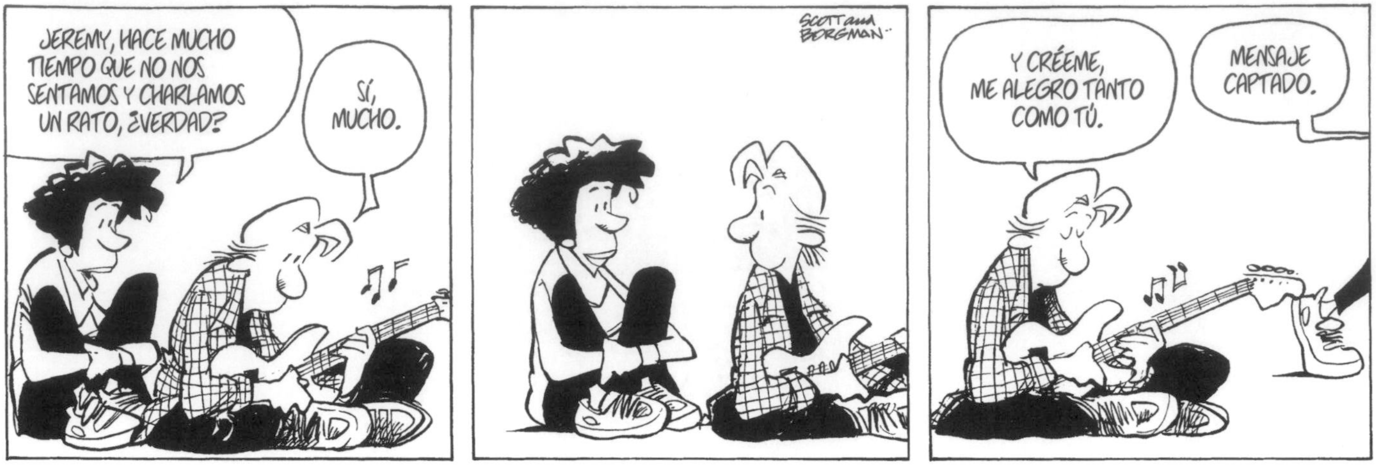
JEREMY, HACE MUCHO TIEMPO QUE NO NOS SENTAMOS Y CHARLAMOS UN RATO, ¿VERDAD?
SÍ, MUCHO.
Y CRÉEME, ME ALEGRO TANTO COMO TÚ.
MENSAJE CAPTADO.

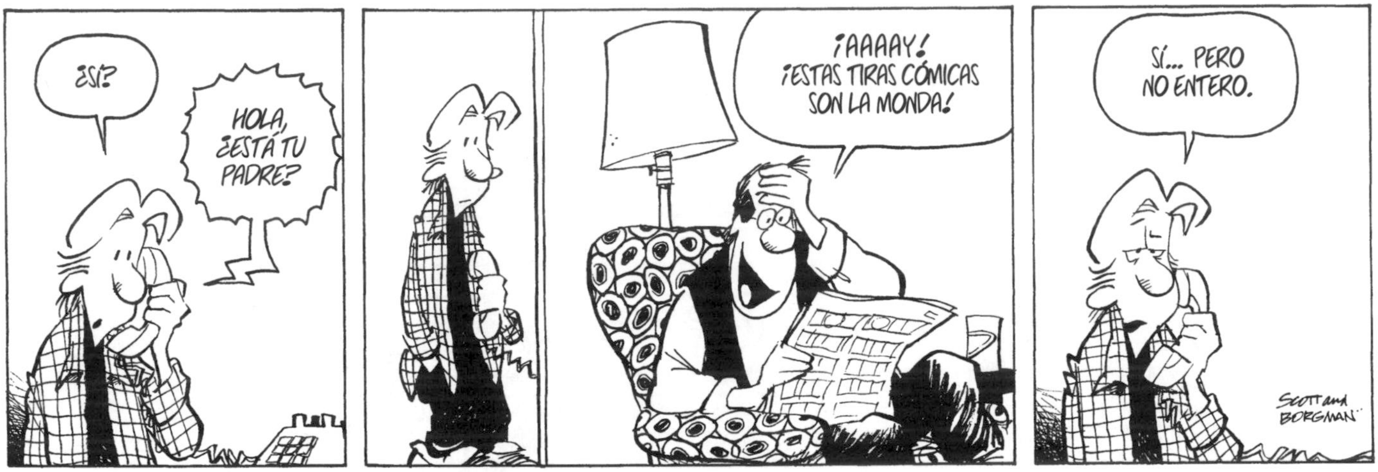
¿SÍ?
HOLA, ¿ESTÁ TU PADRE?
¡AAAAY! ¡ESTAS TIRAS CÓMICAS SON LA MONDA!
SÍ... PERO NO ENTERO.

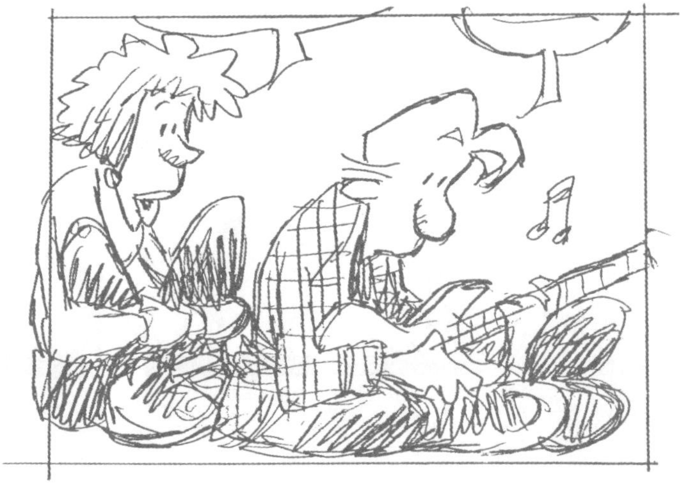

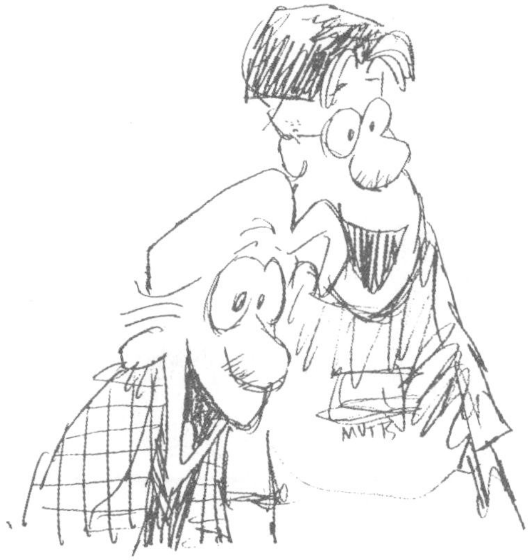

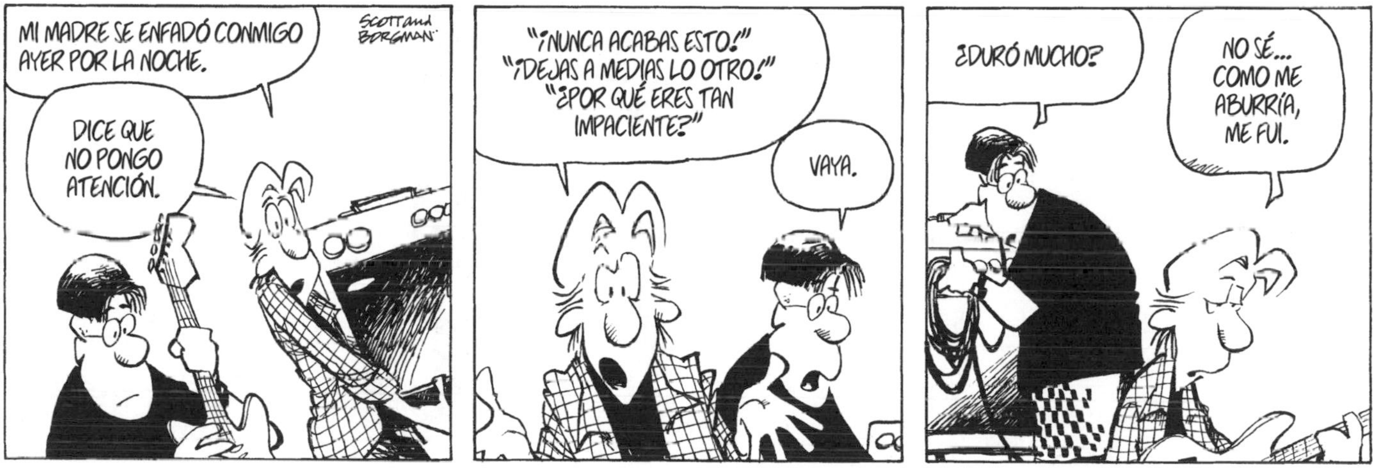

MI MADRE SE ENFADÓ CONMIGO AYER POR LA NOCHE.
SCOTT and BORGMAN
DICE QUE NO PONGO ATENCIÓN.
"¡NUNCA ACABAS ESTO!" "¡DEJAS A MEDIAS LO OTRO!" "¿POR QUÉ ERES TAN IMPACIENTE?"
VAYA.
¿DURÓ MUCHO?
NO SÉ... COMO ME ABURRÍA, ME FUI.

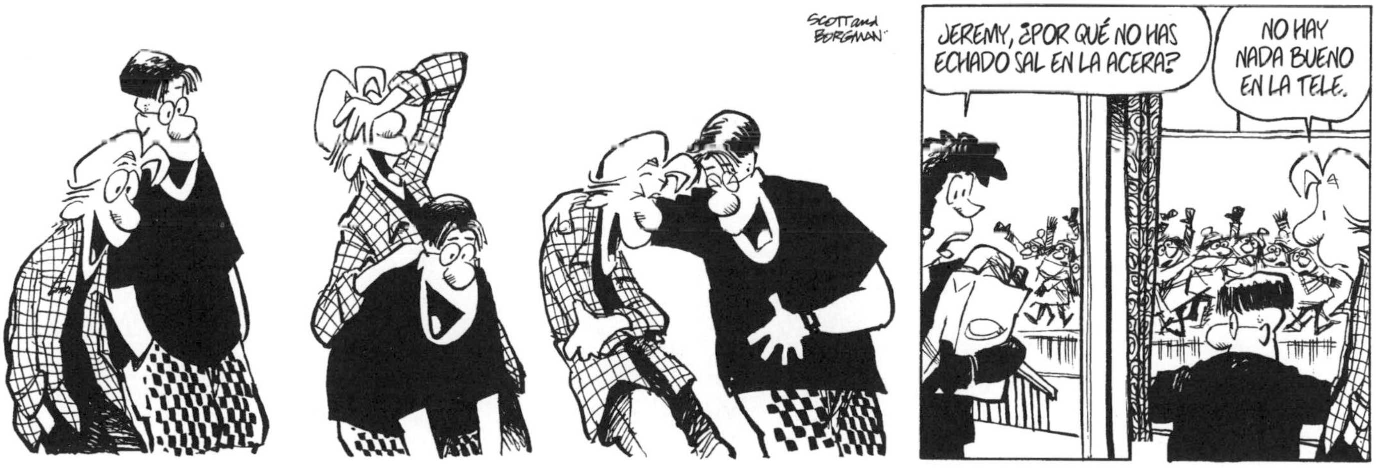

SCOTT and BORGMAN
JEREMY, ¿POR QUÉ NO HAS ECHADO SAL EN LA ACERA?
NO HAY NADA BUENO EN LA TELE.

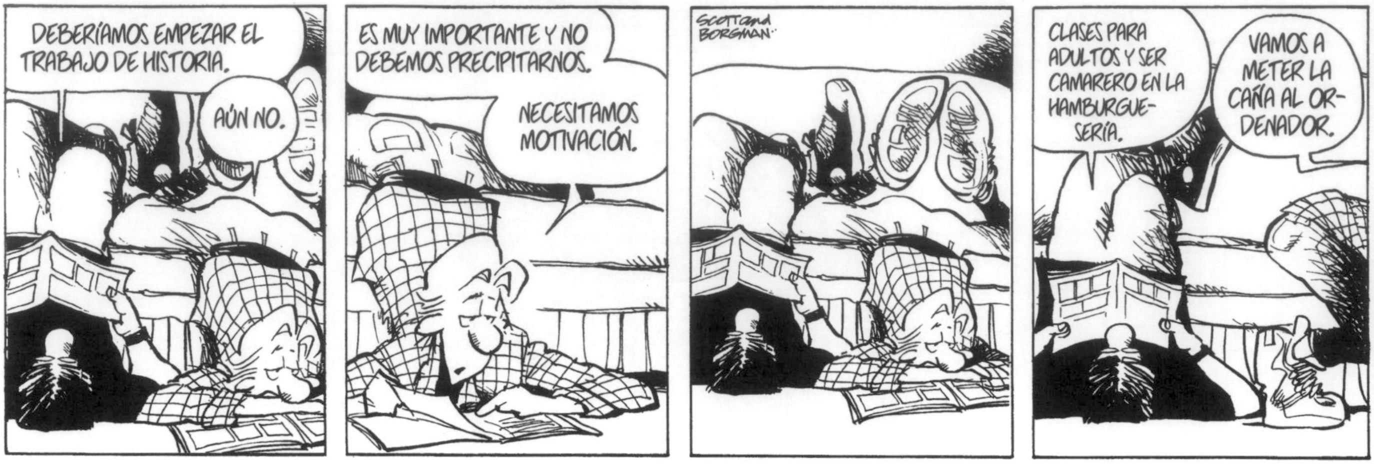
DEBERÍAMOS EMPEZAR EL TRABAJO DE HISTORIA.
AÚN NO.
ES MUY IMPORTANTE Y NO DEBEMOS PRECIPITARNOS.
NECESITAMOS MOTIVACIÓN.
SCOTT and BORGMAN
CLASES PARA ADULTOS Y SER CAMARERO EN LA HAMBURGUESERÍA.
VAMOS A METER LA CAÑA AL ORDENADOR.

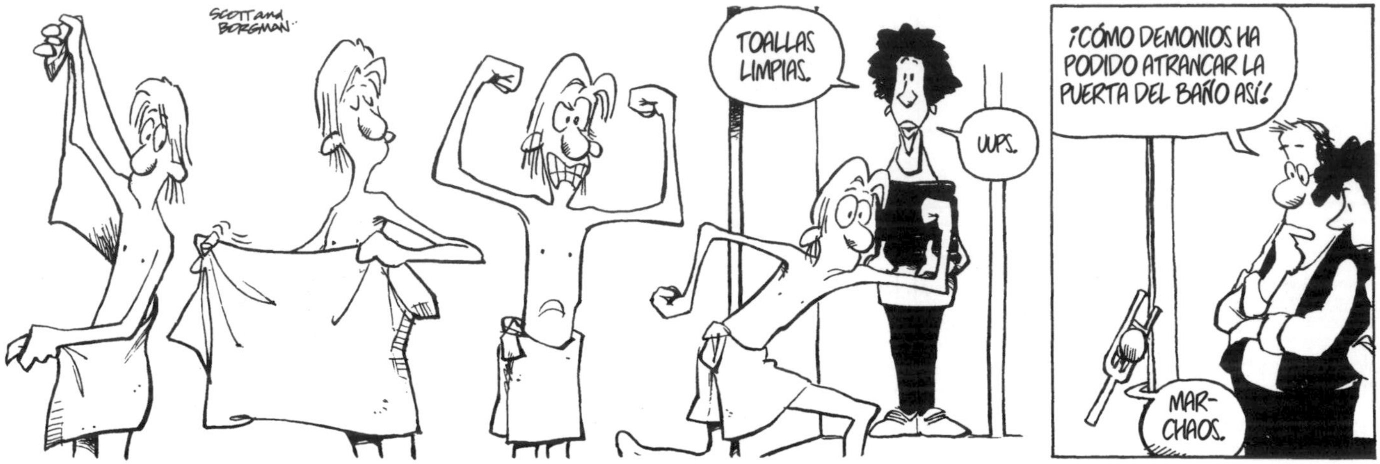
SCOTT and BORGMAN
TOALLAS LIMPIAS.
UUPS.
¡CÓMO DEMONIOS HA PODIDO ATRANCAR LA PUERTA DEL BAÑO ASÍ!
MARCHAOS.

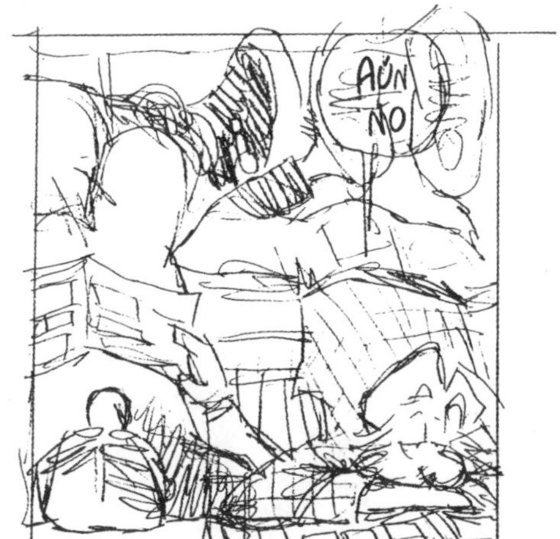
AÚN NO

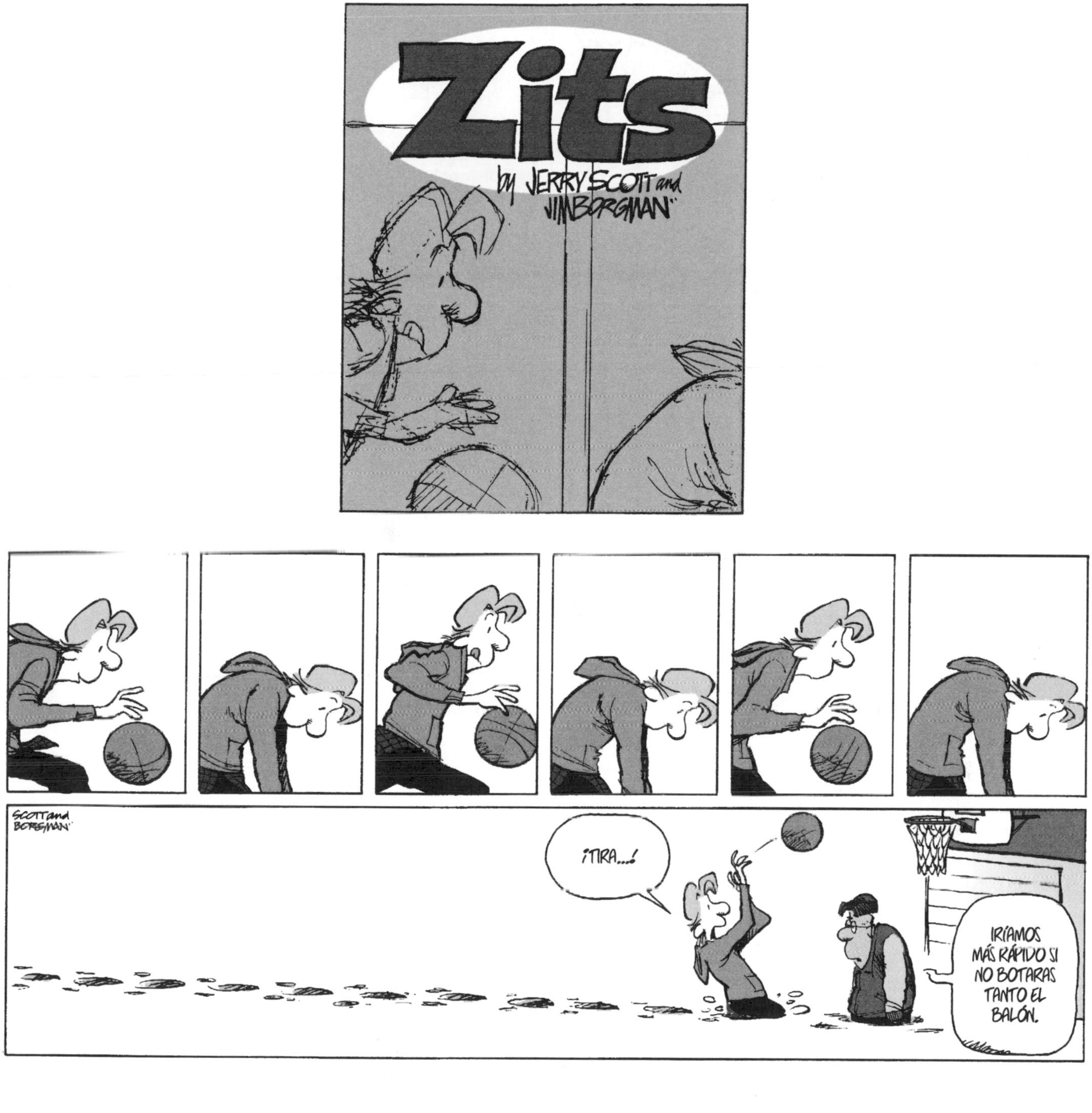
Zits
by JERRY SCOTT and JIM BORGMAN
SCOTT and BORGMAN
¡TIRA...!
IRÍAMOS MÁS RÁPIDO SI NO BOTARAS TANTO EL BALÓN.

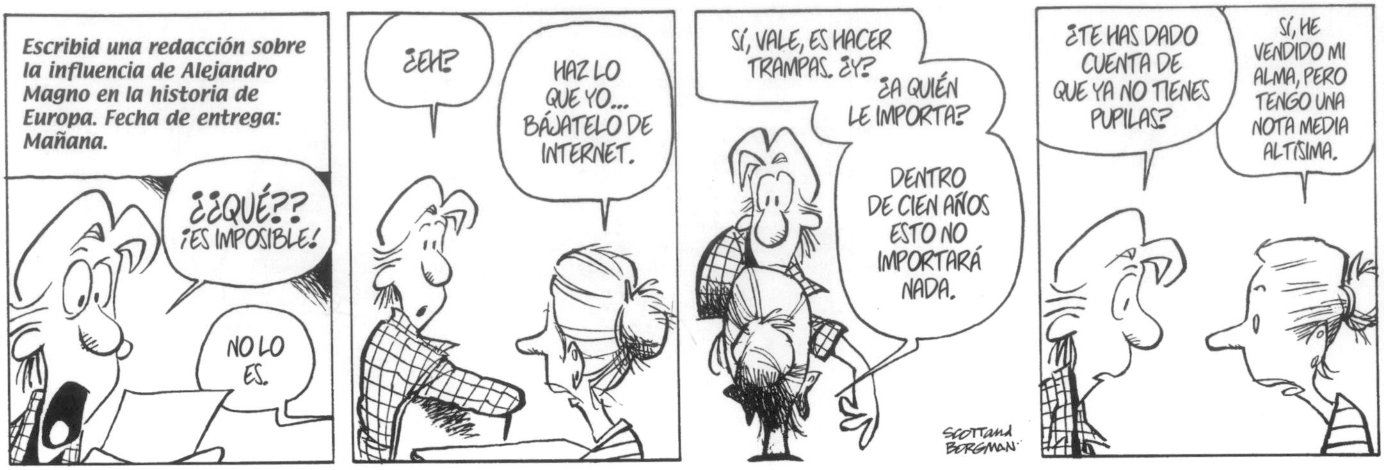
Escribid una redacción sobre la influencia de Alejandro Magno en la historia de Europa. Fecha de entrega: Mañana.
¿¿QUÉ?? ¡ES IMPOSIBLE!
NO LO ES.
¿EH?
HAZ LO QUE YO... BÁJATELO DE INTERNET.
SÍ, VALE, ES HACER TRAMPAS. ¿Y?
¿A QUIÉN LE IMPORTA?
DENTRO DE CIEN AÑOS ESTO NO IMPORTARÁ NADA.
¿TE HAS DADO CUENTA DE QUE YA NO TIENES PUPILAS?
SÍ, HE VENDIDO MI ALMA, PERO TENGO UNA NOTA MEDIA ALTÍSIMA.
SCOTT and BORGMAN

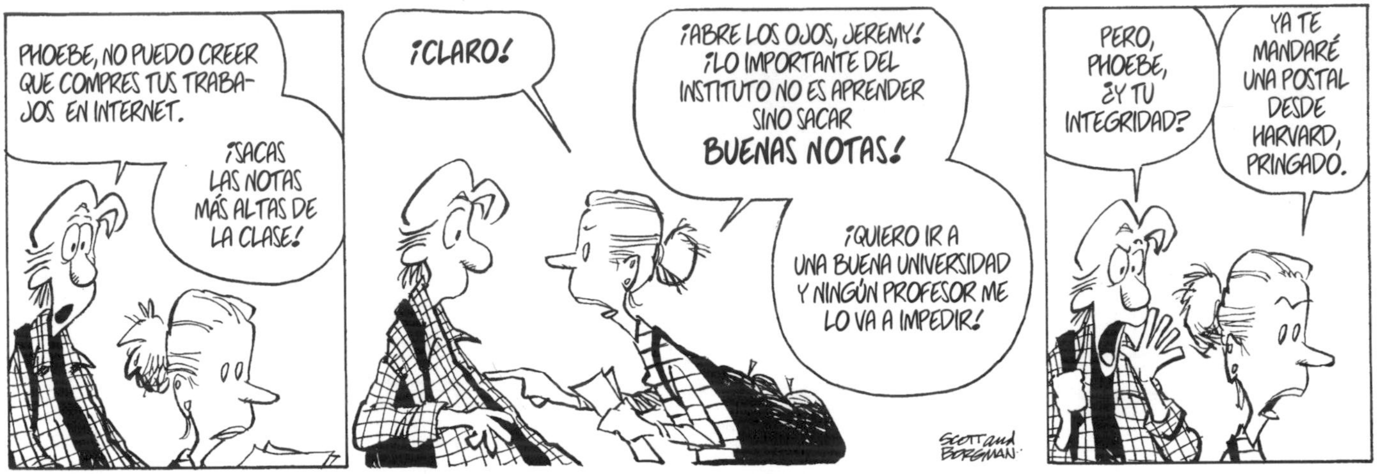
PHOEBE, NO PUEDO CREER QUE COMPRES TUS TRABAJOS EN INTERNET.
¡SACAS LAS NOTAS MÁS ALTAS DE LA CLASE!
¡CLARO!
¡ABRE LOS OJOS, JEREMY! ¡LO IMPORTANTE DEL INSTITUTO NO ES APRENDER SINO SACAR BUENAS NOTAS!
¡QUIERO IR A UNA BUENA UNIVERSIDAD Y NINGÚN PROFESOR ME LO VA A IMPEDIR!
PERO, PHOEBE, ¿Y TU INTEGRIDAD?
YA TE MANDARÉ UNA POSTAL DESDE HARVARD, PRINGADO.
SCOTT and BORGMAN

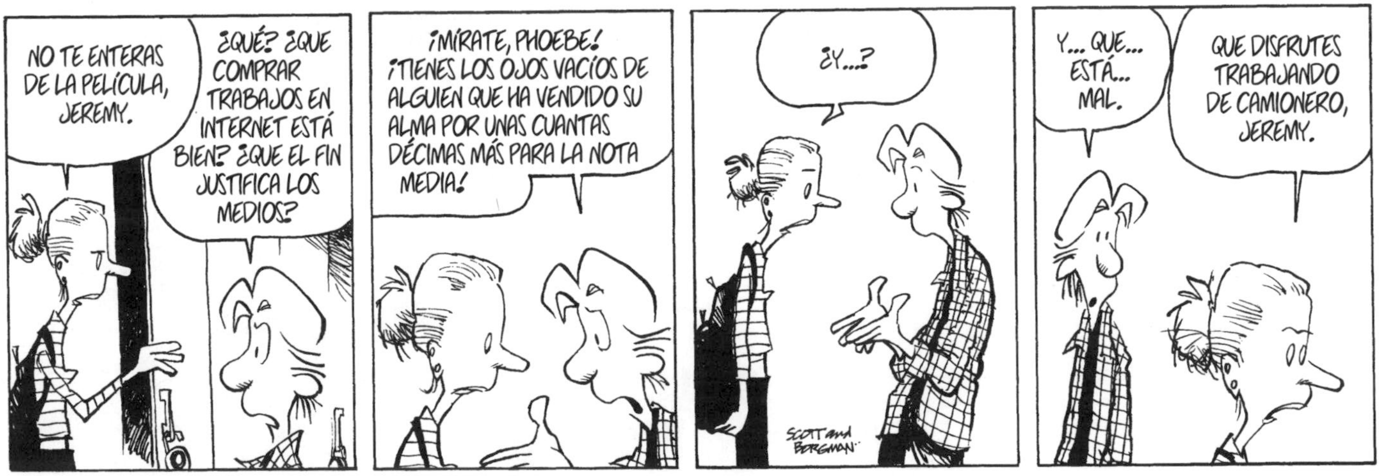
NO TE ENTERAS DE LA PELÍCULA, JEREMY.
¿QUÉ? ¿QUE COMPRAR TRABAJOS EN INTERNET ESTÁ BIEN? ¿QUE EL FIN JUSTIFICA LOS MEDIOS?
¡MÍRATE, PHOEBE! ¡TIENES LOS OJOS VACÍOS DE ALGUIEN QUE HA VENDIDO SU ALMA POR UNAS CUANTAS DÉCIMAS MÁS PARA LA NOTA MEDIA!
¿Y...?
Y... QUE... ESTÁ... MAL.
QUE DISFRUTES TRABAJANDO DE CAMIONERO, JEREMY.
SCOTT and BORGMAN

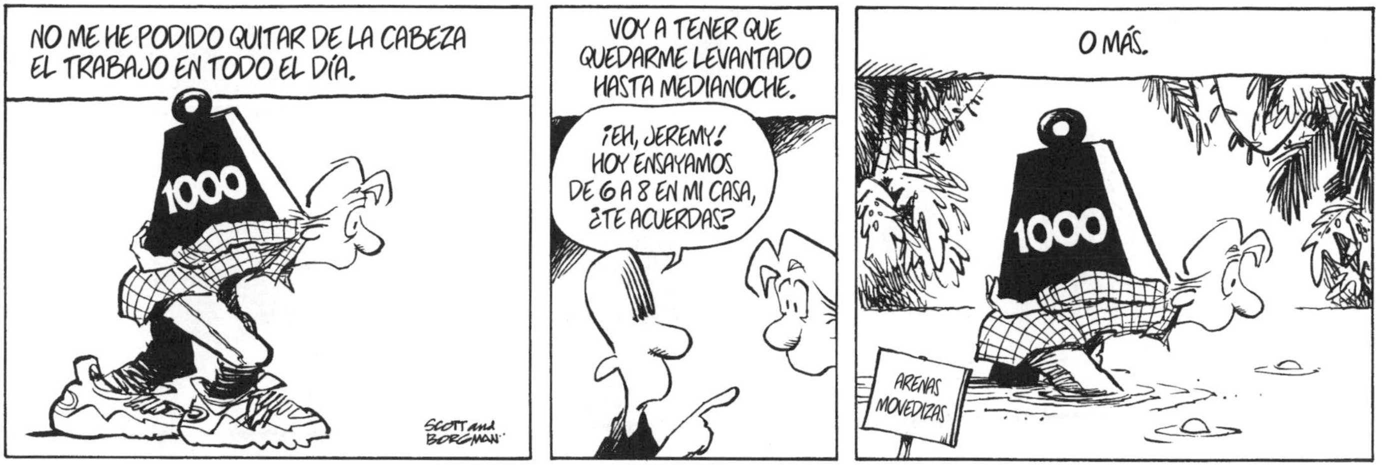
NO ME HE PODIDO QUITAR DE LA CABEZA EL TRABAJO EN TODO EL DÍA.
1000
SCOTT AND BORGMAN
VOY A TENER QUE QUEDARME LEVANTADO HASTA MEDIANOCHE.
¡EH, JEREMY! HOY ENSAYAMOS DE 6 A 8 EN MI CASA, ¿TE ACUERDAS?
O MÁS.
1000
ARENAS MOVEDIZAS

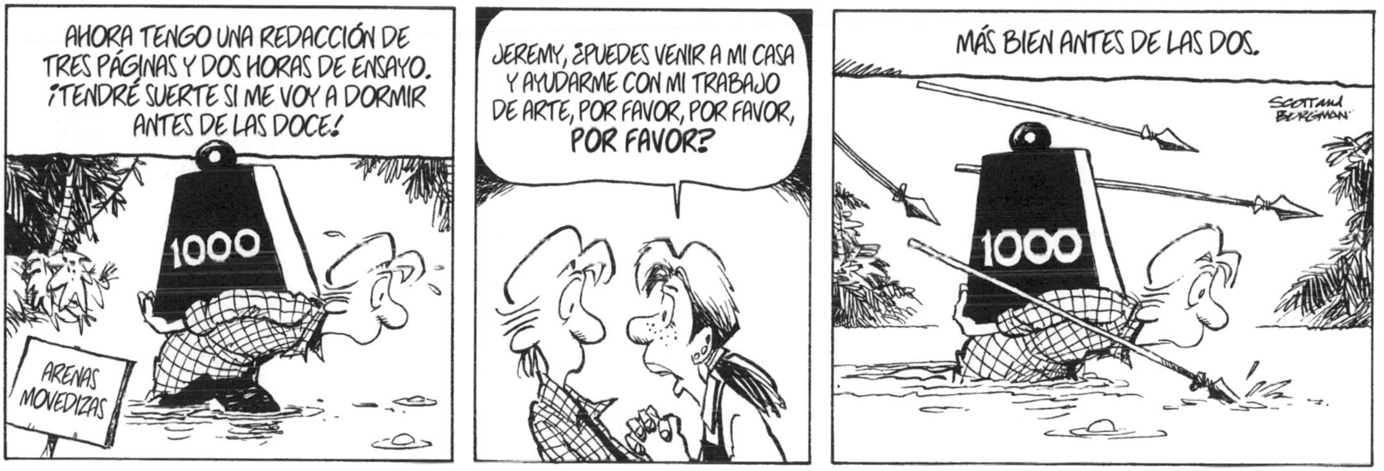
AHORA TENGO UNA REDACCIÓN DE TRES PÁGINAS Y DOS HORAS DE ENSAYO. ¡TENDRÉ SUERTE SI ME VOY A DORMIR ANTES DE LAS DOCE!
1000
ARENAS MOVEDIZAS
JEREMY, ¿PUEDES VENIR A MI CASA Y AYUDARME CON MI TRABAJO DE ARTE, POR FAVOR, POR FAVOR, POR FAVOR?
MÁS BIEN ANTES DE LAS DOS.
SCOTT AND BORGMAN
1000

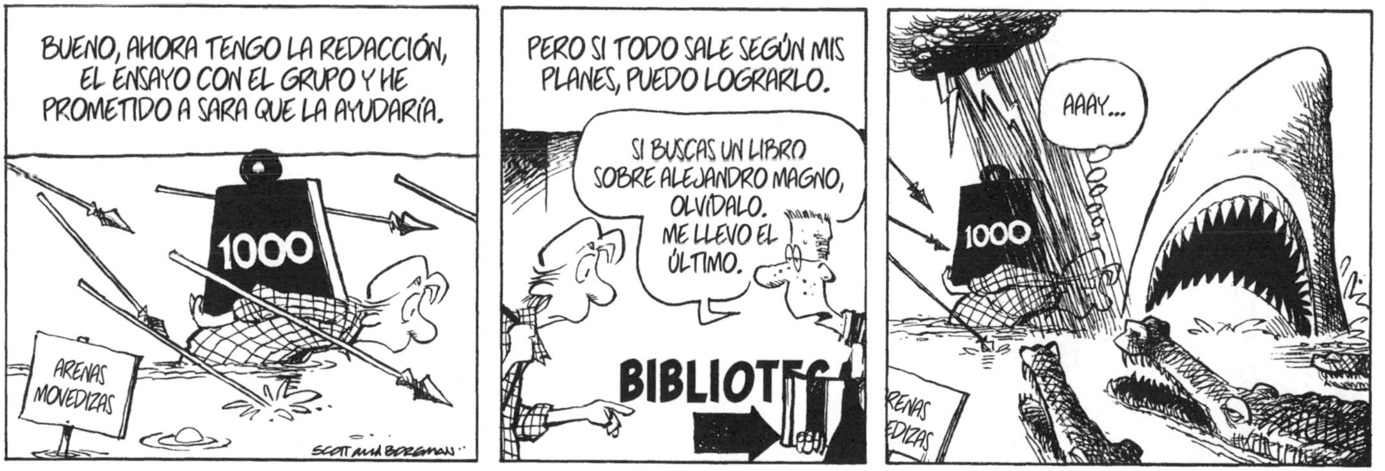
BUENO, AHORA TENGO LA REDACCIÓN, EL ENSAYO CON EL GRUPO Y HE PROMETIDO A SARA QUE LA AYUDARÍA.
1000
ARENAS MOVEDIZAS
SCOTT AND BORGMAN
PERO SI TODO SALE SEGÚN MIS PLANES, PUEDO LOGRARLO.
SI BUSCAS UN LIBRO SOBRE ALEJANDRO MAGNO, OLVÍDALO. ME LLEVO EL ÚLTIMO.
BIBLIOT
AAAY...
1000

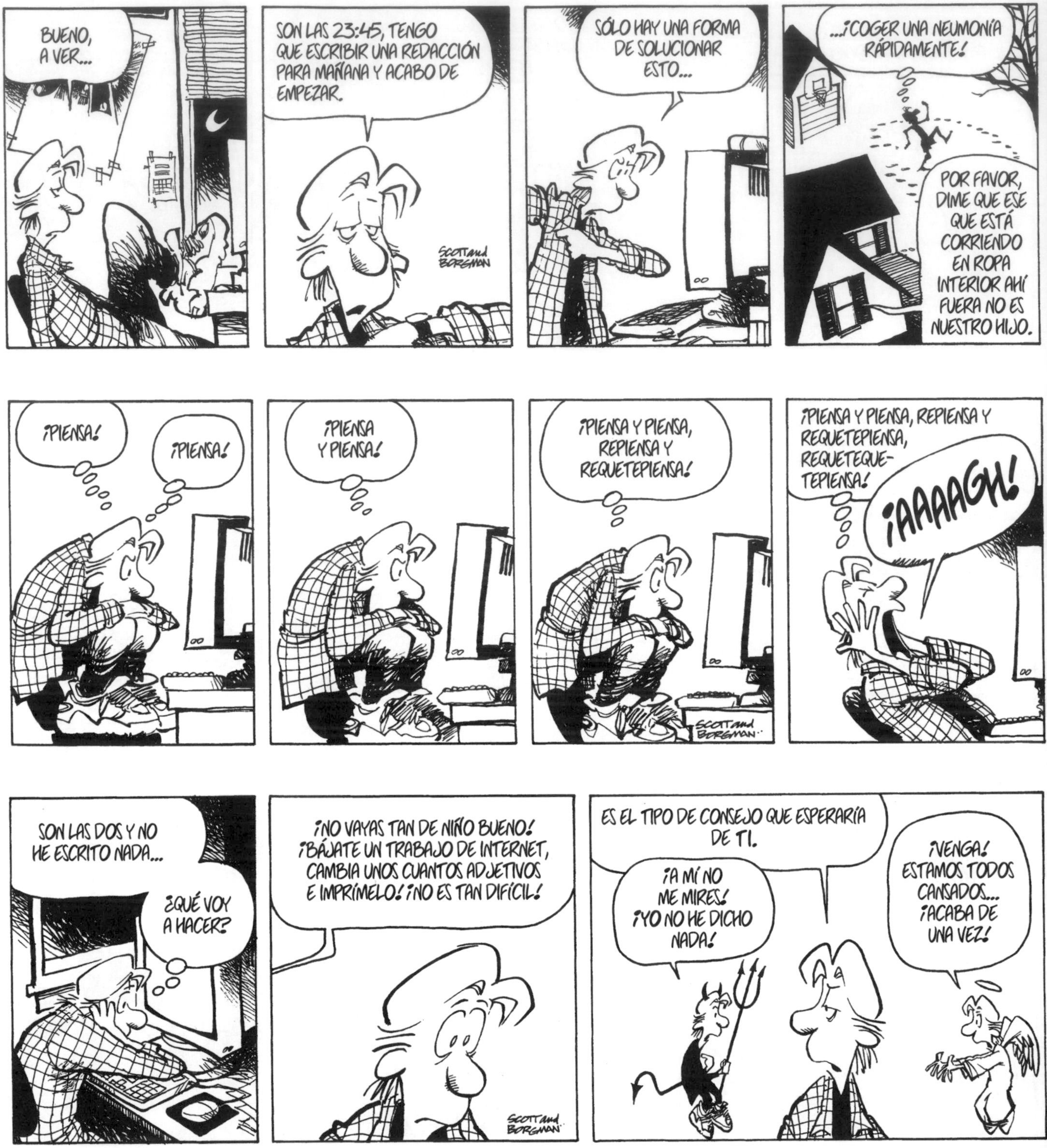
BUENO, A VER...
SON LAS 23:45, TENGO QUE ESCRIBIR UNA REDACCIÓN PARA MAÑANA Y ACABO DE EMPEZAR.
SCOTT and BORGMAN
SÓLO HAY UNA FORMA DE SOLUCIONAR ESTO...
...¡COGER UNA NEUMONÍA RÁPIDAMENTE!
POR FAVOR, DIME QUE ESE QUE ESTÁ CORRIENDO EN ROPA INTERIOR AHÍ FUERA NO ES NUESTRO HIJO.
¡PIENSA!
¡PIENSA!
¡PIENSA Y PIENSA!
¡PIENSA Y PIENSA, REPIENSA Y REQUETEPIENSA!
SCOTT and BORGMAN
¡PIENSA Y PIENSA, REPIENSA Y REQUETEPIENSA, REQUETEQUE-TEPIENSA!
¡AAAAGH!
SON LAS DOS Y NO HE ESCRITO NADA...
¿QUÉ VOY A HACER?
¡NO VAYAS TAN DE NIÑO BUENO! ¡BÁJATE UN TRABAJO DE INTERNET, CAMBIA UNOS CUANTOS ADJETIVOS E IMPRÍMELO! ¡NO ES TAN DIFÍCIL!
SCOTT and BORGMAN
ES EL TIPO DE CONSEJO QUE ESPERARÍA DE TI.
¡A MÍ NO ME MIRES! ¡YO NO HE DICHO NADA!
¡VENGA! ESTAMOS TODOS CANSADOS... ¡ACABA DE UNA VEZ!

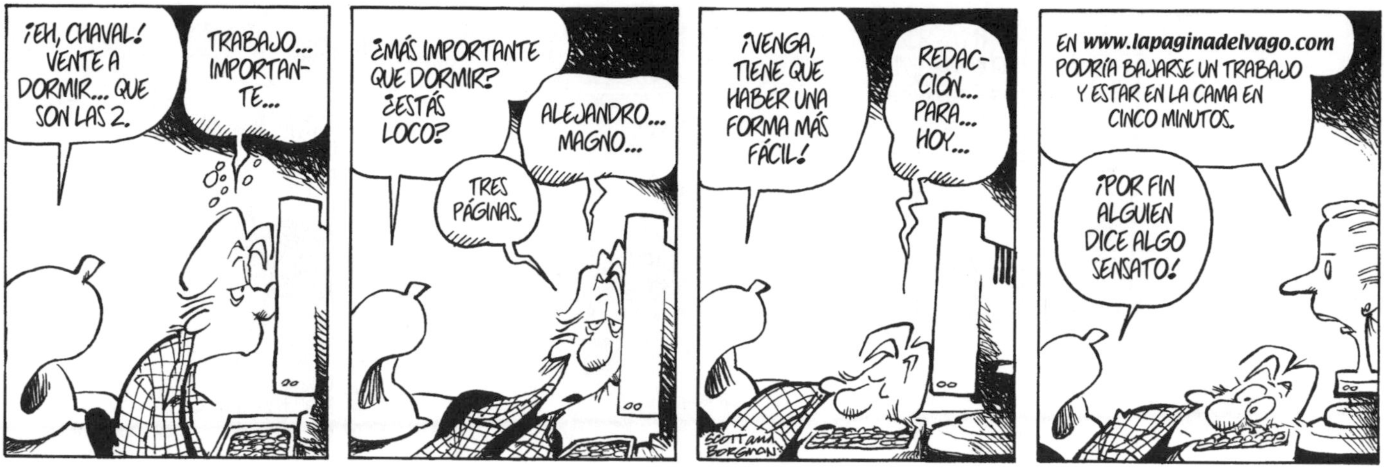
¡EH, CHAVAL! VENTE A DORMIR... QUE SON LAS 2.
TRABAJO... IMPORTAN-TE...
¿MÁS IMPORTANTE QUE DORMIR? ¿ESTÁS LOCO?
ALEJANDRO... MAGNO...
TRES PÁGINAS.
¡VENGA, TIENE QUE HABER UNA FORMA MÁS FÁCIL!
REDAC-CIÓN... PARA... HOY...
SCOTT and BORGMAN
EN www.lapaginadelvago.com PODRÍA BAJARSE UN TRABAJO Y ESTAR EN LA CAMA EN CINCO MINUTOS.
¡POR FIN ALGUIEN DICE ALGO SENSATO!

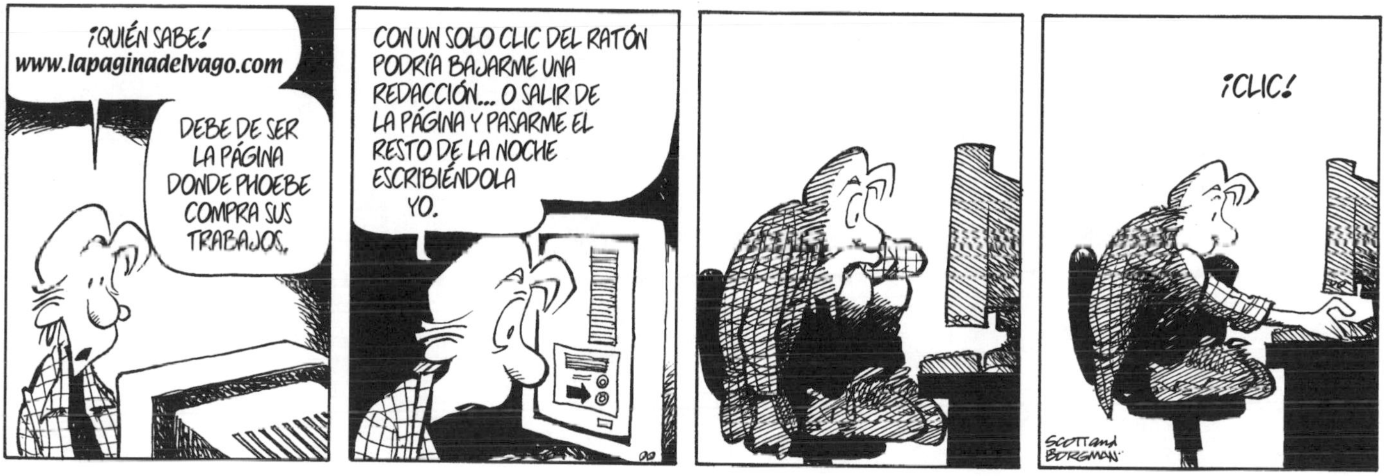
¡QUIÉN SABE! www.lapaginadelvago.com
DEBE DE SER LA PÁGINA DONDE PHOEBE COMPRA SUS TRABAJOS.
CON UN SOLO CLIC DEL RATÓN PODRÍA BAJARME UNA REDACCIÓN... O SALIR DE LA PÁGINA Y PASARME EL RESTO DE LA NOCHE ESCRIBIÉNDOLA YO.
¡CLIC!
SCOTT and BORGMAN

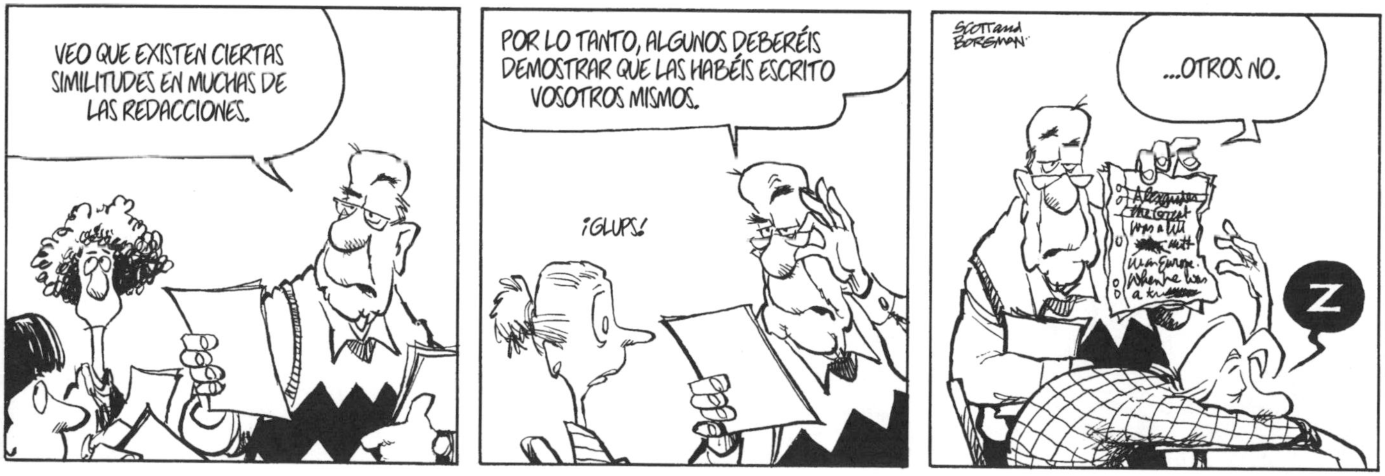
VEO QUE EXISTEN CIERTAS SIMILITUDES EN MUCHAS DE LAS REDACCIONES.
POR LO TANTO, ALGUNOS DEBERÉIS DEMOSTRAR QUE LAS HABÉIS ESCRITO VOSOTROS MISMOS.
¡GLUPS!
SCOTT and BORGMAN
...OTROS NO.
Z

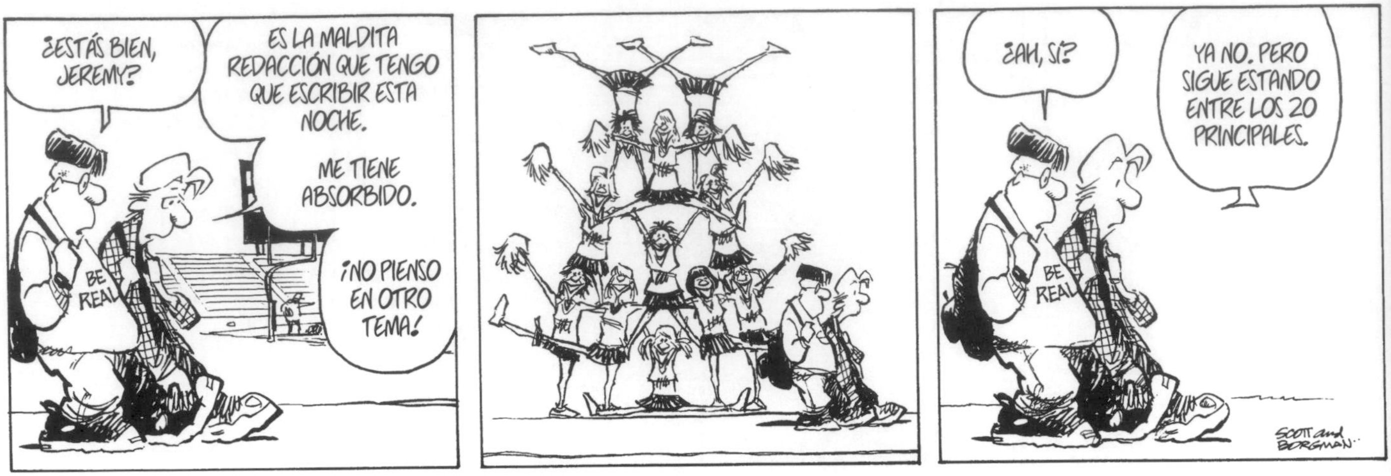
¿ESTÁS BIEN, JEREMY?
ES LA MALDITA REDACCIÓN QUE TENGO QUE ESCRIBIR ESTA NOCHE.
ME TIENE ABSORBIDO.
¡NO PIENSO EN OTRO TEMA!
BE REAL
¿AH, SÍ?
YA NO. PERO SIGUE ESTANDO ENTRE LOS 20 PRINCIPALES.

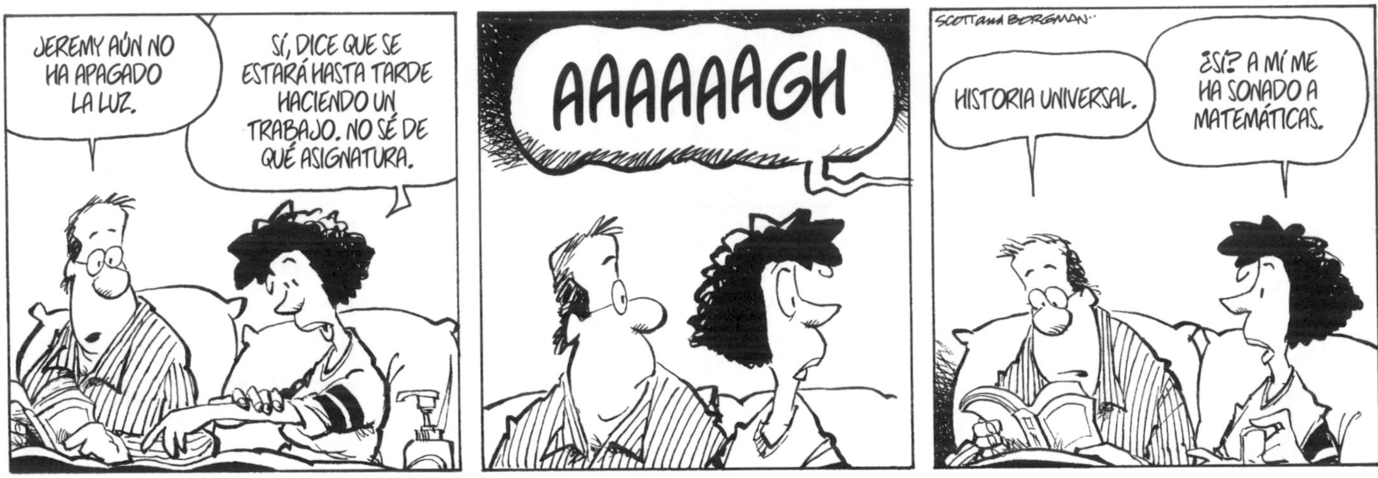
JEREMY AÚN NO HA APAGADO LA LUZ.
SÍ, DICE QUE SE ESTARÁ HASTA TARDE HACIENDO UN TRABAJO. NO SÉ DE QUÉ ASIGNATURA.
AAAAAAGH
HISTORIA UNIVERSAL.
¿SÍ? A MÍ ME HA SONADO A MATEMÁTICAS.

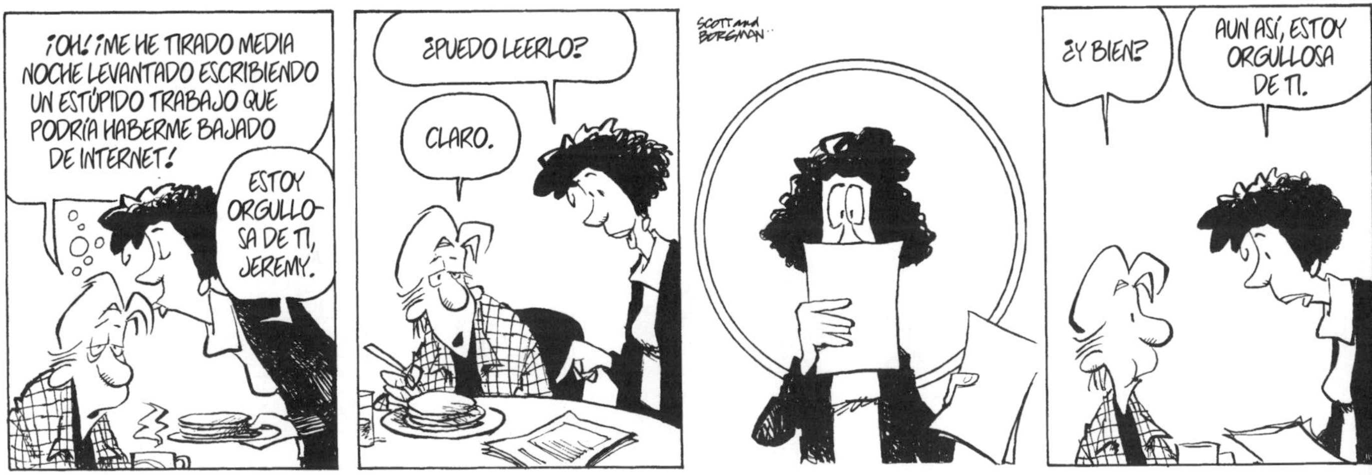
¡OH! ¡ME HE TIRADO MEDIA NOCHE LEVANTADO ESCRIBIENDO UN ESTÚPIDO TRABAJO QUE PODRÍA HABERME BAJADO DE INTERNET!
ESTOY ORGULLOSA DE TI, JEREMY.
¿PUEDO LEERLO?
CLARO.
¿Y BIEN?
AUN ASÍ, ESTOY ORGULLOSA DE TI.

Zits
by JERRY SCOTT and JIM BORGMAN
UNOS GATOS CANTANDO.
OH, OH...

DISCULPE...
¿TIENEN DELICIAS MIAU?
¿QUÉ?
¡DELICIAS MIAU! LA COMIDA QUE PIDEN TODOS LOS GATOS.
MAMÁ...
¿QUÉ?
SÍ, TIENEN ESE ANUNCIO TAN MONO EN EL QUE SALEN UNOS GATOS CANTANDO.
¡SÍ!
OH, OH...
NO, AQUÍ NO... AHORA NO...
¡MIAU! ¡MIAU! ¡MIAU! ¡MIAU! ¡MIAU! ¡MIAU! ¡MIAU! ¡MIAU!
NOS HUMILLAN ASÍ PARA QUE NOS VAYAMOS DE CASA A LOS DIECIOCHO.
SI ES ASÍ, FUNCIONA.
SCOTT and BORGMAN

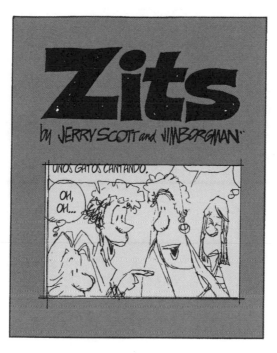

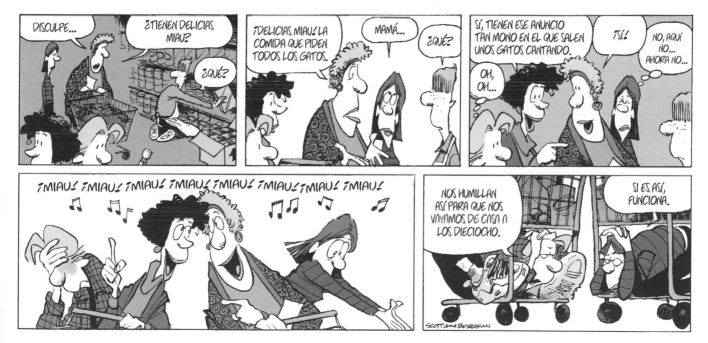

Zits
by JERRY SCOTT and JIM BORGMAN

EL PÚBLICO AGUARDA EN SILENCIO ABSOLUTO MIENTRAS WALT DUNCAN PREPARA SU ESTRATEGIA.
SE ENFRENTA A MUCHAS PRENDAS DE ALGODÓN... ¿PERO QUÉ ES ESTO?
¡UNA CAMISA DE NAILON CON UNA MANCHA DE KETCHUP!
SCOTT and BORGMAN
DUNCAN SE MUEVE LENTAMENTE HACIA LA ESTANTERÍA Y ESCOGE EL DETERGENTE.
¡YA ESTÁ! ¡HA SELECCIONADO EL PROGRAMA Y LA LAVADORA EMPIEZA A LLENARSE!
SE PUEDE CORTAR LA TENSIÓN CON UN CUCHILLO.
WALT DUNCAN DA VUELTAS COMO UN TIGRE ENJAULADO CUANDO LENTAMENTE... EL PÚBLICO ENTONA SU CÁNTICO.
¡DUNCAN! ¡DUNCAN!
¡DUNCAN! ¡DUNCAN! ¡DUNCAN! ¡DUNCAN! ¡DUNCAN!
LA TESTOSTERONA Y EL DETERGENTE NO COMBINAN BIEN.
PAPÁ, TIENES QUE SALIR MÁS.

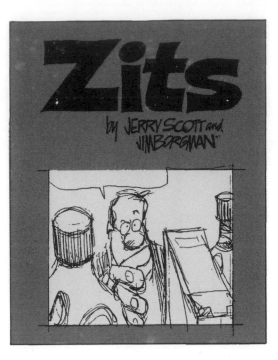

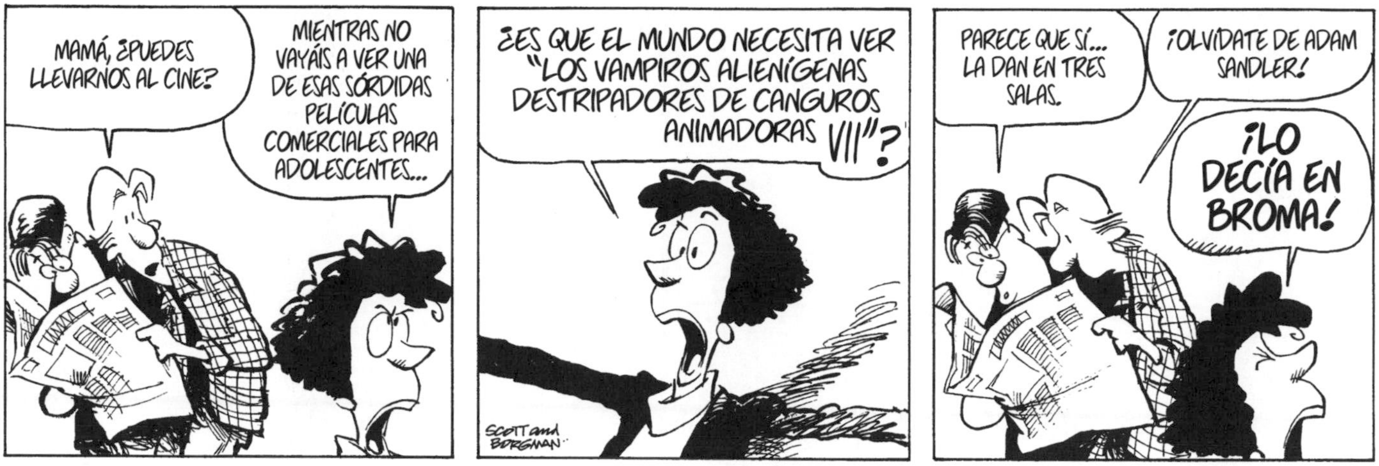
MAMÁ, ¿PUEDES LLEVARNOS AL CINE?
MIENTRAS NO VAYÁIS A VER UNA DE ESAS SÓRDIDAS PELÍCULAS COMERCIALES PARA ADOLESCENTES...
¿ES QUE EL MUNDO NECESITA VER "LOS VAMPIROS ALIENÍGENAS DESTRIPADORES DE CANGUROS ANIMADORAS VII"?
SCOTT and BORGMAN
PARECE QUE SÍ... LA DAN EN TRES SALAS.
¡OLVÍDATE DE ADAM SANDLER!
¡LO DECÍA EN BROMA!

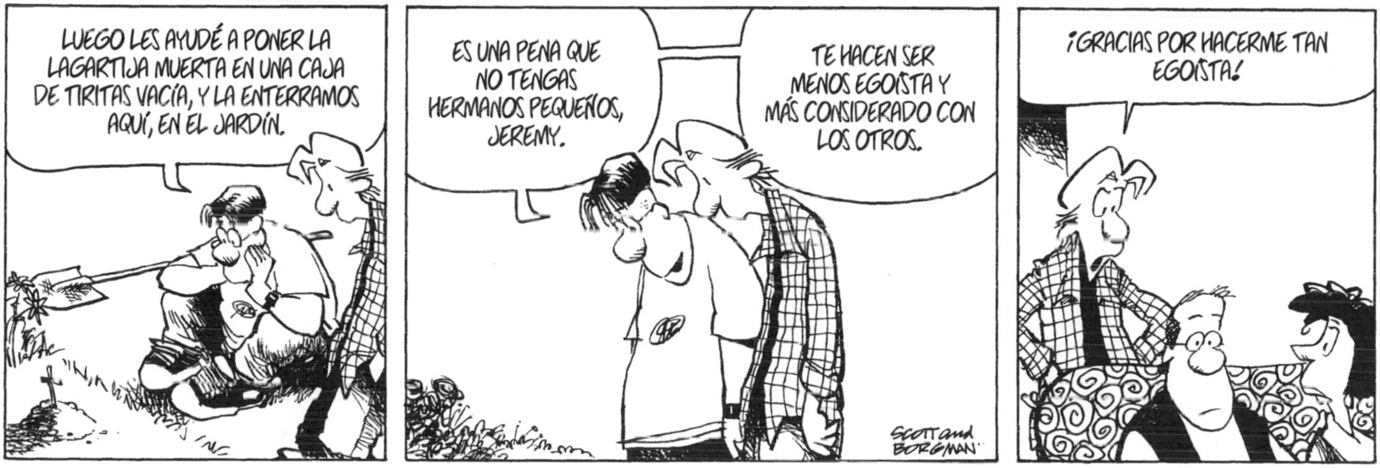
LUEGO LES AYUDÉ A PONER LA LAGARTIJA MUERTA EN UNA CAJA DE TIRITAS VACÍA, Y LA ENTERRAMOS AQUÍ, EN EL JARDÍN.
ES UNA PENA QUE NO TENGAS HERMANOS PEQUEÑOS, JEREMY.
TE HACEN SER MENOS EGOÍSTA Y MÁS CONSIDERADO CON LOS OTROS.
SCOTT and BORGMAN
¡GRACIAS POR HACERME TAN EGOÍSTA!

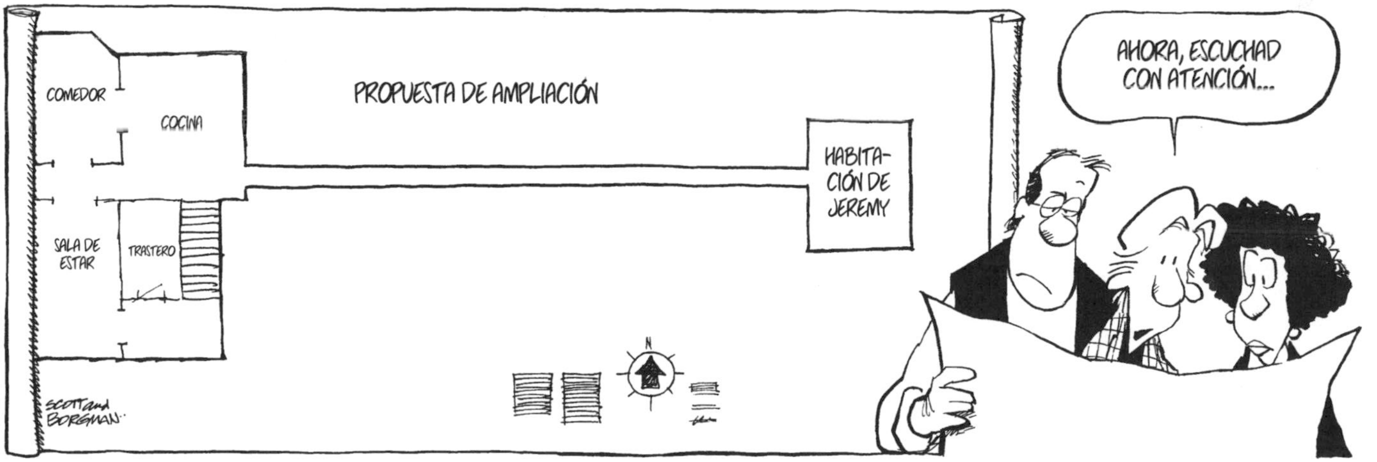
PROPUESTA DE AMPLIACIÓN
COMEDOR
COCINA
SALA DE ESTAR
TRASTERO
HABITACIÓN DE JEREMY
N
SCOTT and BORGMAN
AHORA, ESCUCHAD CON ATENCIÓN...

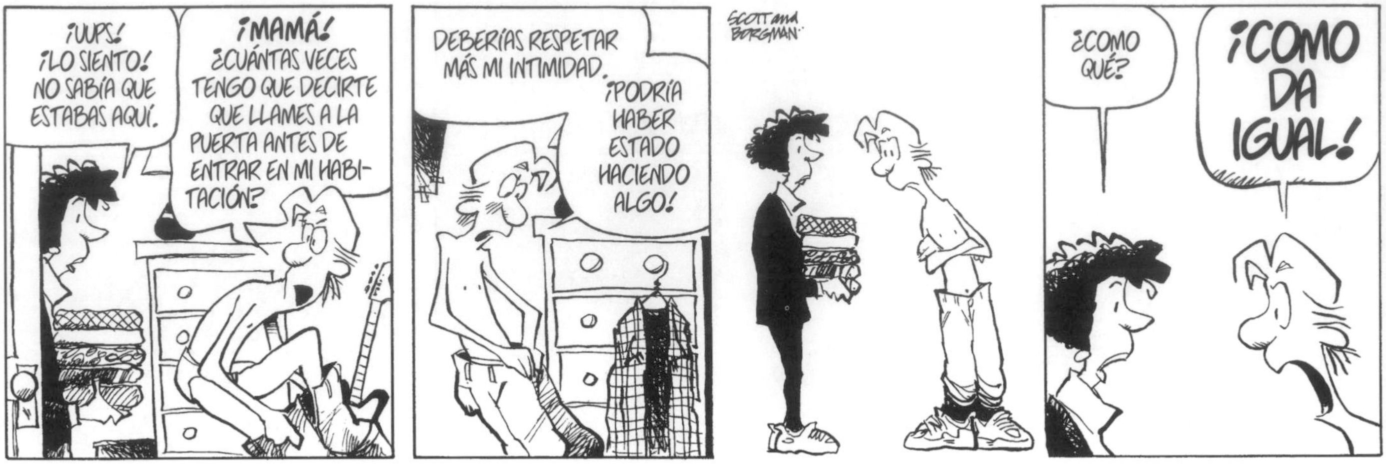
¡UUPS! ¡LO SIENTO! NO SABÍA QUE ESTABAS AQUÍ.
¡MAMÁ! ¿CUÁNTAS VECES TENGO QUE DECIRTE QUE LLAMES A LA PUERTA ANTES DE ENTRAR EN MI HABITACIÓN?
DEBERÍAS RESPETAR MÁS MI INTIMIDAD.
¡PODRÍA HABER ESTADO HACIENDO ALGO!
SCOTT and BORGMAN
¿COMO QUÉ?
¡COMO DA IGUAL!

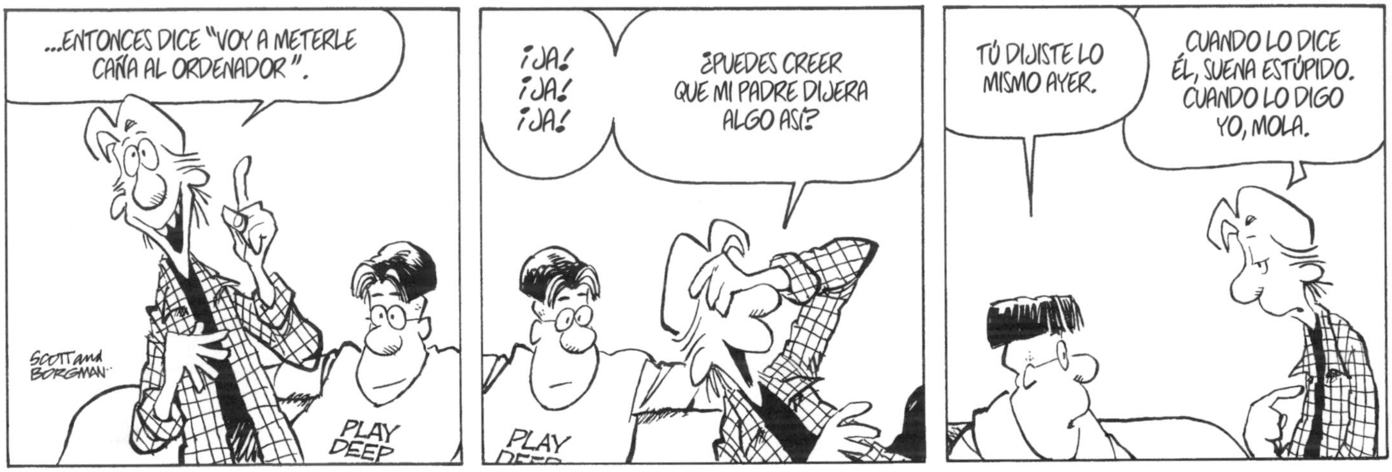
...ENTONCES DICE "VOY A METERLE CAÑA AL ORDENADOR".
SCOTT and BORGMAN
PLAY DEEP
¡JA! ¡JA! ¡JA!
¿PUEDES CREER QUE MI PADRE DIJERA ALGO ASÍ?
TÚ DIJISTE LO MISMO AYER.
CUANDO LO DICE ÉL, SUENA ESTÚPIDO. CUANDO LO DIGO YO, MOLA.

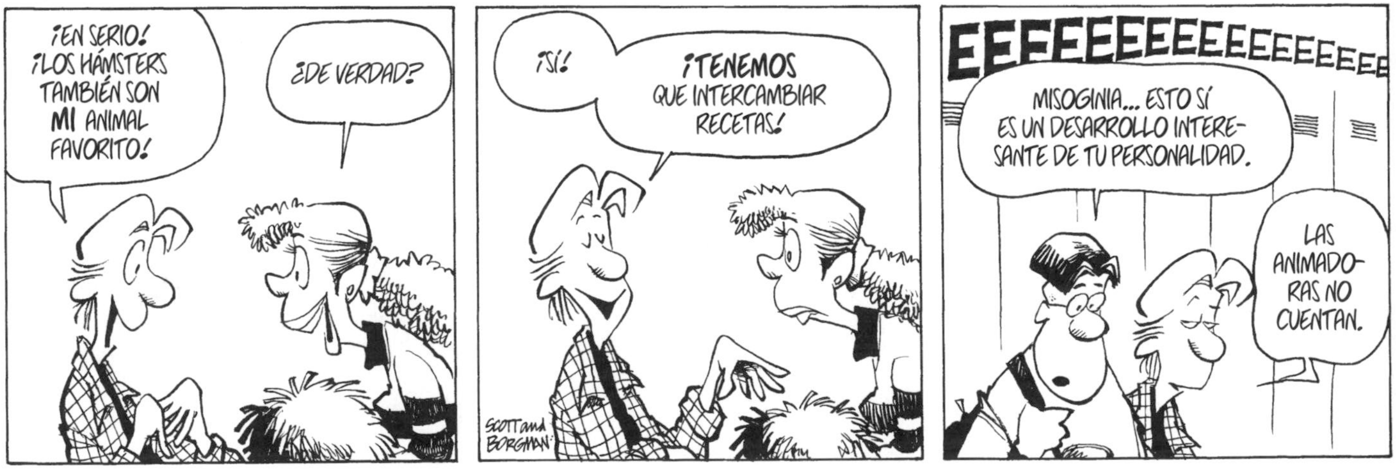
¡EN SERIO! ¡LOS HÁMSTERS TAMBIÉN SON **MI** ANIMAL FAVORITO!
¿DE VERDAD?
¡SÍ!
¡TENEMOS QUE INTERCAMBIAR RECETAS!
SCOTT and BORGMAN
EEEEEEEEEEEEEEEEE
MISOGINIA... ESTO SÍ ES UN DESARROLLO INTERESANTE DE TU PERSONALIDAD.
LAS ANIMADORAS NO CUENTAN.

Zits
by JERRY SCOTT and JIM BORGMAN

¡HOLA, GUAPETÓN!
¡YEEPA!
¡SEÑORITA! ¡HA MANCILLADO MI HONOR!
¡NO SERÍA LA PRIMERA VEZ!
VEN AQUÍ... ES HORA DE TU EXAMEN ORAL.
JI, JI. LO QUE USTED DIGA, DOCTOR DUNCAN.
GLORP! SLORP! BLORG!
¡UUPS! ¡CREO QUE JEREMY NOS HA VISTO!
¿Y? A LOS NIÑOS LES GUSTA QUE SUS PADRES SE DEMUESTREN AFECTO.
PUAJ... TENGO.. GANAS DE... VOMITAR...
SCOTT and BORGMAN

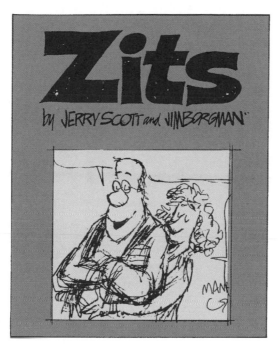

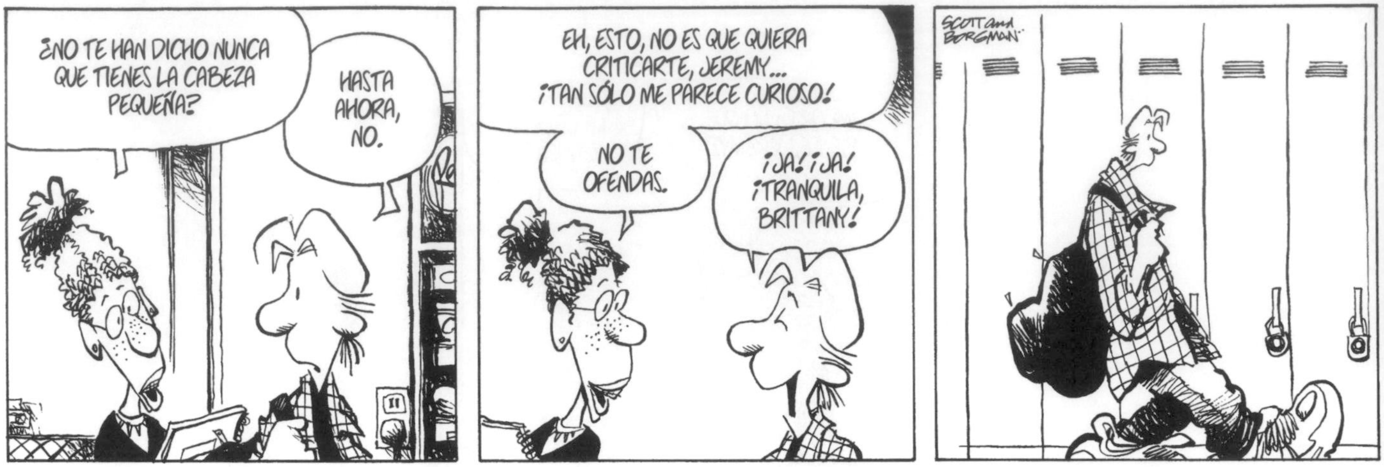
¿NO TE HAN DICHO NUNCA QUE TIENES LA CABEZA PEQUEÑA?
HASTA AHORA, NO.
EH, ESTO, NO ES QUE QUIERA CRITICARTE, JEREMY... ¡TAN SÓLO ME PARECE CURIOSO!
NO TE OFENDAS.
¡JA! ¡JA! ¡TRANQUILA, BRITTANY!
SCOTT and BORGMAN

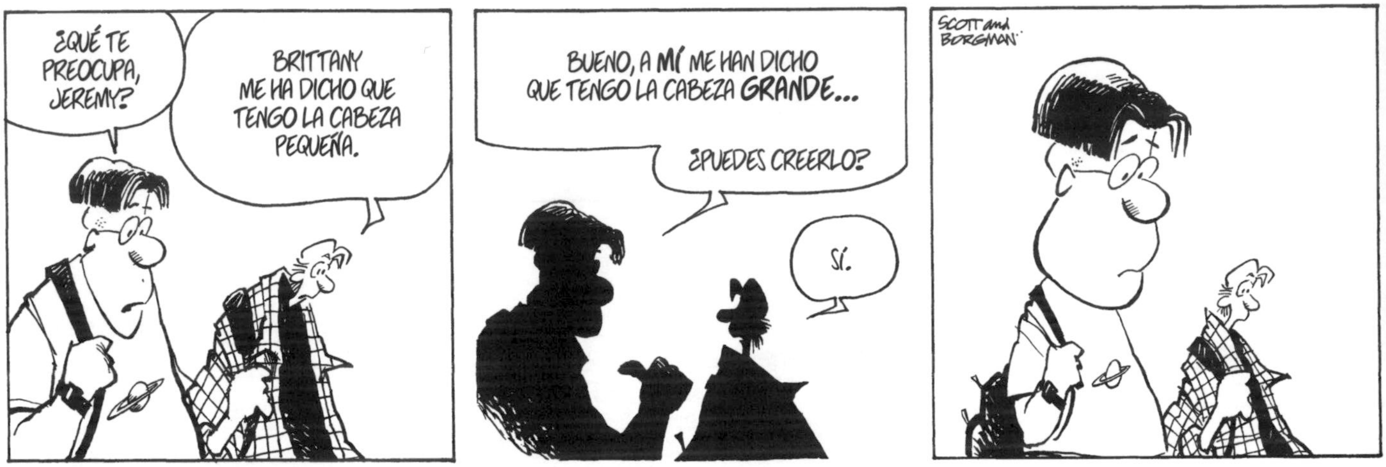
¿QUÉ TE PREOCUPA, JEREMY?
BRITTANY ME HA DICHO QUE TENGO LA CABEZA PEQUEÑA.
BUENO, A MÍ ME HAN DICHO QUE TENGO LA CABEZA GRANDE...
¿PUEDES CREERLO?
SÍ.
SCOTT and BORGMAN

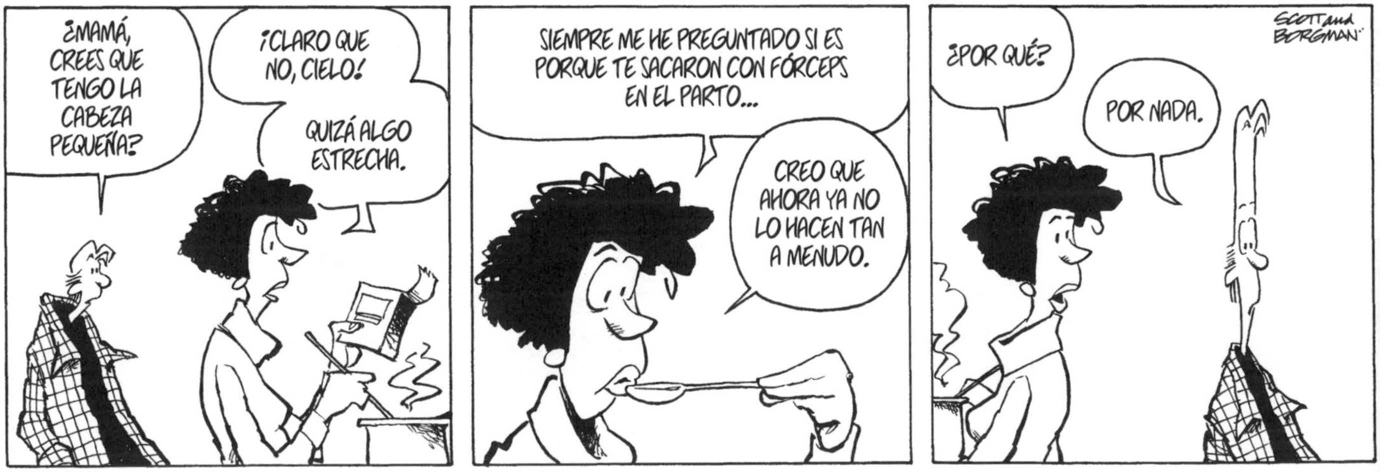
¿MAMÁ, CREES QUE TENGO LA CABEZA PEQUEÑA?
¡CLARO QUE NO, CIELO!
QUIZÁ ALGO ESTRECHA.
SIEMPRE ME HE PREGUNTADO SI ES PORQUE TE SACARON CON FÓRCEPS EN EL PARTO...
CREO QUE AHORA YA NO LO HACEN TAN A MENUDO.
¿POR QUÉ?
POR NADA.
SCOTT and BORGMAN

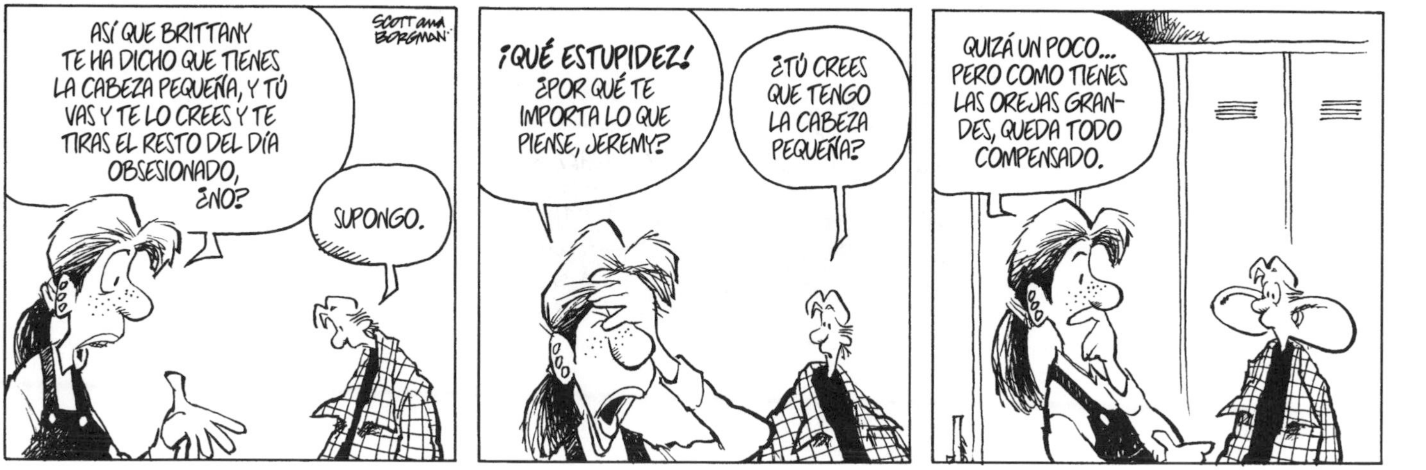
SCOTT and BORGMAN
ASÍ QUE BRITTANY TE HA DICHO QUE TIENES LA CABEZA PEQUEÑA, Y TÚ VAS Y TE LO CREES Y TE TIRAS EL RESTO DEL DÍA OBSESIONADO, ¿NO?
SUPONGO.
¡QUÉ ESTUPIDEZ! ¿POR QUÉ TE IMPORTA LO QUE PIENSE, JEREMY?
¿TÚ CREES QUE TENGO LA CABEZA PEQUEÑA?
QUIZÁ UN POCO... PERO COMO TIENES LAS OREJAS GRANDES, QUEDA TODO COMPENSADO.

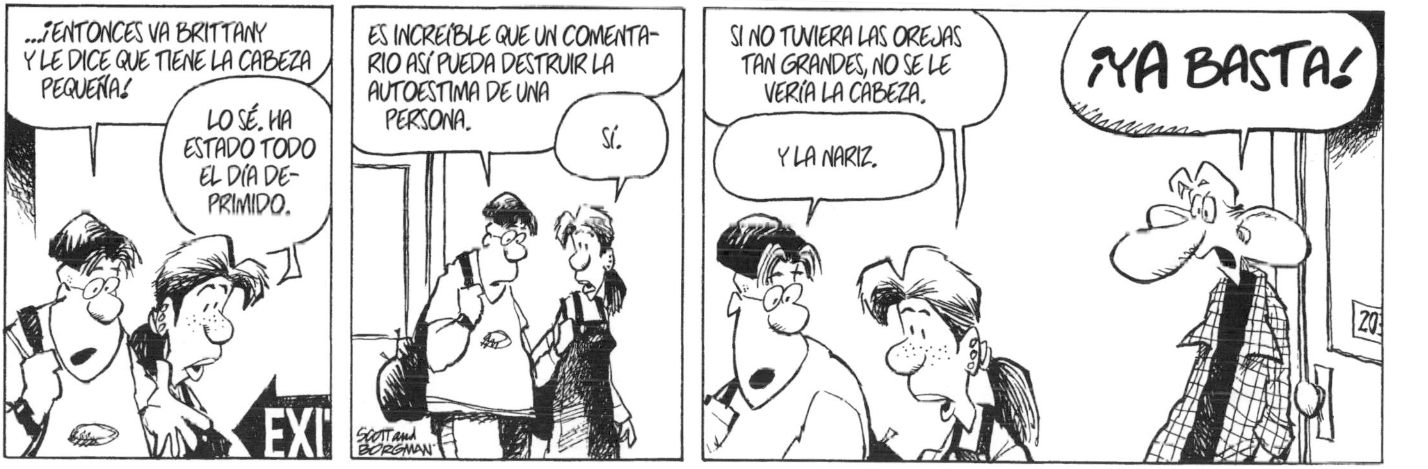
...¡ENTONCES VA BRITTANY Y LE DICE QUE TIENE LA CABEZA PEQUEÑA!
LO SÉ. HA ESTADO TODO EL DÍA DEPRIMIDO.
EXIT
ES INCREÍBLE QUE UN COMENTARIO ASÍ PUEDA DESTRUIR LA AUTOESTIMA DE UNA PERSONA.
SÍ.
SCOTT and BORGMAN
SI NO TUVIERA LAS OREJAS TAN GRANDES, NO SE LE VERÍA LA CABEZA.
Y LA NARIZ.
¡YA BASTA!

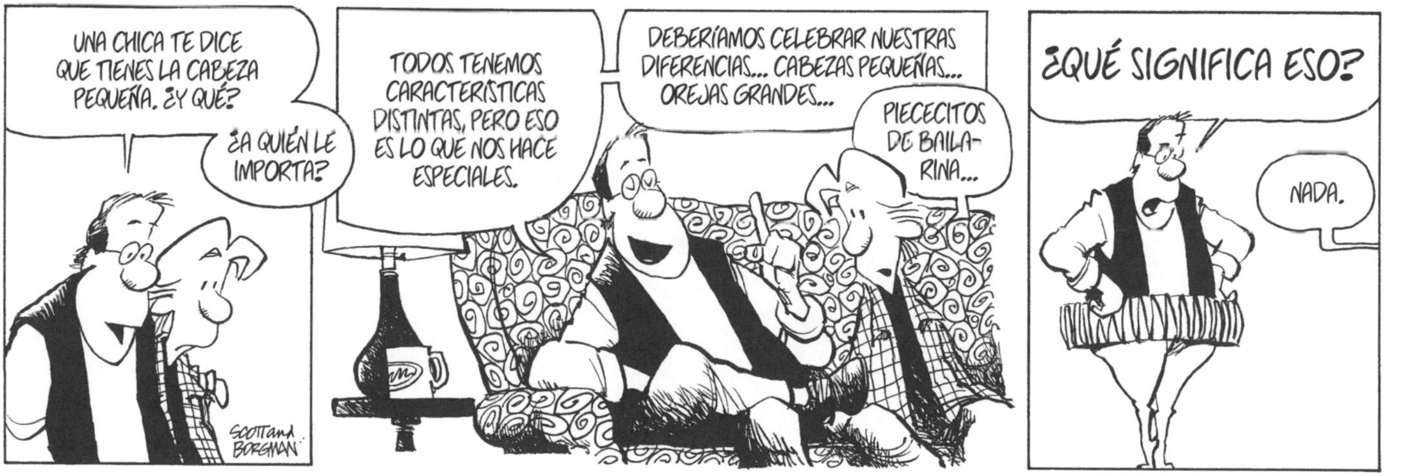
UNA CHICA TE DICE QUE TIENES LA CABEZA PEQUEÑA. ¿Y QUÉ?
¿A QUIÉN LE IMPORTA?
SCOTT and BORGMAN
TODOS TENEMOS CARACTERÍSTICAS DISTINTAS, PERO ESO ES LO QUE NOS HACE ESPECIALES.
DEBERÍAMOS CELEBRAR NUESTRAS DIFERENCIAS... CABEZAS PEQUEÑAS... OREJAS GRANDES...
PIECECITOS DE BAILARINA...
¿QUÉ SIGNIFICA ESO?
NADA.

Zits
by JERRY SCOTT and JIM BORGMAN

SCOTT AND BORGMAN
LO ÚNICO PEOR QUE DUCHARSE DESPUÉS DE GIMNASIA ES DUCHARSE DESPUÉS DE GIMNASIA CON LOS MAYORES.

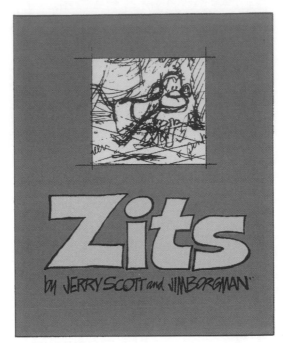

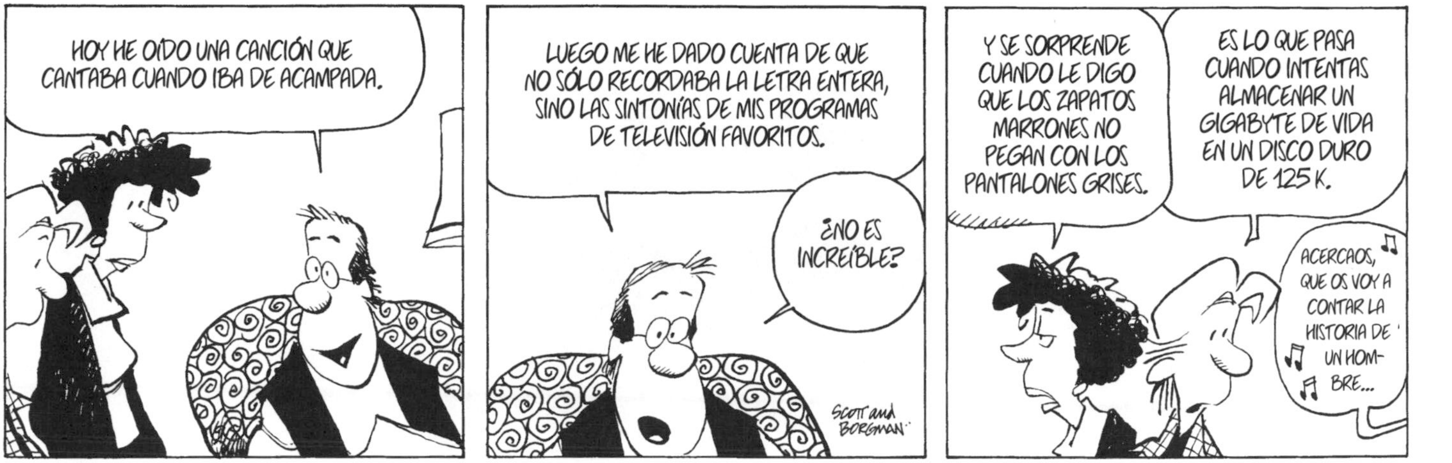
HOY HE OÍDO UNA CANCIÓN QUE CANTABA CUANDO IBA DE ACAMPADA.
LUEGO ME HE DADO CUENTA DE QUE NO SÓLO RECORDABA LA LETRA ENTERA, SINO LAS SINTONÍAS DE MIS PROGRAMAS DE TELEVISIÓN FAVORITOS.
¿NO ES INCREÍBLE?
SCOTT and BORGMAN
Y SE SORPRENDE CUANDO LE DIGO QUE LOS ZAPATOS MARRONES NO PEGAN CON LOS PANTALONES GRISES.
ES LO QUE PASA CUANDO INTENTAS ALMACENAR UN GIGABYTE DE VIDA EN UN DISCO DURO DE 125 K.
ACERCAOS, QUE OS VOY A CONTAR LA HISTORIA DE UN HOMBRE...

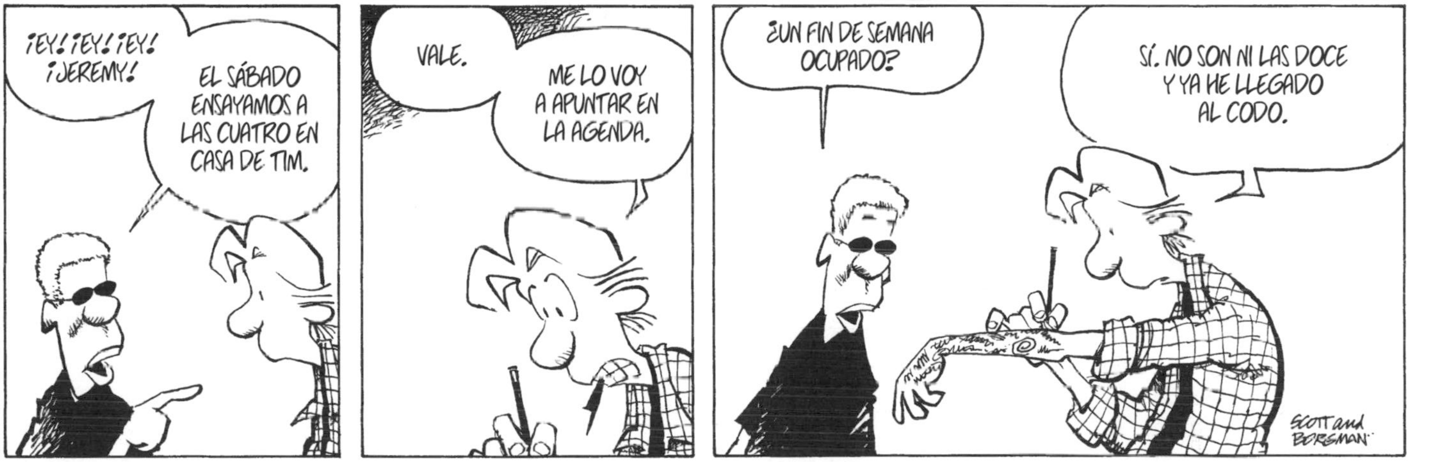
¡EY! ¡EY! ¡EY! ¡JEREMY!
EL SÁBADO ENSAYAMOS A LAS CUATRO EN CASA DE TIM.
VALE.
ME LO VOY A APUNTAR EN LA AGENDA.
¿UN FIN DE SEMANA OCUPADO?
SÍ. NO SON NI LAS DOCE Y YA HE LLEGADO AL CODO.
SCOTT and BORGMAN

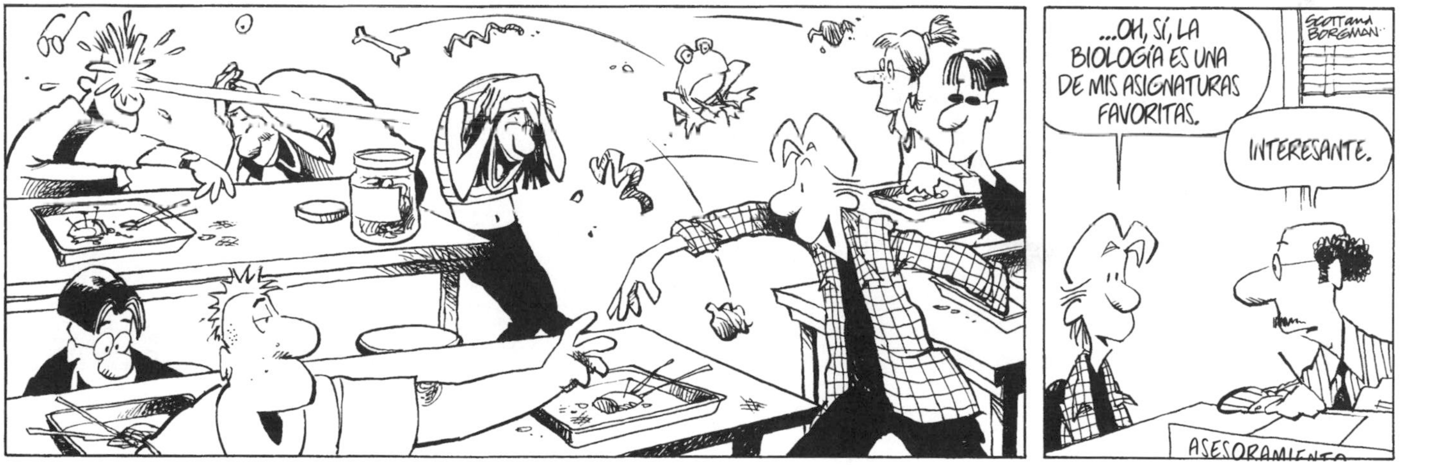
SCOTT and BORGMAN
...OH, SÍ, LA BIOLOGÍA ES UNA DE MIS ASIGNATURAS FAVORITAS.
INTERESANTE.

Zits
by JERRY SCOTT and JIM BORGMAN

¡SÍ!
EL FINAL PERFECTO PARA UNA CENA PERFECTA.
¡LE VOY A ATAR LOS APARATOS DE LA BOCA CON UNA CUERDA ALREDEDOR DEL CUELLO!
OTRO MOTIVO POR EL QUE NO DEBERÍA PONERME ELEGANTE CUANDO SALIMOS A CENAR.

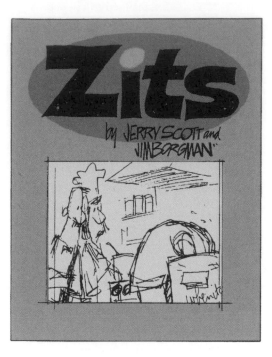

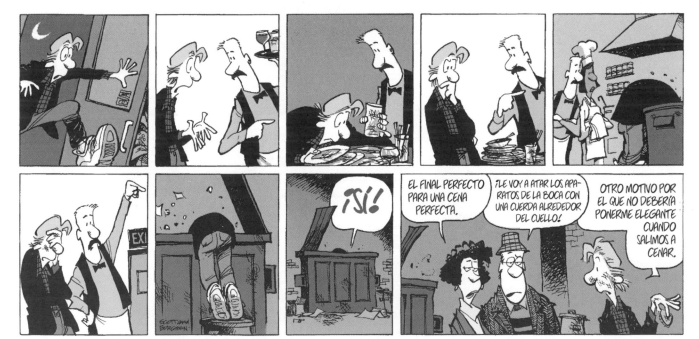

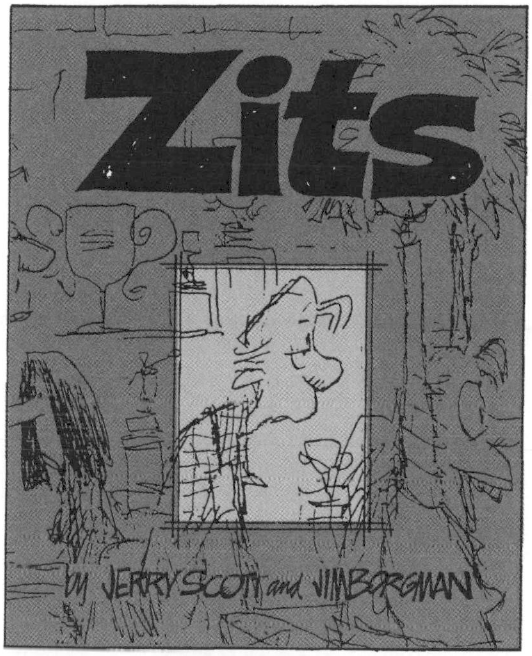
Zits
BY JERRY SCOTT and JIM BORGMAN

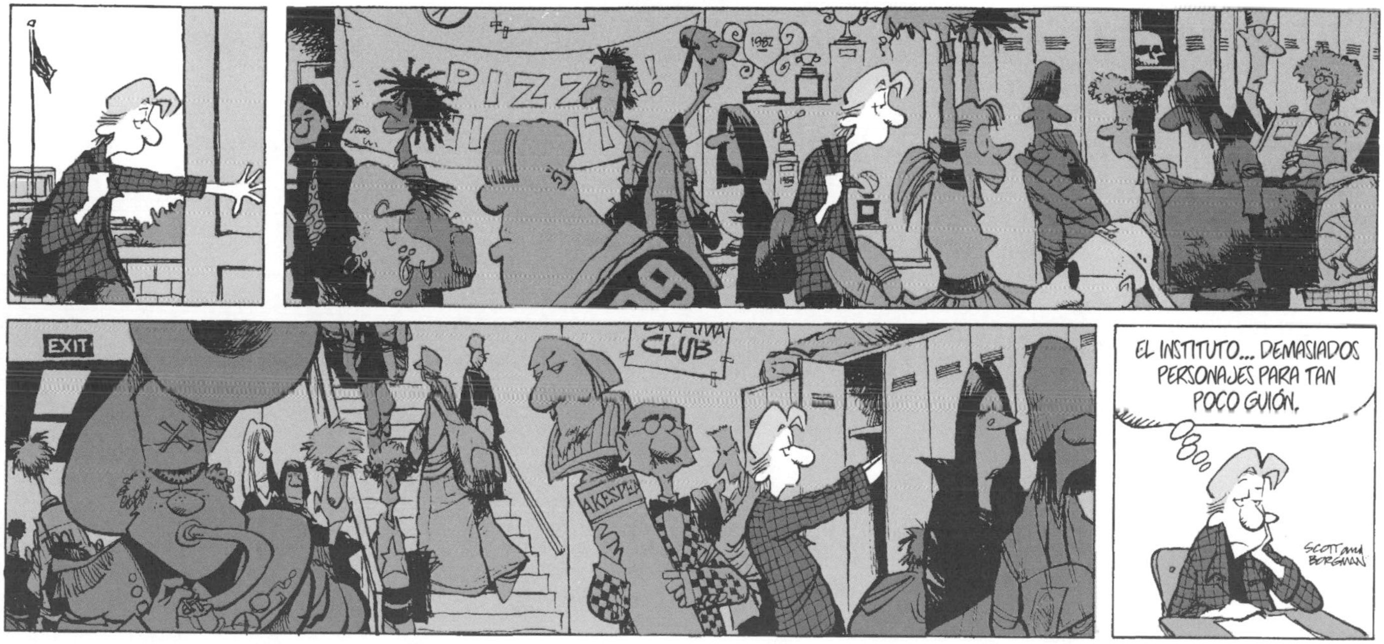
EXIT
CLUB
EL INSTITUTO... DEMASIADOS PERSONAJES PARA TAN POCO GUIÓN.
SCOTT and BORGMAN

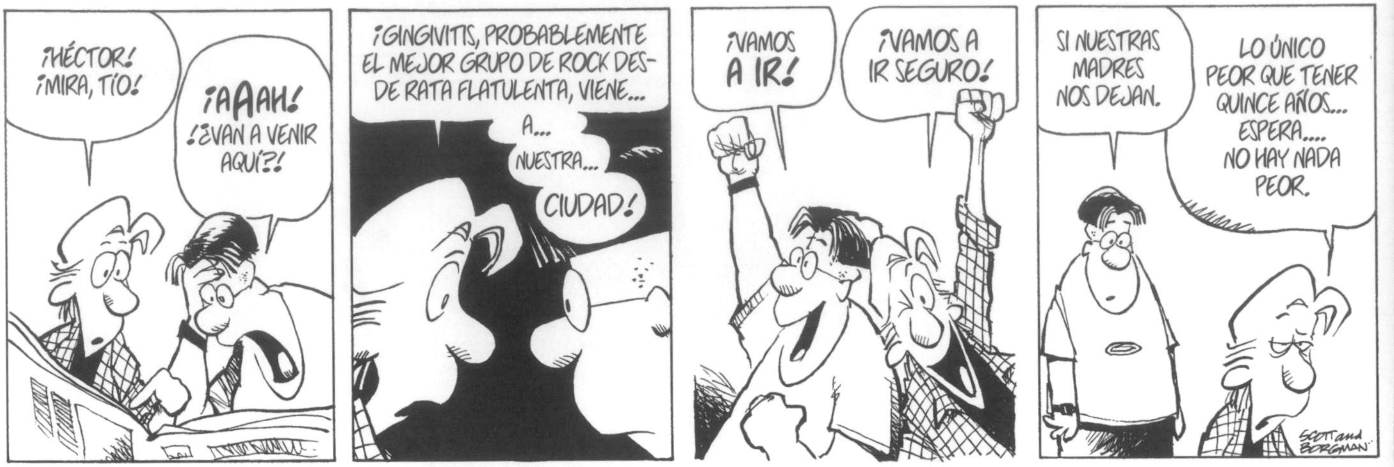
¡HÉCTOR! ¡MIRA, TÍO!
¡AAAH! ¿¡VAN A VENIR AQUÍ?!
¡GINGIVITIS, PROBABLEMENTE EL MEJOR GRUPO DE ROCK DESDE RATA FLATULENTA, VIENE...
A...
NUESTRA...
CIUDAD!
¡VAMOS A IR!
¡VAMOS A IR SEGURO!
SI NUESTRAS MADRES NOS DEJAN.
LO ÚNICO PEOR QUE TENER QUINCE AÑOS... ESPERA.... NO HAY NADA PEOR.
SCOTT and BORGMAN

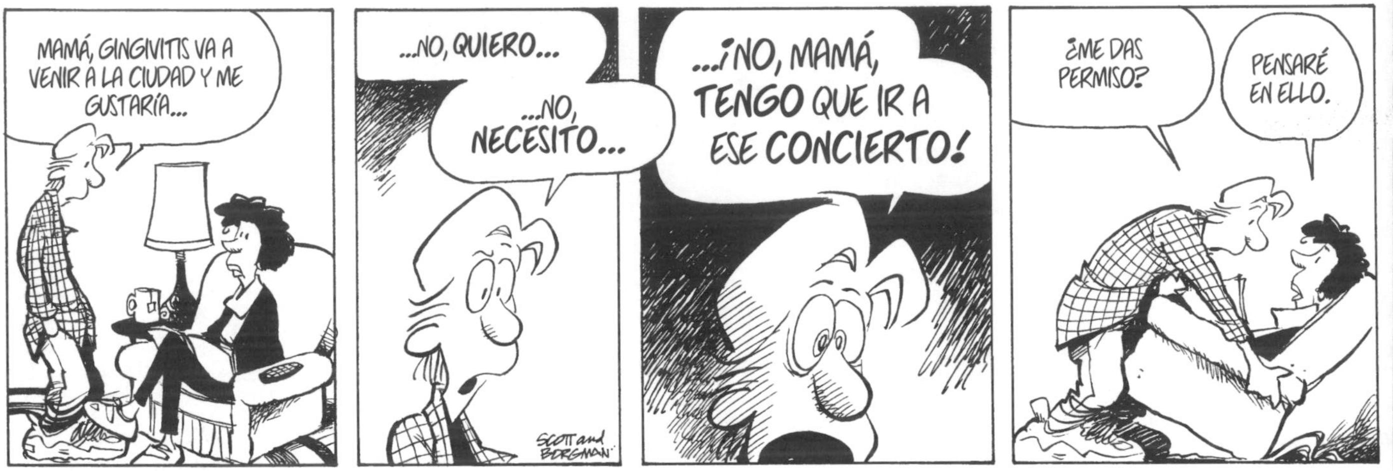
MAMÁ, GINGIVITIS VA A VENIR A LA CIUDAD Y ME GUSTARÍA...
...NO, QUIERO...
...NO, NECESITO...
SCOTT and BORGMAN
...¡NO, MAMÁ, TENGO QUE IR A ESE CONCIERTO!
¿ME DAS PERMISO?
PENSARÉ EN ELLO.

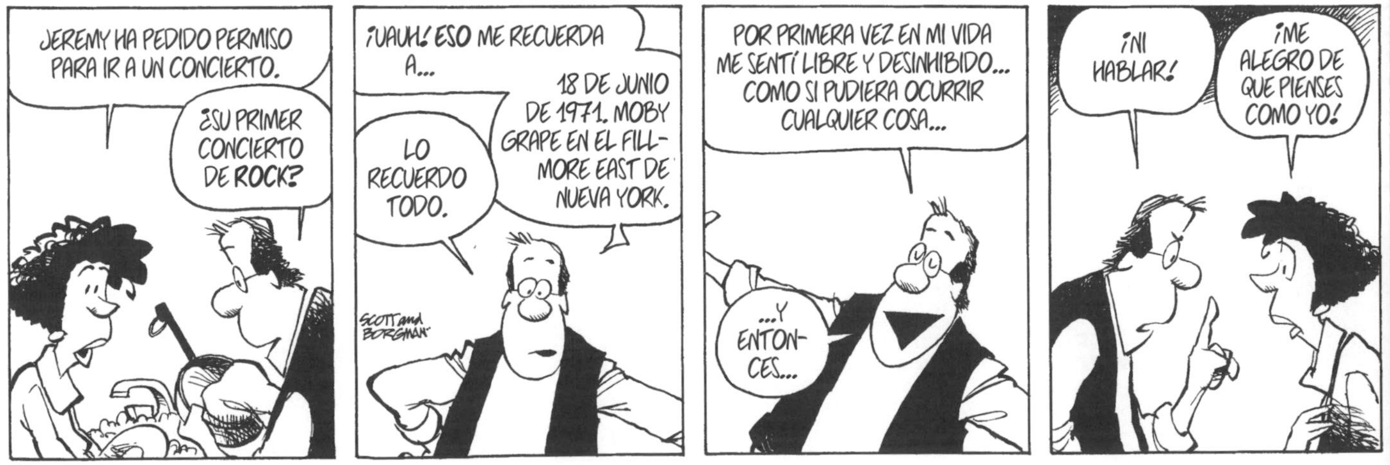
JEREMY HA PEDIDO PERMISO PARA IR A UN CONCIERTO.
¿SU PRIMER CONCIERTO DE ROCK?
¡UAUH! ESO ME RECUERDA A...
18 DE JUNIO DE 1971. MOBY GRAPE EN EL FILLMORE EAST DE NUEVA YORK.
LO RECUERDO TODO.
SCOTT and BORGMAN
POR PRIMERA VEZ EN MI VIDA ME SENTÍ LIBRE Y DESINHIBIDO... COMO SI PUDIERA OCURRIR CUALQUIER COSA...
...Y ENTONCES...
¡NI HABLAR!
¡ME ALEGRO DE QUE PIENSES COMO YO!

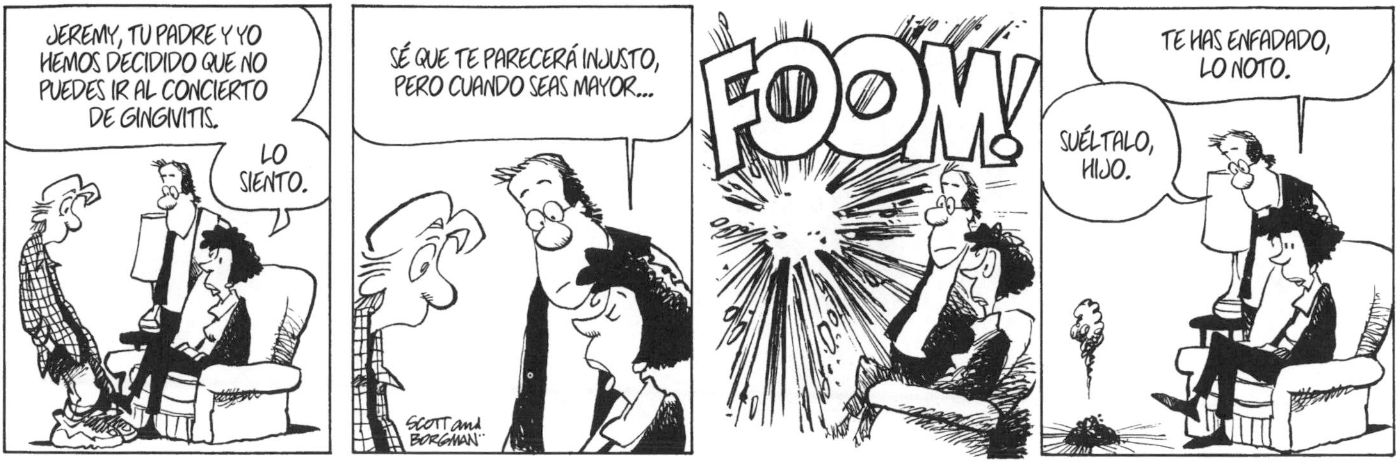
JEREMY, TU PADRE Y YO HEMOS DECIDIDO QUE NO PUEDES IR AL CONCIERTO DE GINGIVITIS.
LO SIENTO.
SÉ QUE TE PARECERÁ INJUSTO, PERO CUANDO SEAS MAYOR...
SCOTT and BORGMAN
FOOM!
TE HAS ENFADADO, LO NOTO.
SUÉLTALO, HIJO.

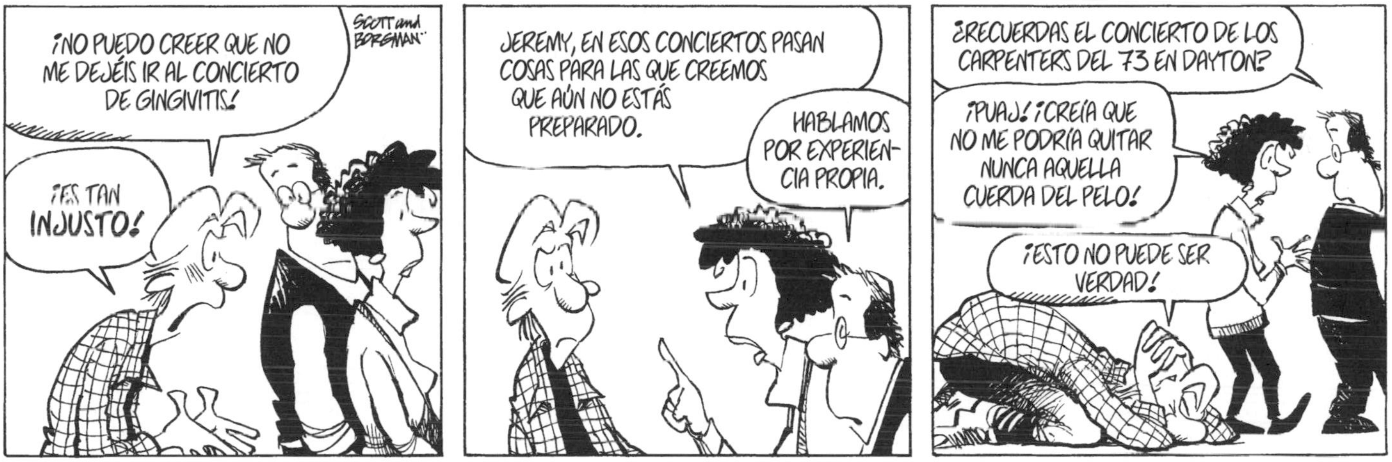
SCOTT and BORGMAN
¡NO PUEDO CREER QUE NO ME DEJÉIS IR AL CONCIERTO DE GINGIVITIS!
¡ES TAN INJUSTO!
JEREMY, EN ESOS CONCIERTOS PASAN COSAS PARA LAS QUE CREEMOS QUE AÚN NO ESTÁS PREPARADO.
HABLAMOS POR EXPERIENCIA PROPIA.
¿RECUERDAS EL CONCIERTO DE LOS CARPENTERS DEL 73 EN DAYTON?
¡PUAJ! ¡CREÍA QUE NO ME PODRÍA QUITAR NUNCA AQUELLA CUERDA DEL PELO!
¡ESTO NO PUEDE SER VERDAD!

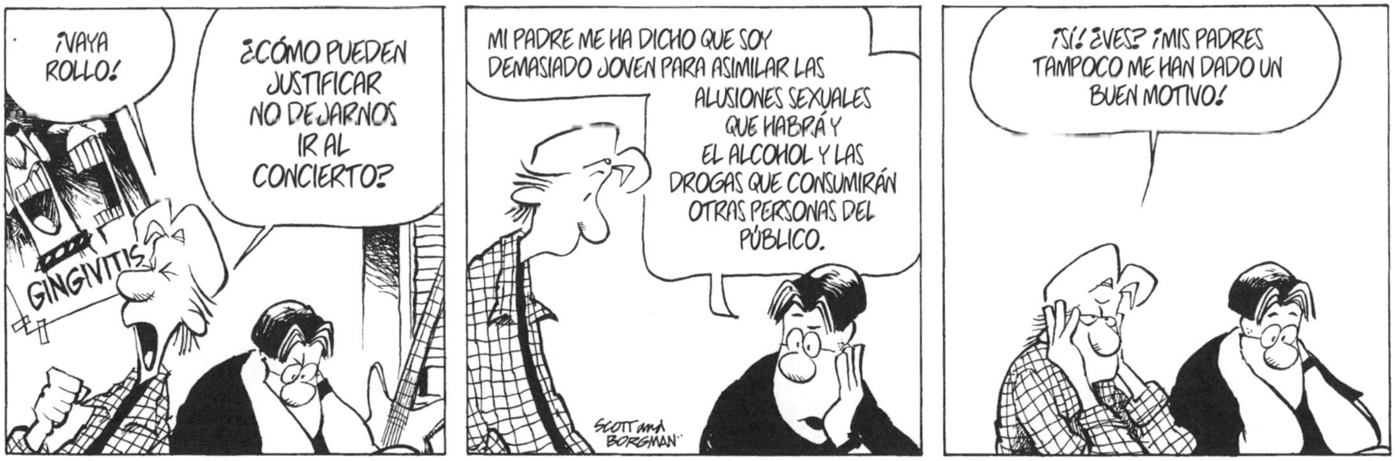
¡VAYA ROLLO!
¿CÓMO PUEDEN JUSTIFICAR NO DEJARNOS IR AL CONCIERTO?
GINGIVITIS
MI PADRE ME HA DICHO QUE SOY DEMASIADO JOVEN PARA ASIMILAR LAS ALUSIONES SEXUALES QUE HABRÁ Y EL ALCOHOL Y LAS DROGAS QUE CONSUMIRÁN OTRAS PERSONAS DEL PÚBLICO.
SCOTT and BORGMAN
¡SÍ! ¿VES? ¡MIS PADRES TAMPOCO ME HAN DADO UN BUEN MOTIVO!

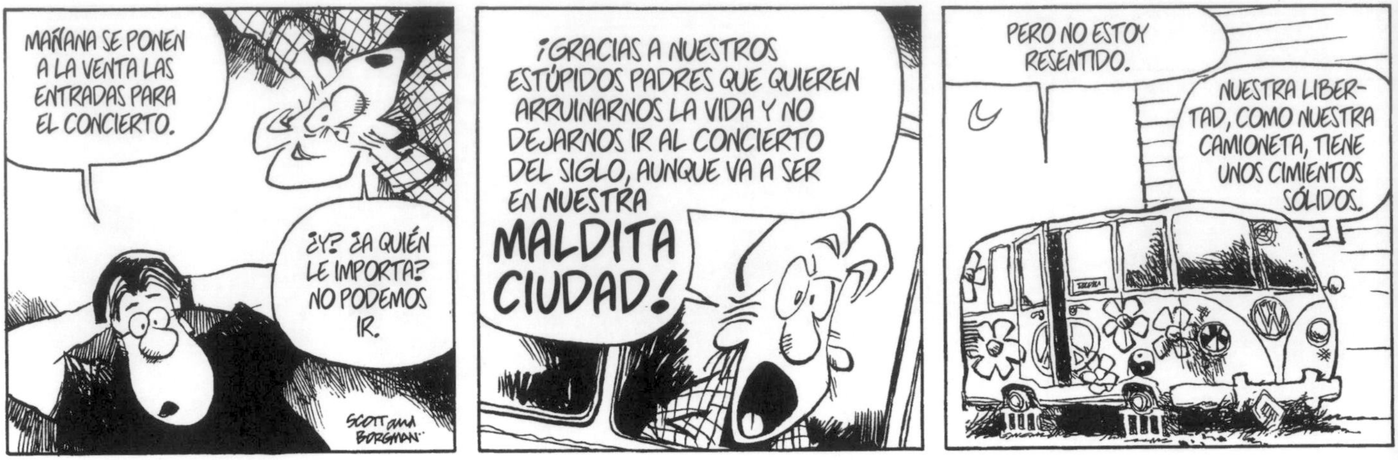
MAÑANA SE PONEN A LA VENTA LAS ENTRADAS PARA EL CONCIERTO.
¿Y? ¿A QUIÉN LE IMPORTA? NO PODEMOS IR.
¡GRACIAS A NUESTROS ESTÚPIDOS PADRES QUE QUIEREN ARRUINARNOS LA VIDA Y NO DEJARNOS IR AL CONCIERTO DEL SIGLO, AUNQUE VA A SER EN NUESTRA MALDITA CIUDAD!
PERO NO ESTOY RESENTIDO.
NUESTRA LIBERTAD, COMO NUESTRA CAMIONETA, TIENE UNOS CIMIENTOS SÓLIDOS.
SCOTT and BORGMAN

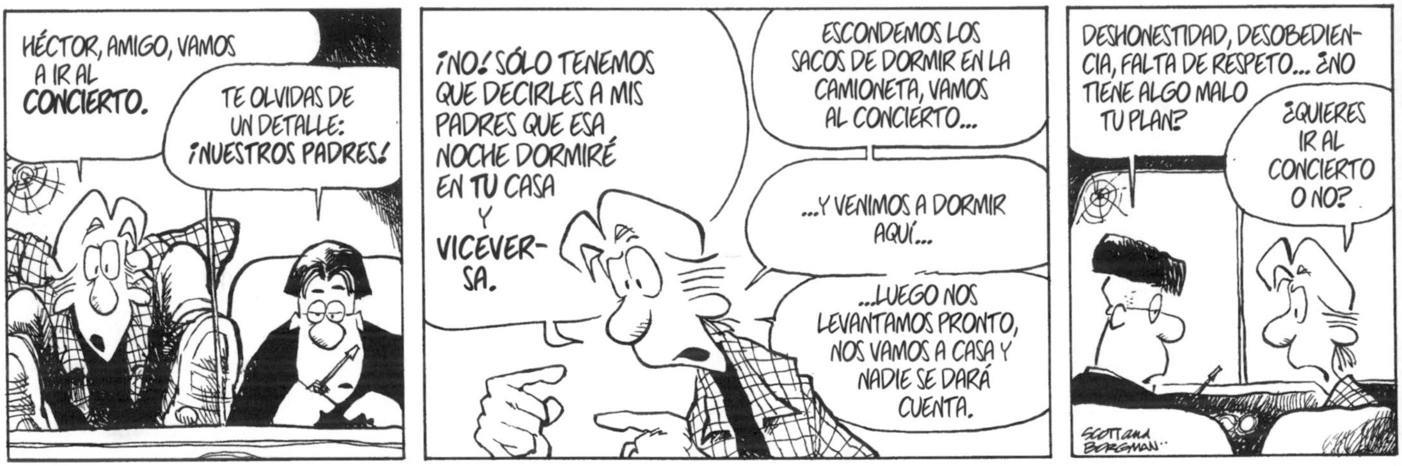
HÉCTOR, AMIGO, VAMOS A IR AL CONCIERTO.
TE OLVIDAS DE UN DETALLE: ¡NUESTROS PADRES!
¡NO! SÓLO TENEMOS QUE DECIRLES A MIS PADRES QUE ESA NOCHE DORMIRÉ EN TU CASA Y VICEVERSA.
ESCONDEMOS LOS SACOS DE DORMIR EN LA CAMIONETA, VAMOS AL CONCIERTO...
...Y VENIMOS A DORMIR AQUÍ...
...LUEGO NOS LEVANTAMOS PRONTO, NOS VAMOS A CASA Y NADIE SE DARÁ CUENTA.
DESHONESTIDAD, DESOBEDIENCIA, FALTA DE RESPETO... ¿NO TIENE ALGO MALO TU PLAN?
¿QUIERES IR AL CONCIERTO O NO?
SCOTT and BORGMAN

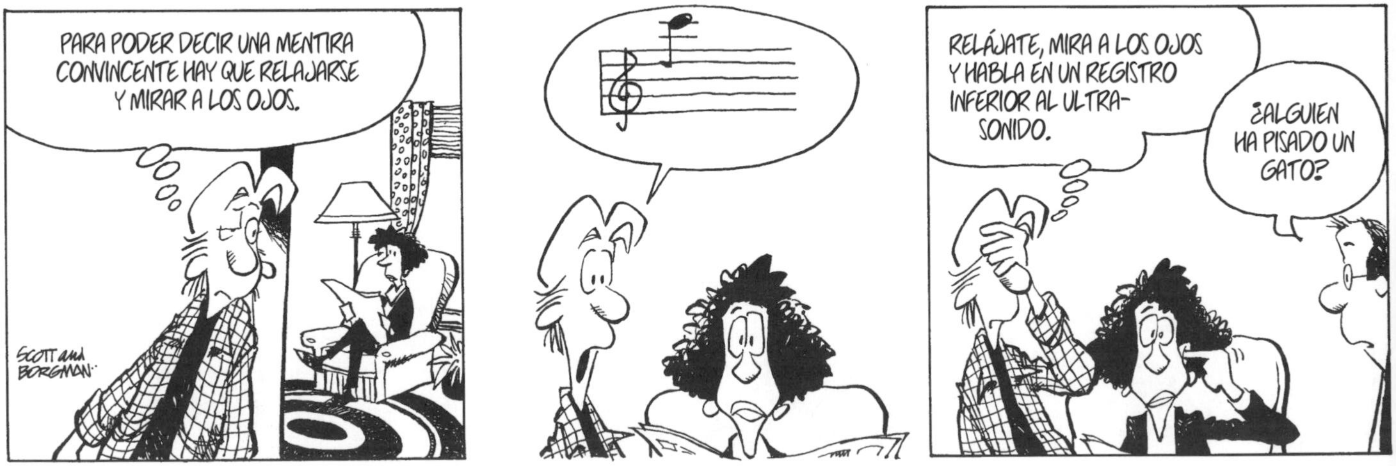
PARA PODER DECIR UNA MENTIRA CONVINCENTE HAY QUE RELAJARSE Y MIRAR A LOS OJOS.
SCOTT and BORGMAN
RELÁJATE, MIRA A LOS OJOS Y HABLA EN UN REGISTRO INFERIOR AL ULTRASONIDO.
¿ALGUIEN HA PISADO UN GATO?

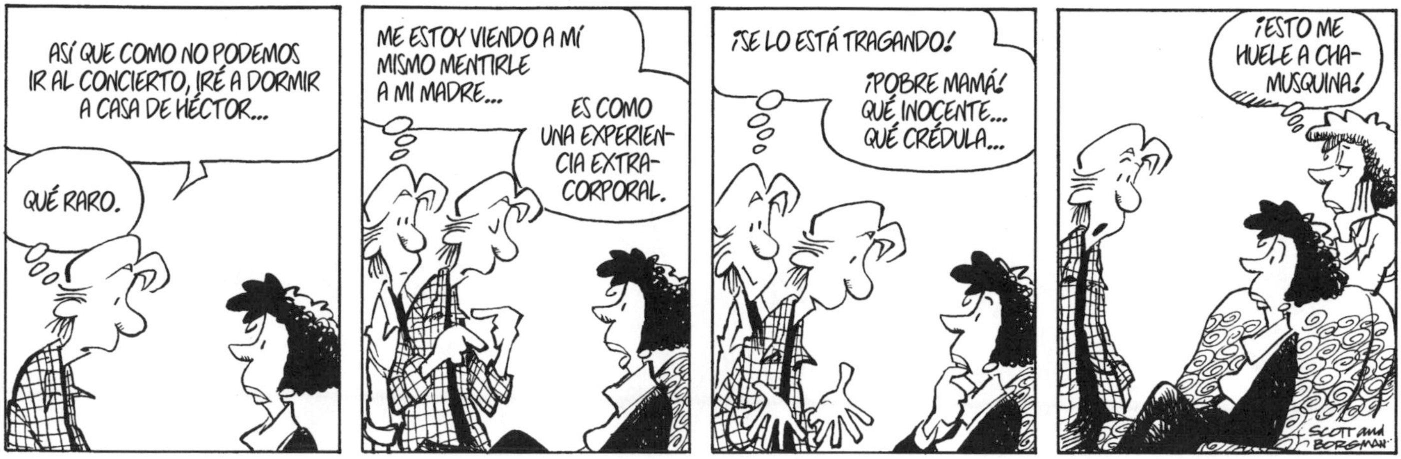
ASÍ QUE COMO NO PODEMOS IR AL CONCIERTO, IRÉ A DORMIR A CASA DE HÉCTOR...
QUÉ RARO.
ME ESTOY VIENDO A MÍ MISMO MENTIRLE A MI MADRE...
ES COMO UNA EXPERIENCIA EXTRA-CORPORAL.
¡SE LO ESTÁ TRAGANDO!
¡POBRE MAMÁ! QUÉ INOCENTE... QUÉ CRÉDULA...
¡ESTO ME HUELE A CHAMUSQUINA!
SCOTT AND BORGMAN

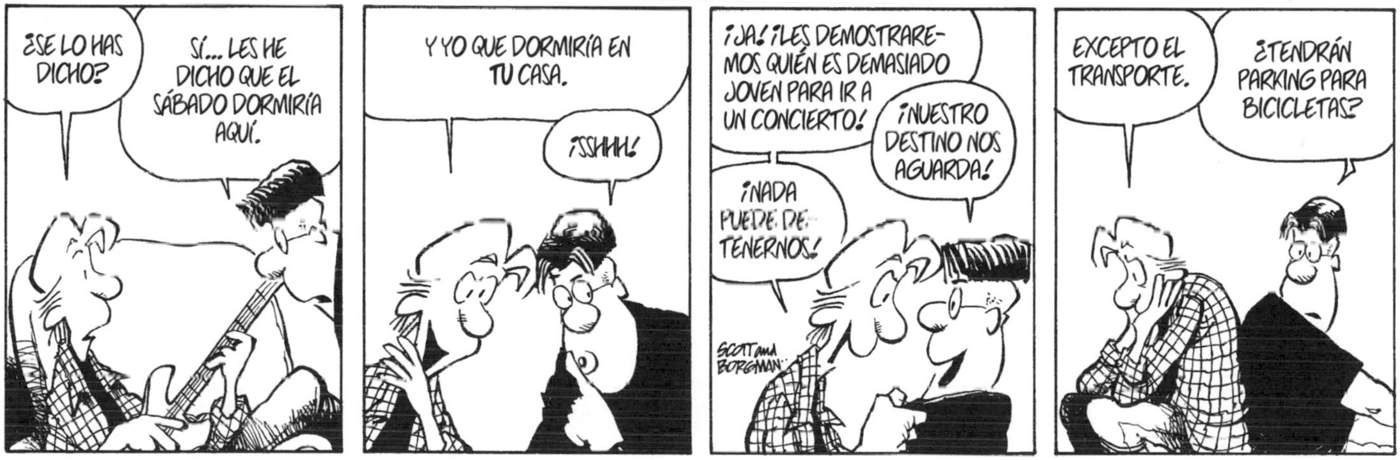
¿SE LO HAS DICHO?
SÍ... LES HE DICHO QUE EL SÁBADO DORMIRÍA AQUÍ.
Y YO QUE DORMIRÍA EN TU CASA.
¡SSHHH!
¡JA! ¡LES DEMOSTRAREMOS QUIÉN ES DEMASIADO JOVEN PARA IR A UN CONCIERTO!
¡NUESTRO DESTINO NOS AGUARDA!
¡NADA PUEDE DETENERNOS!
SCOTT AND BORGMAN
EXCEPTO EL TRANSPORTE.
¿TENDRÁN PARKING PARA BICICLETAS?

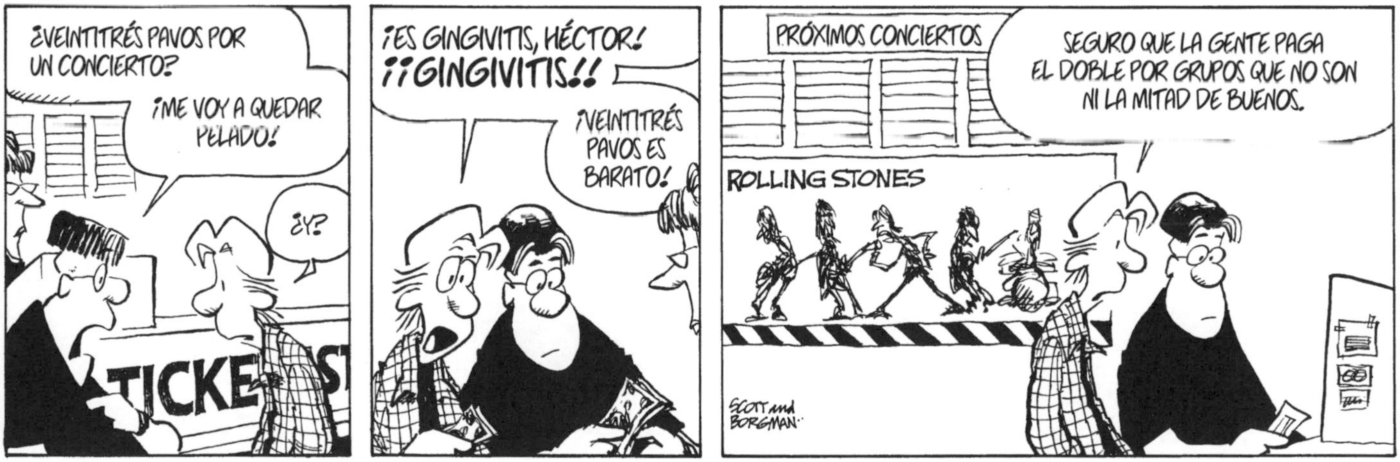
¿VEINTITRÉS PAVOS POR UN CONCIERTO?
¡ME VOY A QUEDAR PELADO!
¿Y?
TICKE
¡ES GINGIVITIS, HÉCTOR! ¡¡GINGIVITIS!!
¡VEINTITRÉS PAVOS ES BARATO!
PRÓXIMOS CONCIERTOS
SEGURO QUE LA GENTE PAGA EL DOBLE POR GRUPOS QUE NO SON NI LA MITAD DE BUENOS.
ROLLING STONES
SCOTT AND BORGMAN

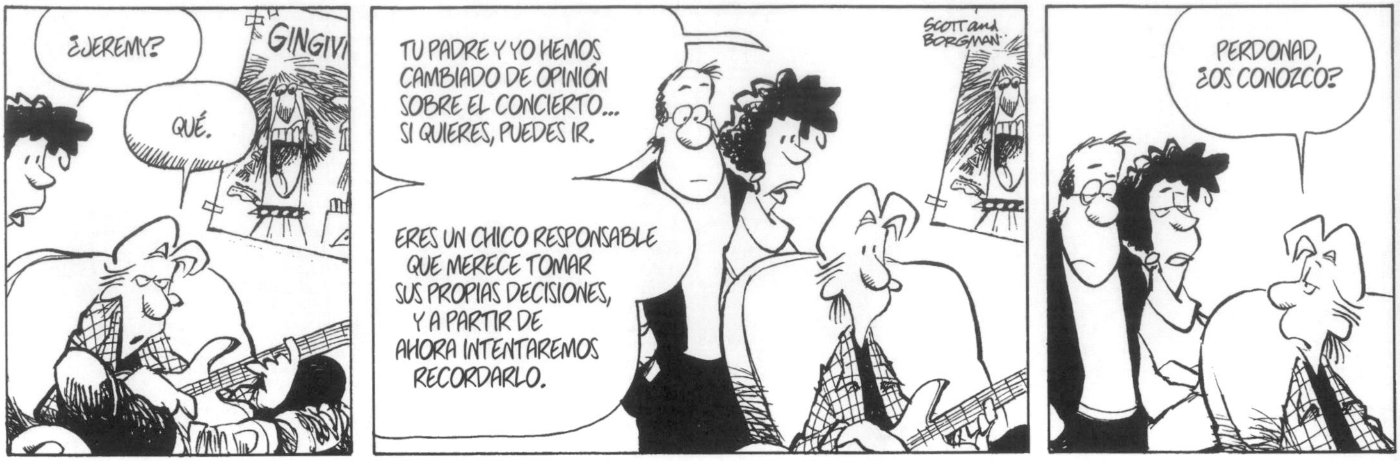
¿JEREMY?
QUÉ.
GINGIVI
SCOTT and BORGMAN
TU PADRE Y YO HEMOS CAMBIADO DE OPINIÓN SOBRE EL CONCIERTO... SI QUIERES, PUEDES IR.
ERES UN CHICO RESPONSABLE QUE MERECE TOMAR SUS PROPIAS DECISIONES, Y A PARTIR DE AHORA INTENTAREMOS RECORDARLO.
PERDONAD, ¿OS CONOZCO?

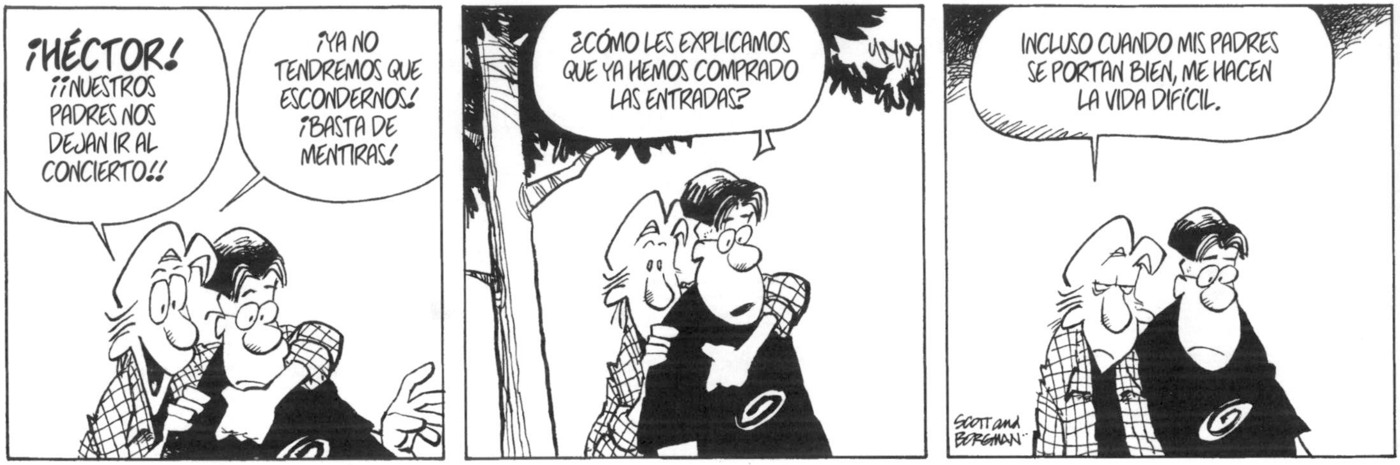
¡HÉCTOR! ¡¡NUESTROS PADRES NOS DEJAN IR AL CONCIERTO!!
¡YA NO TENDREMOS QUE ESCONDERNOS! ¡BASTA DE MENTIRAS!
¿CÓMO LES EXPLICAMOS QUE YA HEMOS COMPRADO LAS ENTRADAS?
INCLUSO CUANDO MIS PADRES SE PORTAN BIEN, ME HACEN LA VIDA DIFÍCIL.
SCOTT and BORGMAN

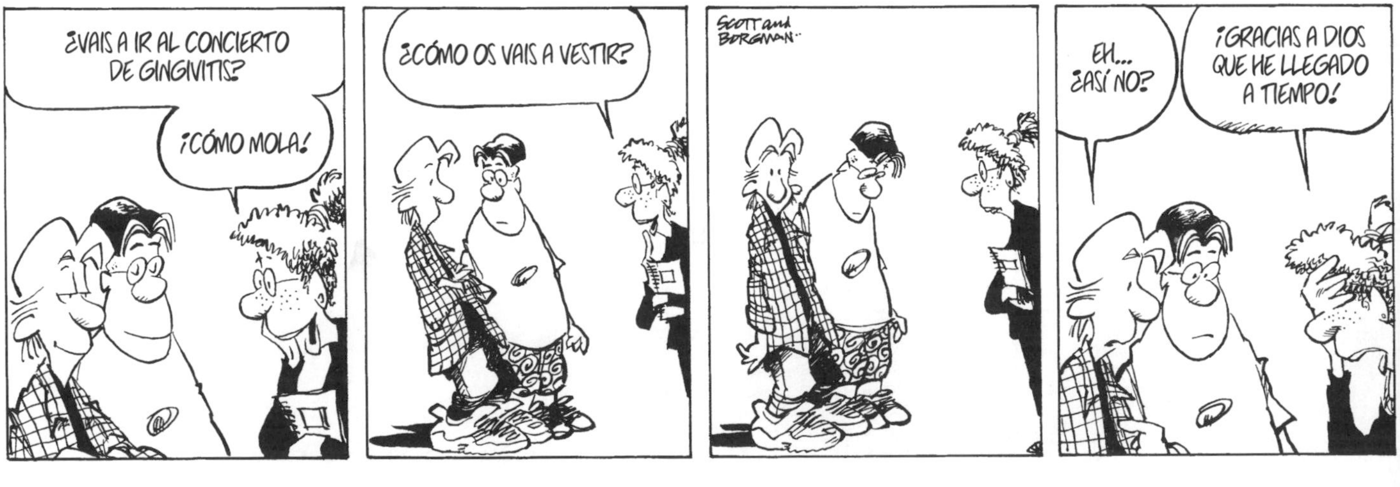
¿VAIS A IR AL CONCIERTO DE GINGIVITIS?
¡CÓMO MOLA!
¿CÓMO OS VAIS A VESTIR?
SCOTT and BORGMAN
EH... ¿ASÍ NO?
¡GRACIAS A DIOS QUE HE LLEGADO A TIEMPO!

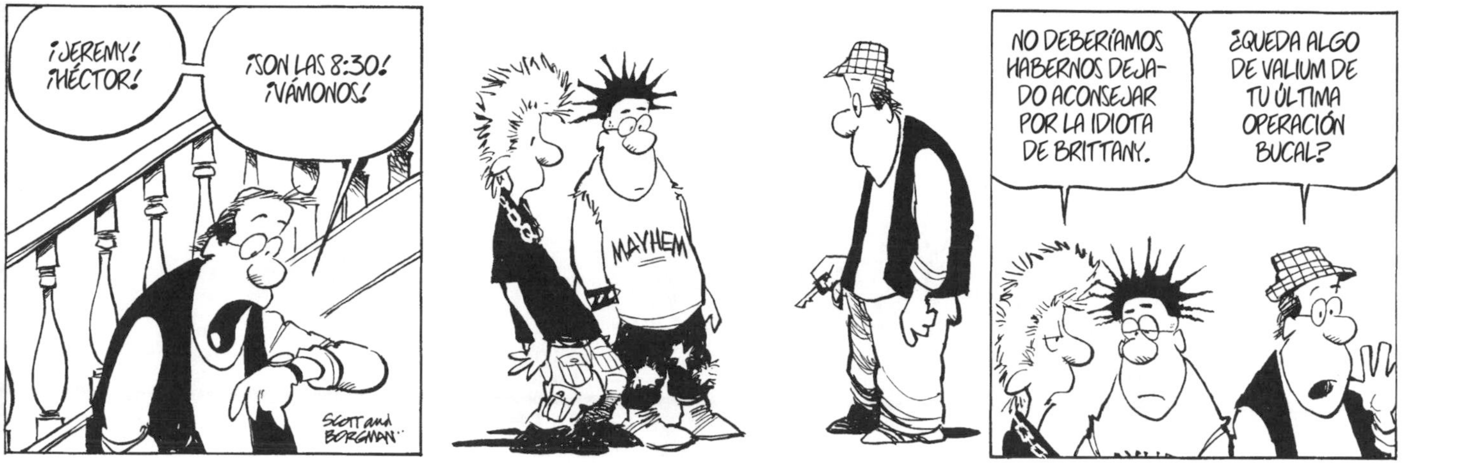
¡JEREMY! ¡HÉCTOR!
¡SON LAS 8:30! ¡VÁMONOS!
MAYHEM
NO DEBERÍAMOS HABERNOS DEJADO ACONSEJAR POR LA IDIOTA DE BRITTANY.
¿QUEDA ALGO DE VALIUM DE TU ÚLTIMA OPERACIÓN BUCAL?
SCOTT and BORGMAN

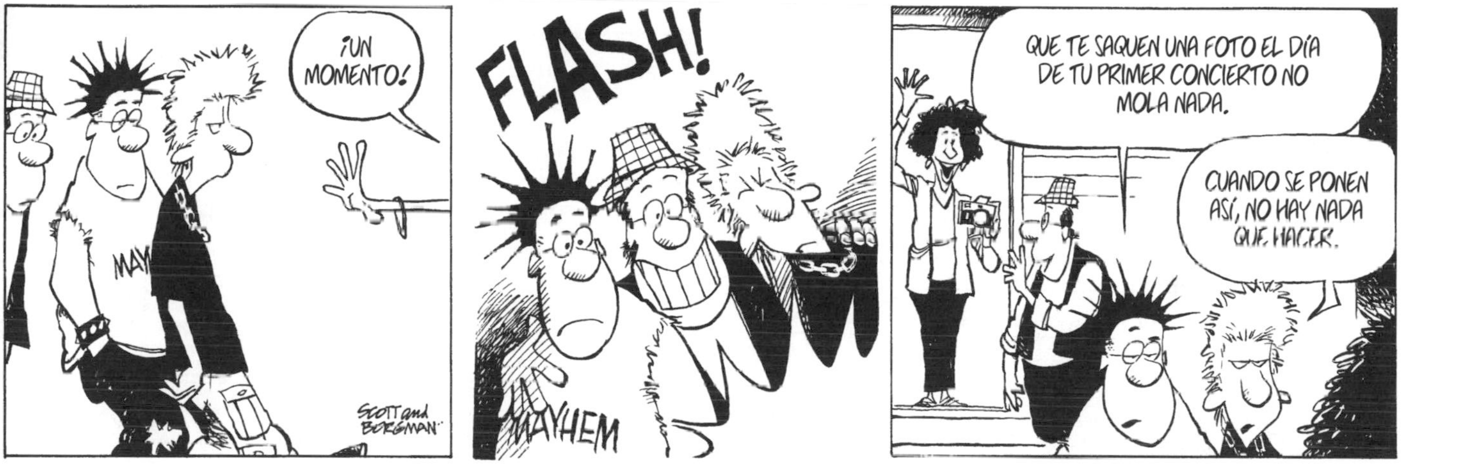
¡UN MOMENTO!
SCOTT and BORGMAN
FLASH!
MAYHEM
QUE TE SAQUEN UNA FOTO EL DÍA DE TU PRIMER CONCIERTO NO MOLA NADA.
CUANDO SE PONEN ASÍ, NO HAY NADA QUE HACER.

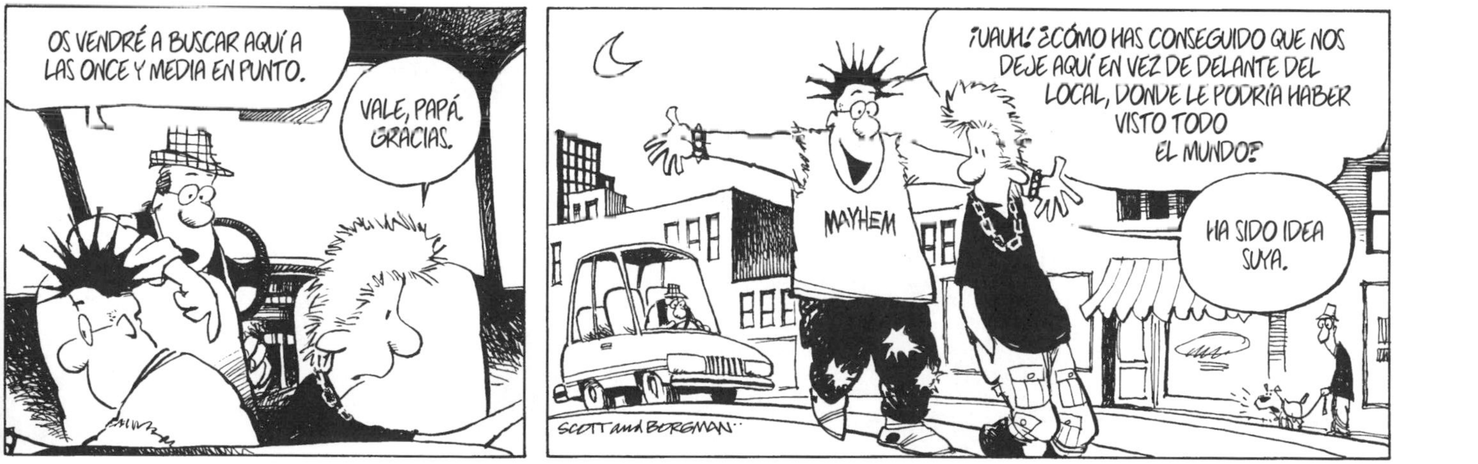
OS VENDRÉ A BUSCAR AQUÍ A LAS ONCE Y MEDIA EN PUNTO.
VALE, PAPÁ. GRACIAS.
¡UAUH! ¿CÓMO HAS CONSEGUIDO QUE NOS DEJE AQUÍ EN VEZ DE DELANTE DEL LOCAL, DONDE LE PODRÍA HABER VISTO TODO EL MUNDO?
HA SIDO IDEA SUYA.
MAYHEM
SCOTT and BORGMAN

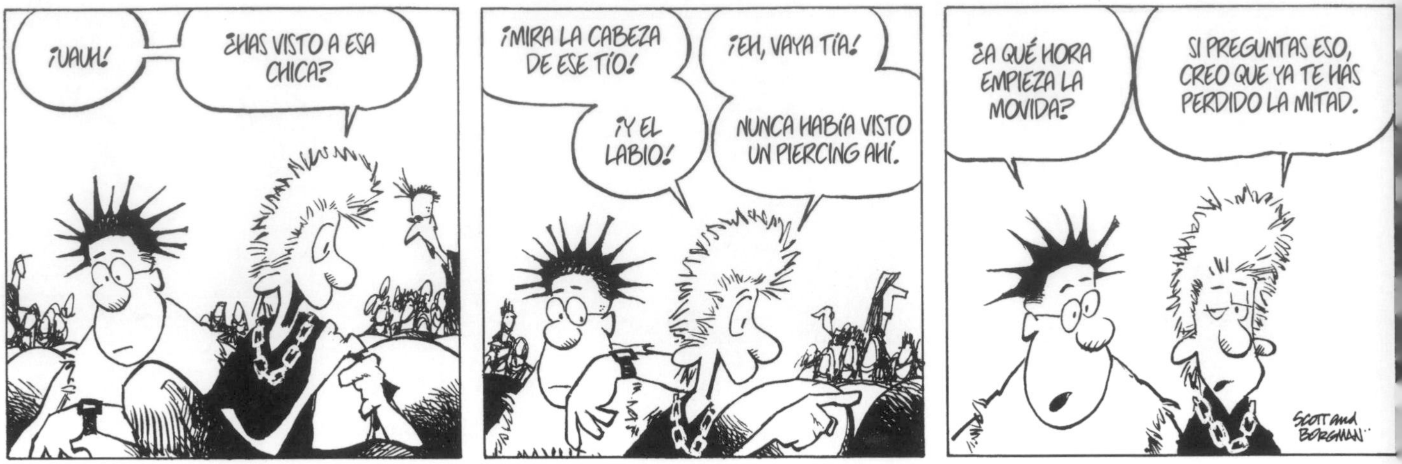
¡UAUH!
¿HAS VISTO A ESA CHICA?
¡MIRA LA CABEZA DE ESE TÍO!
¡Y EL LABIO!
¡EH, VAYA TÍA!
NUNCA HABÍA VISTO UN PIERCING AHÍ.
¿A QUÉ HORA EMPIEZA LA MOVIDA?
SI PREGUNTAS ESO, CREO QUE YA TE HAS PERDIDO LA MITAD.
SCOTT AND BORGMAN

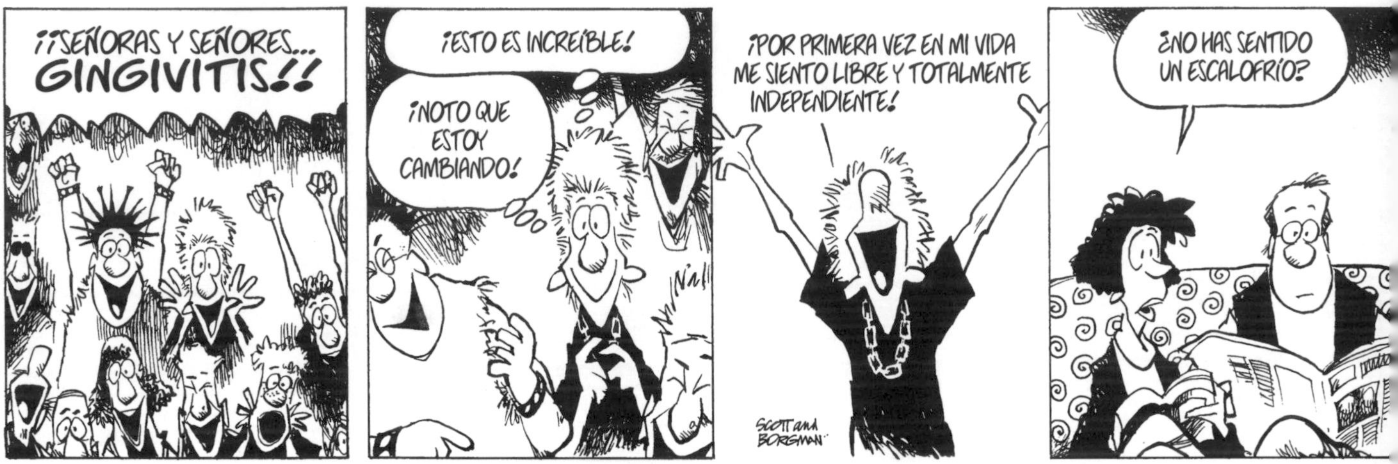
¡¡SEÑORAS Y SEÑORES... GINGIVITIS!!
¡ESTO ES INCREÍBLE!
¡NOTO QUE ESTOY CAMBIANDO!
¡POR PRIMERA VEZ EN MI VIDA ME SIENTO LIBRE Y TOTALMENTE INDEPENDIENTE!
SCOTT AND BORGMAN
¿NO HAS SENTIDO UN ESCALOFRÍO?

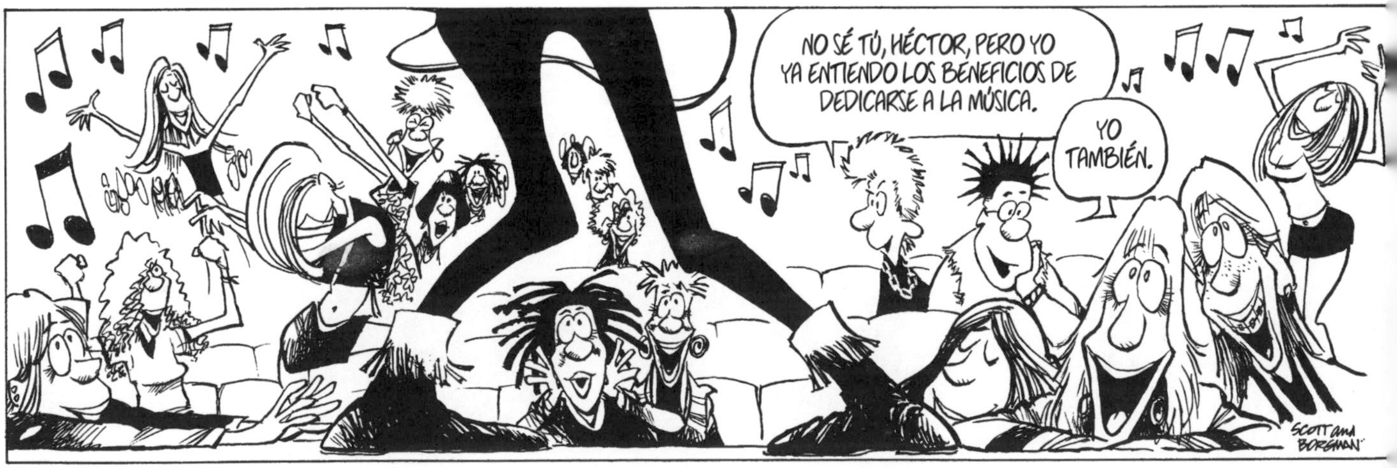
NO SÉ TÚ, HÉCTOR, PERO YO YA ENTIENDO LOS BENEFICIOS DE DEDICARSE A LA MÚSICA.
YO TAMBIÉN.
SCOTT AND BORGMAN

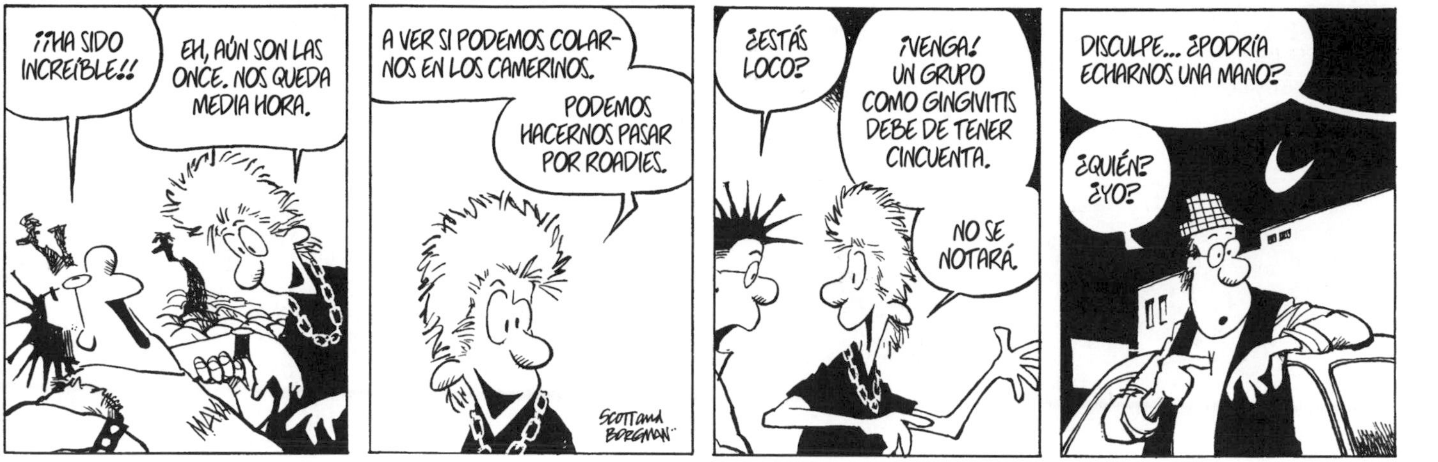
¡¡HA SIDO INCREÍBLE!!
EH, AÚN SON LAS ONCE. NOS QUEDA MEDIA HORA.
A VER SI PODEMOS COLARNOS EN LOS CAMERINOS.
PODEMOS HACERNOS PASAR POR ROADIES.
SCOTT and BORGMAN
¿ESTÁS LOCO?
¡VENGA! UN GRUPO COMO GINGIVITIS DEBE DE TENER CINCUENTA.
NO SE NOTARÁ.
DISCULPE... ¿PODRÍA ECHARNOS UNA MANO?
¿QUIÉN? ¿YO?

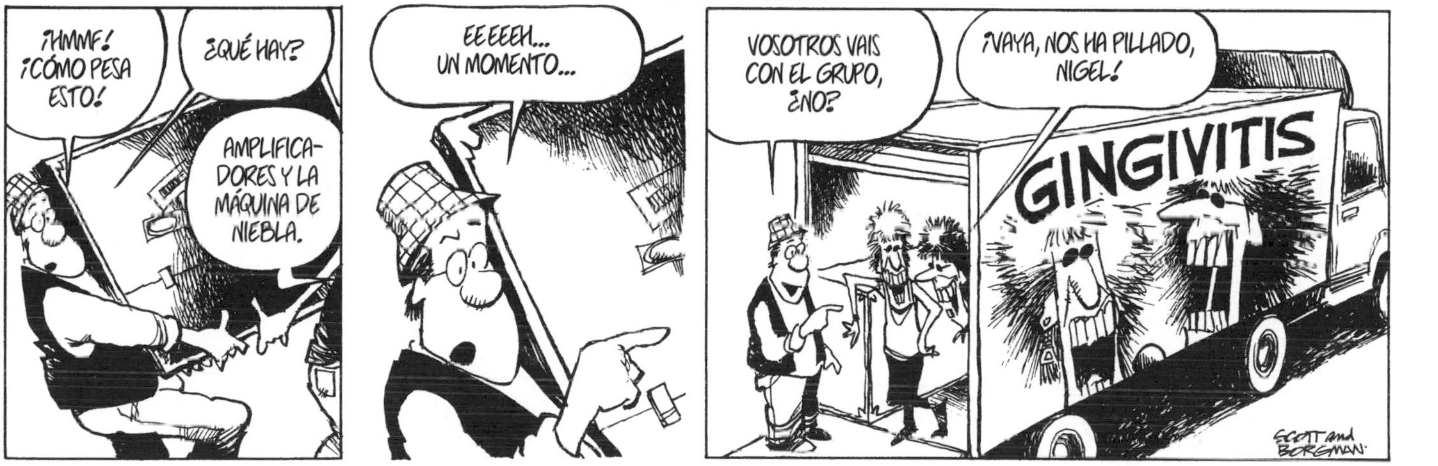
¡HMMF! ¡CÓMO PESA ESTO!
¿QUÉ HAY?
AMPLIFICADORES Y LA MÁQUINA DE NIEBLA.
EE EEEH... UN MOMENTO...
VOSOTROS VAIS CON EL GRUPO, ¿NO?
¡VAYA, NOS HA PILLADO, NIGEL!
GINGIVITIS
SCOTT and BORGMAN

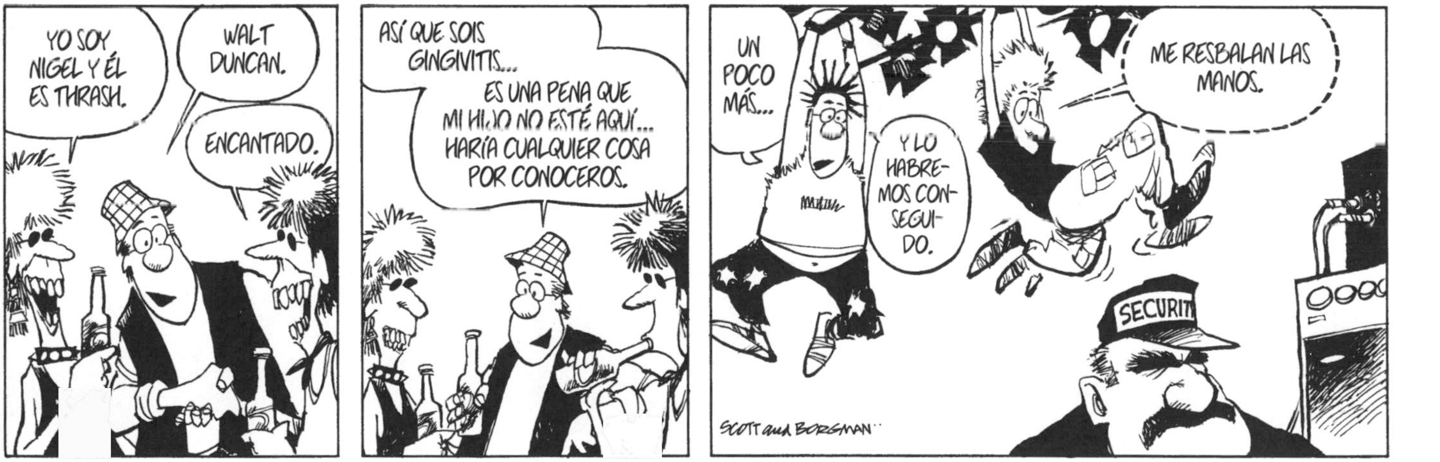
YO SOY NIGEL Y ÉL ES THRASH.
WALT DUNCAN.
ENCANTADO.
ASÍ QUE SOIS GINGIVITIS...
ES UNA PENA QUE MI HIJO NO ESTÉ AQUÍ... HARÍA CUALQUIER COSA POR CONOCEROS.
UN POCO MÁS...
Y LO HABREMOS CONSEGUIDO.
ME RESBALAN LAS MANOS.
SECURIT
SCOTT and BORGMAN

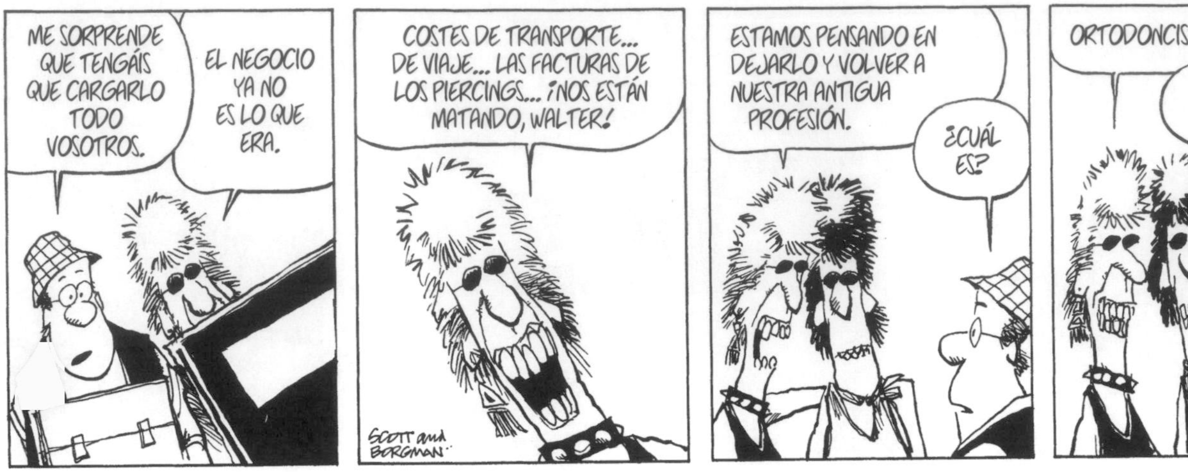
ME SORPRENDE QUE TENGÁIS QUE CARGARLO TODO VOSOTROS.
EL NEGOCIO YA NO ES LO QUE ERA.
COSTES DE TRANSPORTE... DE VIAJE... LAS FACTURAS DE LOS PIERCINGS... ¡NOS ESTÁN MATANDO, WALTER!
SCOTT and BORGMAN
ESTAMOS PENSANDO EN DEJARLO Y VOLVER A NUESTRA ANTIGUA PROFESIÓN.
¿CUÁL ES?
ORTODONCISTA.
¿DE VERDAD? ¡YO TAMBIÉN!

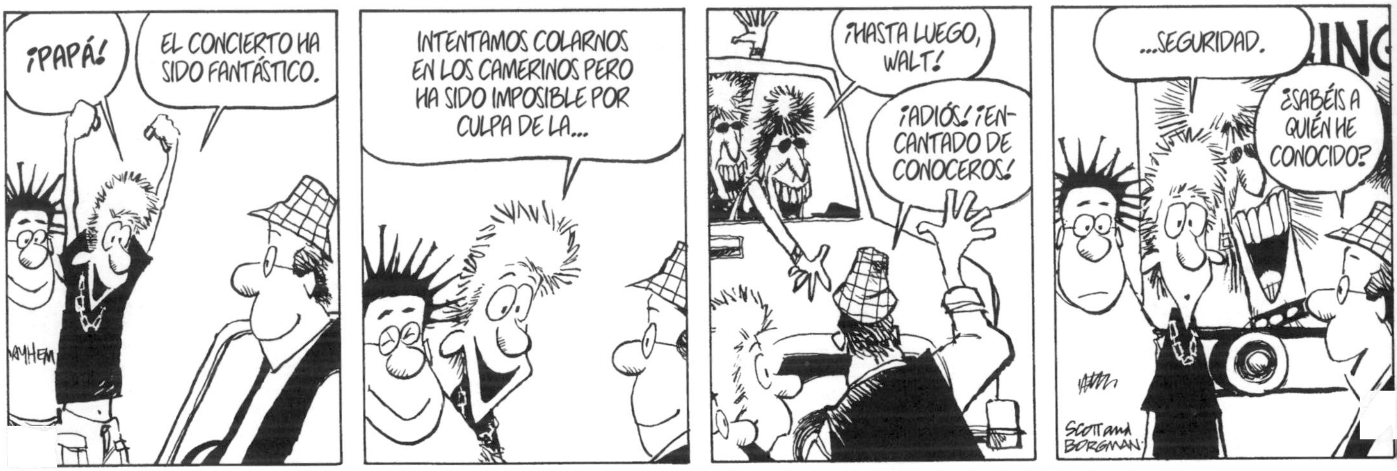
¡PAPÁ!
EL CONCIERTO HA SIDO FANTÁSTICO.
MAYHEM
INTENTAMOS COLARNOS EN LOS CAMERINOS PERO HA SIDO IMPOSIBLE POR CULPA DE LA...
¡HASTA LUEGO, WALT!
¡ADIÓS! ¡ENCANTADO DE CONOCEROS!
...SEGURIDAD.
¿SABÉIS A QUIÉN HE CONOCIDO?
SCOTT and BORGMAN

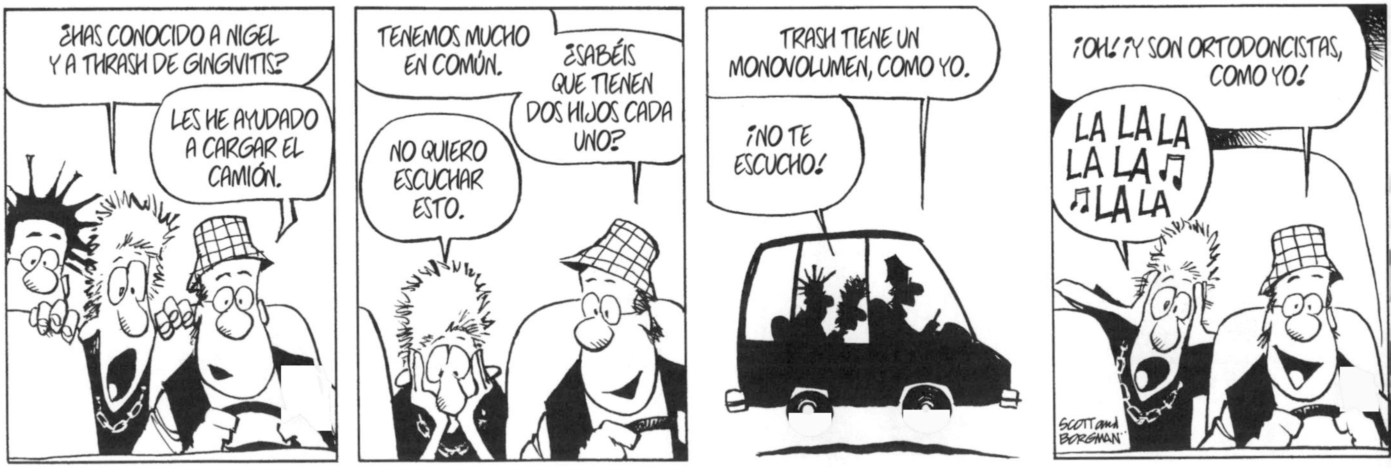
¿HAS CONOCIDO A NIGEL Y A THRASH DE GINGIVITIS?
LES HE AYUDADO A CARGAR EL CAMIÓN.
TENEMOS MUCHO EN COMÚN.
¿SABÉIS QUE TIENEN DOS HIJOS CADA UNO?
NO QUIERO ESCUCHAR ESTO.
TRASH TIENE UN MONOVOLUMEN, COMO YO.
¡NO TE ESCUCHO!
¡OH! ¡Y SON ORTODONCISTAS, COMO YO!
LA LA LA LA LA ♫ ♫ LA LA
SCOTT and BORGMAN

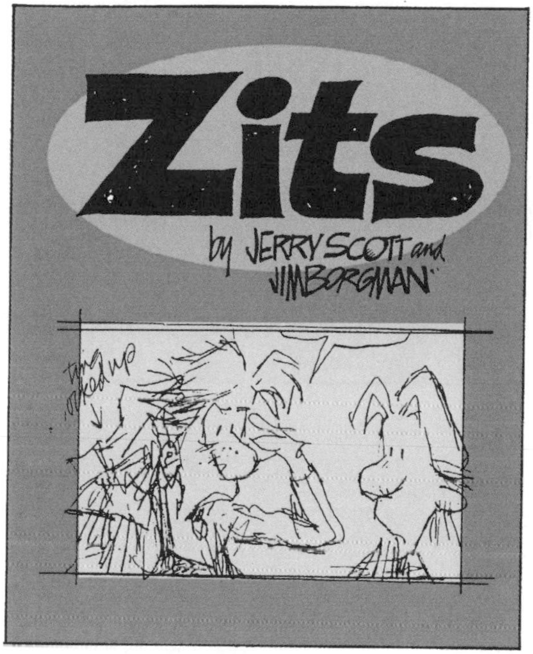
Zits
by JERRY SCOTT and JIM BORGMAN

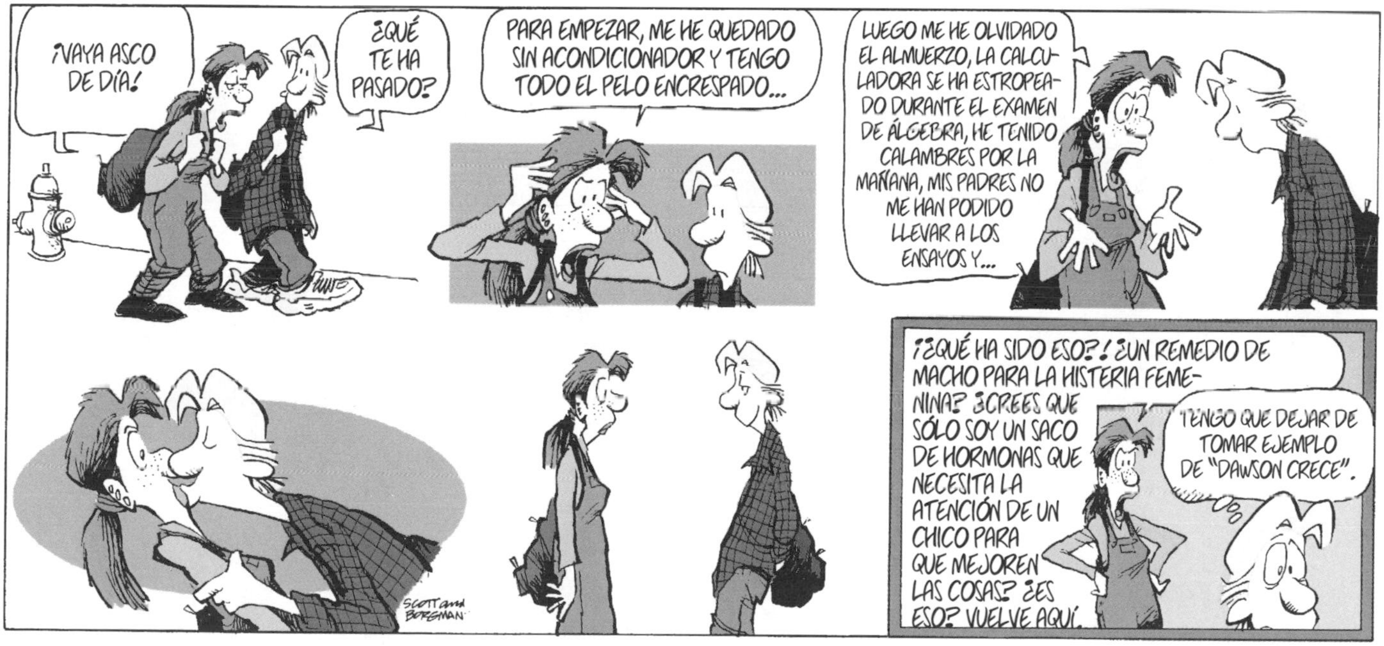
¡VAYA ASCO DE DÍA!
¿QUÉ TE HA PASADO?
PARA EMPEZAR, ME HE QUEDADO SIN ACONDICIONADOR Y TENGO TODO EL PELO ENCRESPADO...
LUEGO ME HE OLVIDADO EL ALMUERZO, LA CALCULADORA SE HA ESTROPEADO DURANTE EL EXAMEN DE ÁLGEBRA, HE TENIDO CALAMBRES POR LA MAÑANA, MIS PADRES NO ME HAN PODIDO LLEVAR A LOS ENSAYOS Y...
SCOTT and BORGMAN
¡¿QUÉ HA SIDO ESO?! ¿UN REMEDIO DE MACHO PARA LA HISTERIA FEMENINA? ¿CREES QUE SÓLO SOY UN SACO DE HORMONAS QUE NECESITA LA ATENCIÓN DE UN CHICO PARA QUE MEJOREN LAS COSAS? ¿ES ESO? VUELVE AQUÍ.
TENGO QUE DEJAR DE TOMAR EJEMPLO DE "DAWSON CRECE".

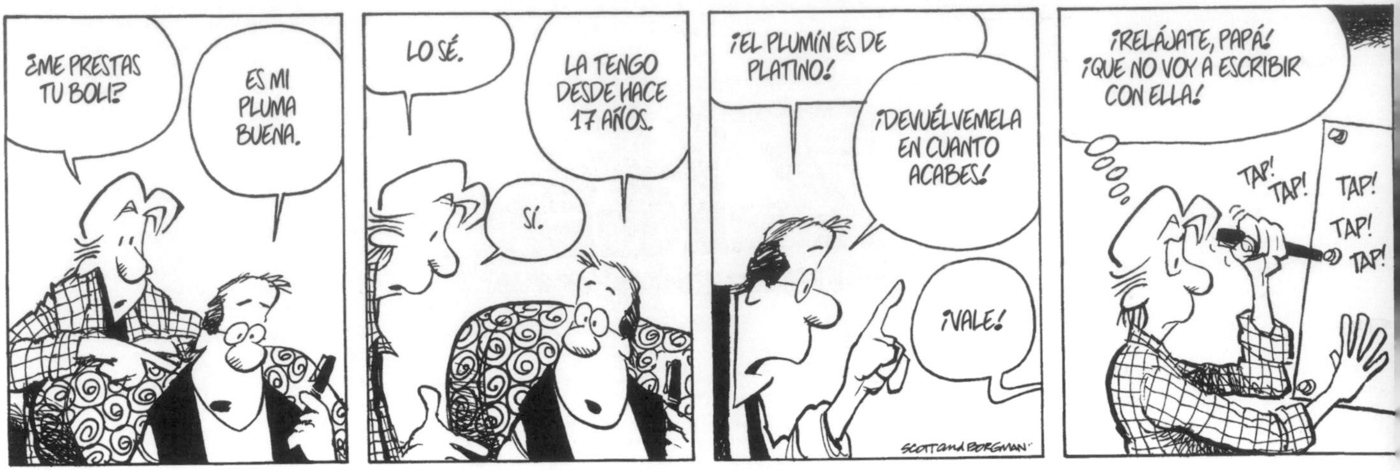
¿ME PRESTAS TU BOLI?
ES MI PLUMA BUENA.
LO SÉ.
LA TENGO DESDE HACE 17 AÑOS.
SÍ.
¡EL PLUMÍN ES DE PLATINO!
¡DEVUÉLVEMELA EN CUANTO ACABES!
¡VALE!
SCOTT and BORGMAN
¡RELÁJATE, PAPÁ! ¡QUE NO VOY A ESCRIBIR CON ELLA!
TAP! TAP! TAP! TAP! TAP!

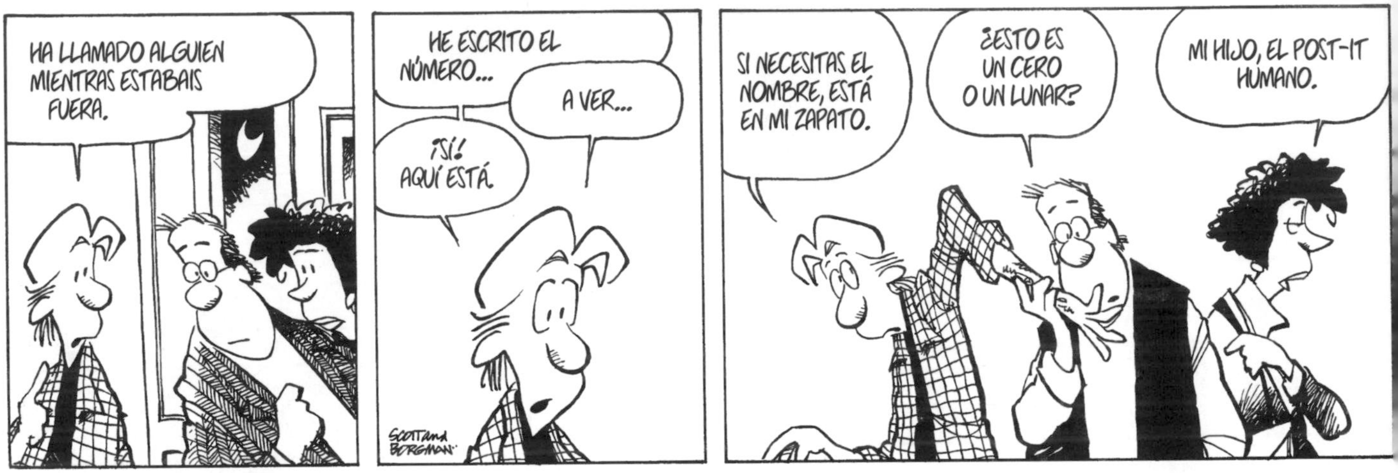
HA LLAMADO ALGUIEN MIENTRAS ESTABAIS FUERA.
HE ESCRITO EL NÚMERO...
A VER...
¡SÍ! AQUÍ ESTÁ.
SCOTT and BORGMAN
SI NECESITAS EL NOMBRE, ESTÁ EN MI ZAPATO.
¿ESTO ES UN CERO O UN LUNAR?
MI HIJO, EL POST-IT HUMANO.

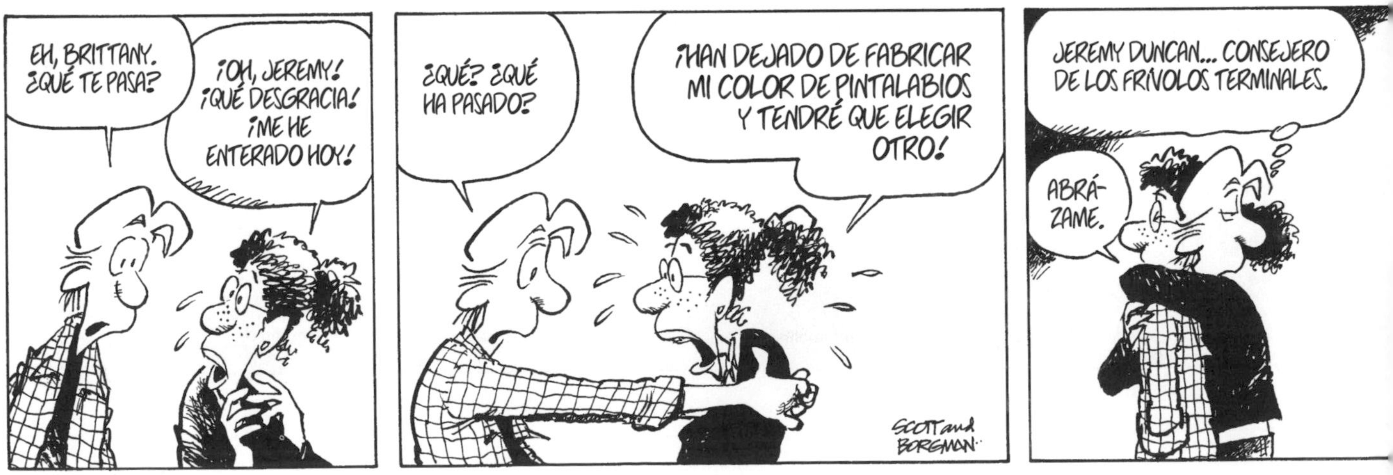
EH, BRITTANY. ¿QUÉ TE PASA?
¡OH, JEREMY! ¡QUÉ DESGRACIA! ¡ME HE ENTERADO HOY!
¿QUÉ? ¿QUÉ HA PASADO?
¡HAN DEJADO DE FABRICAR MI COLOR DE PINTALABIOS Y TENDRÉ QUE ELEGIR OTRO!
SCOTT and BORGMAN
JEREMY DUNCAN... CONSEJERO DE LOS FRÍVOLOS TERMINALES.
ABRÁ-ZAME.

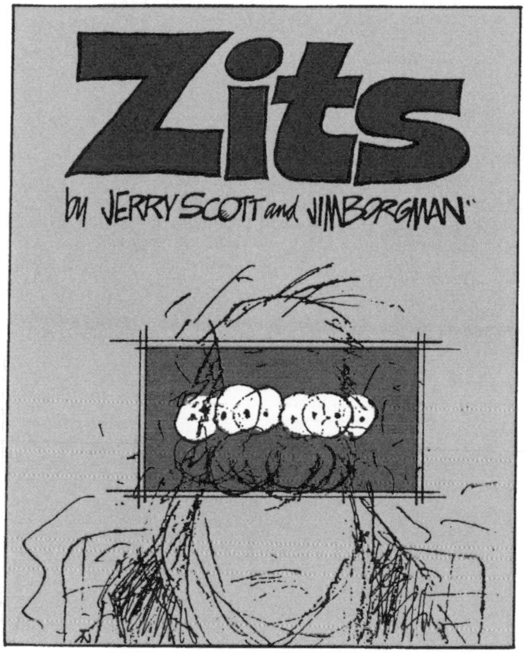
Zits
by JERRY SCOTT and JIM BORGMAN

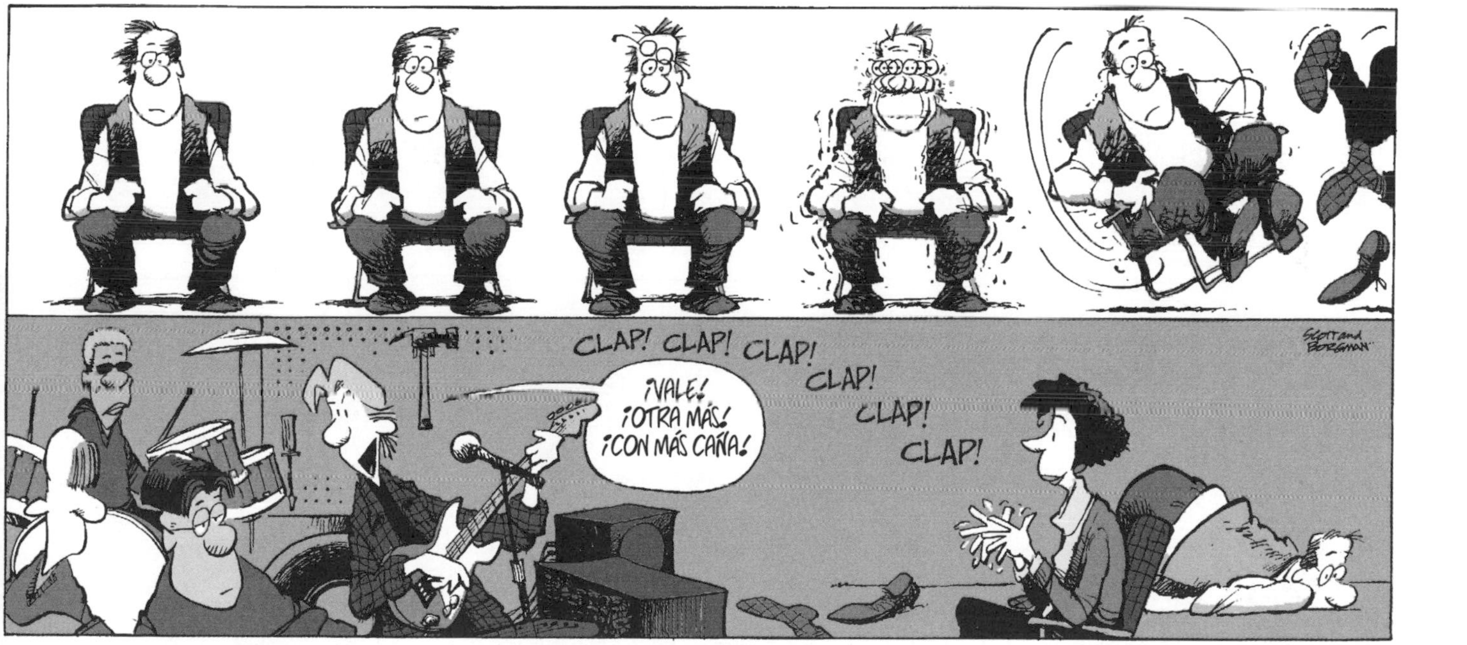
¡VALE! ¡OTRA MÁS! ¡CON MÁS CAÑA!
CLAP! CLAP! CLAP! CLAP! CLAP! CLAP!
SCOTT and BORGMAN

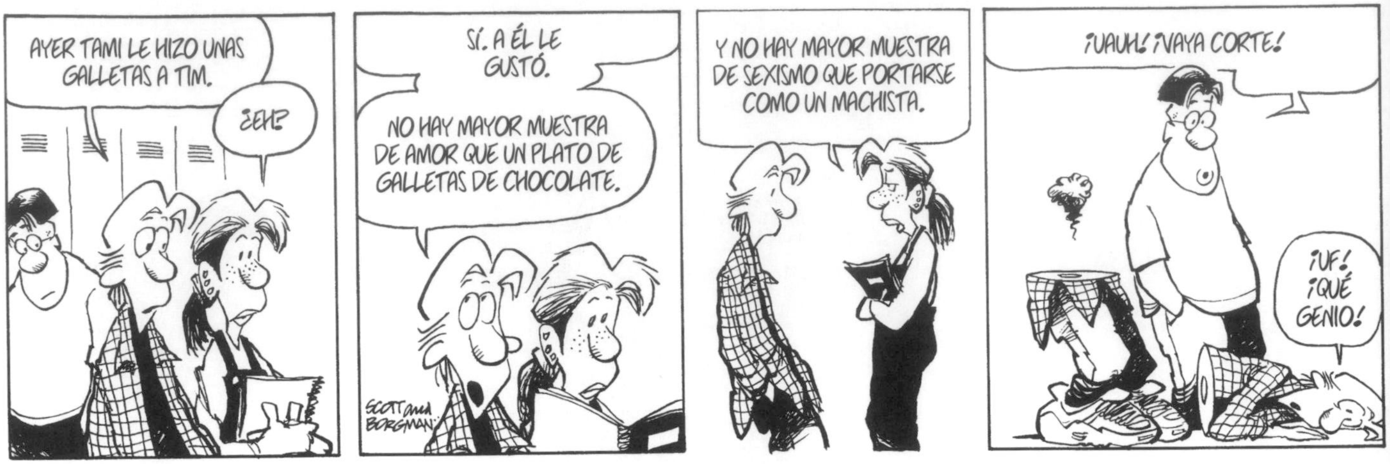
AYER TAMI LE HIZO UNAS GALLETAS A TIM.
¿EH?
SÍ. A ÉL LE GUSTÓ.
NO HAY MAYOR MUESTRA DE AMOR QUE UN PLATO DE GALLETAS DE CHOCOLATE.
SCOTT AND BORGMAN
Y NO HAY MAYOR MUESTRA DE SEXISMO QUE PORTARSE COMO UN MACHISTA.
¡UAUH! ¡VAYA CORTE!
¡UF! ¡QUÉ GENIO!

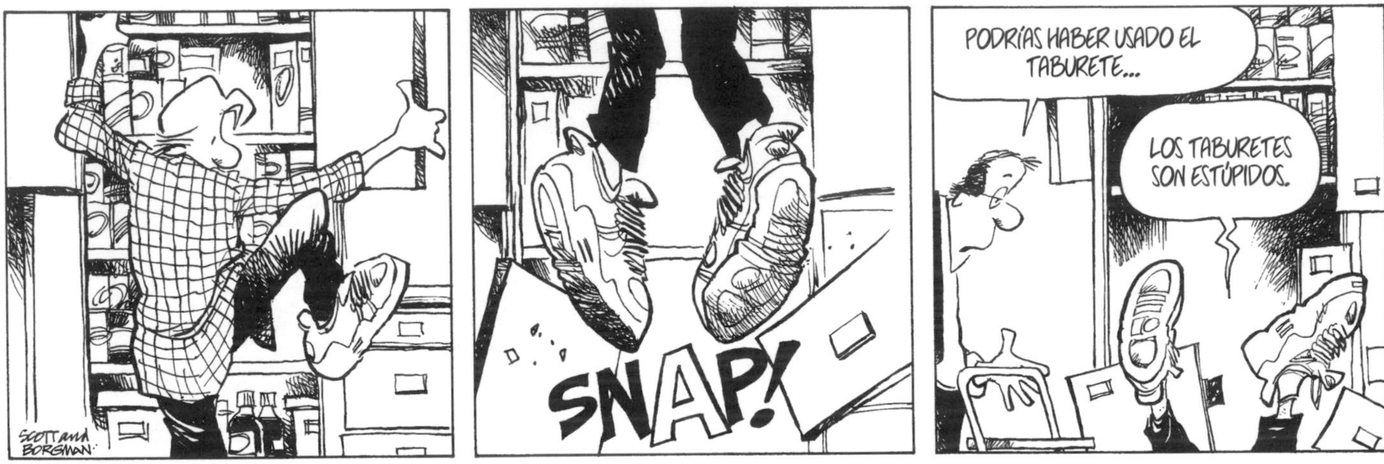
SCOTT AND BORGMAN
SNAP!
PODRÍAS HABER USADO EL TABURETE...
LOS TABURETES SON ESTÚPIDOS.

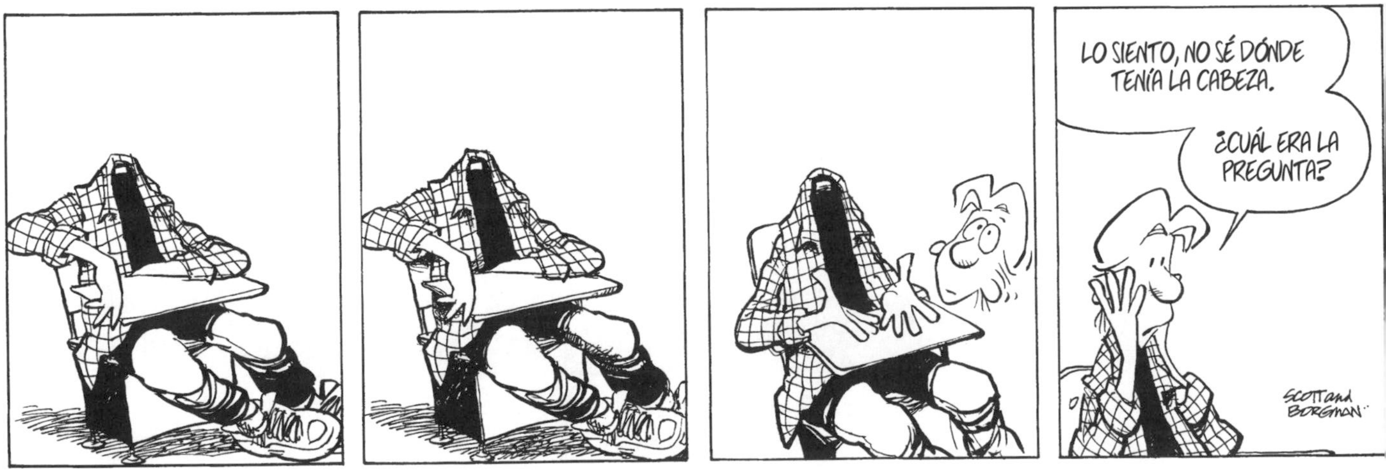
LO SIENTO, NO SÉ DÓNDE TENÍA LA CABEZA.
¿CUÁL ERA LA PREGUNTA?
SCOTT AND BORGMAN

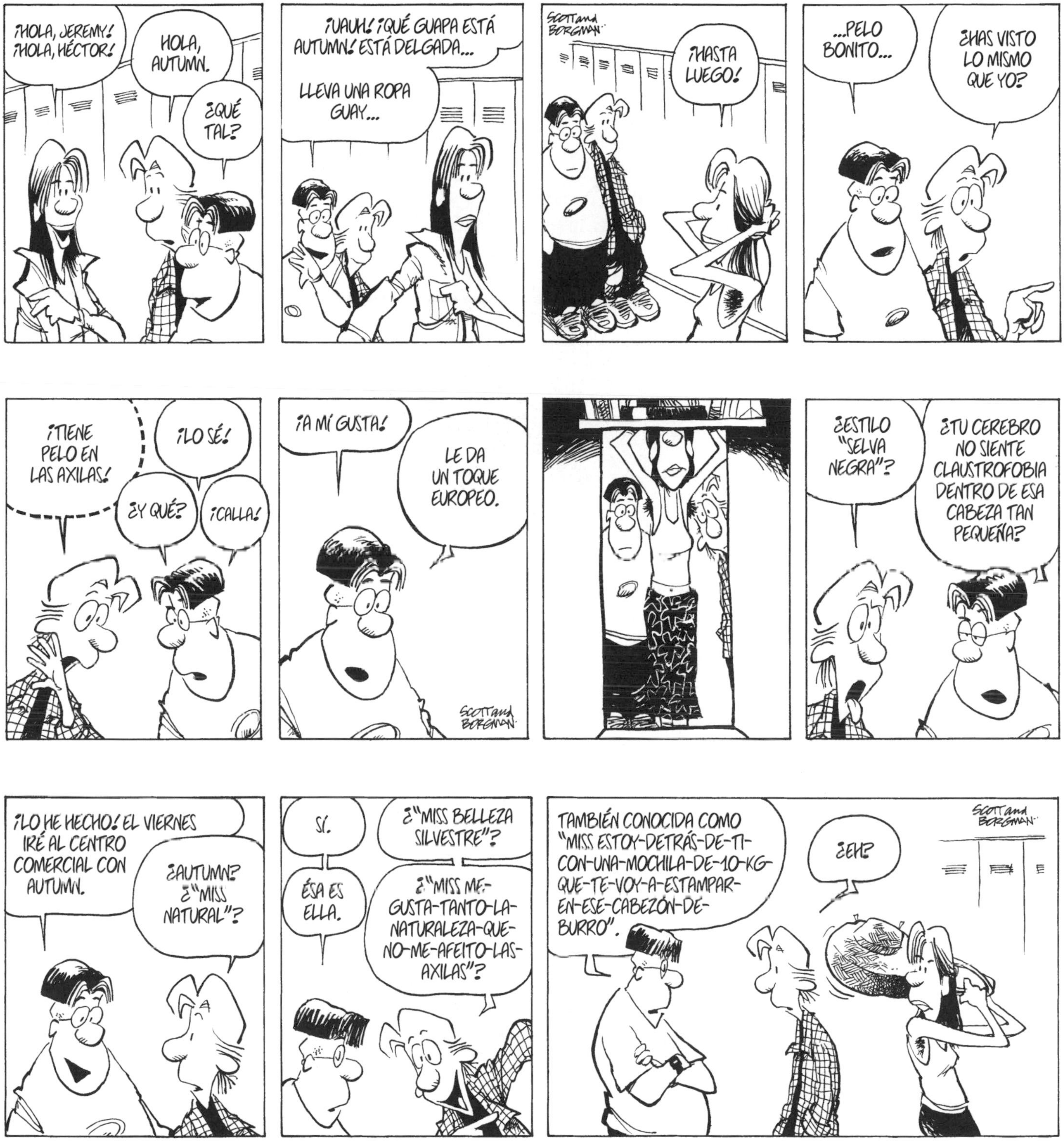
¡HOLA, JEREMY! ¡HOLA, HÉCTOR!
HOLA, AUTUMN.
¿QUÉ TAL?
¡UAUH! ¡QUÉ GUAPA ESTÁ AUTUMN! ESTÁ DELGADA...
LLEVA UNA ROPA GUAY...
SCOTT and BORGMAN
¡HASTA LUEGO!
...PELO BONITO...
¿HAS VISTO LO MISMO QUE YO?
¡TIENE PELO EN LAS AXILAS!
¡LO SÉ!
¿Y QUÉ?
¡CALLA!
¡A MÍ GUSTA!
LE DA UN TOQUE EUROPEO.
SCOTT and BORGMAN
¿ESTILO "SELVA NEGRA"?
¿TU CEREBRO NO SIENTE CLAUSTROFOBIA DENTRO DE ESA CABEZA TAN PEQUEÑA?
¡LO HE HECHO! EL VIERNES IRÉ AL CENTRO COMERCIAL CON AUTUMN.
¿AUTUMN? ¿"MISS NATURAL"?
SÍ.
¿"MISS BELLEZA SILVESTRE"?
ÉSA ES ELLA.
¿"MISS ME-GUSTA-TANTO-LA-NATURALEZA-QUE-NO-ME-AFEITO-LAS-AXILAS"?
SCOTT and BORGMAN
TAMBIÉN CONOCIDA COMO "MISS ESTOY-DETRÁS-DE-TI-CON-UNA-MOCHILA-DE-10-KG-QUE-TE-VOY-A-ESTAMPAR-EN-ESE-CABEZÓN-DE-BURRO".
¿EH?

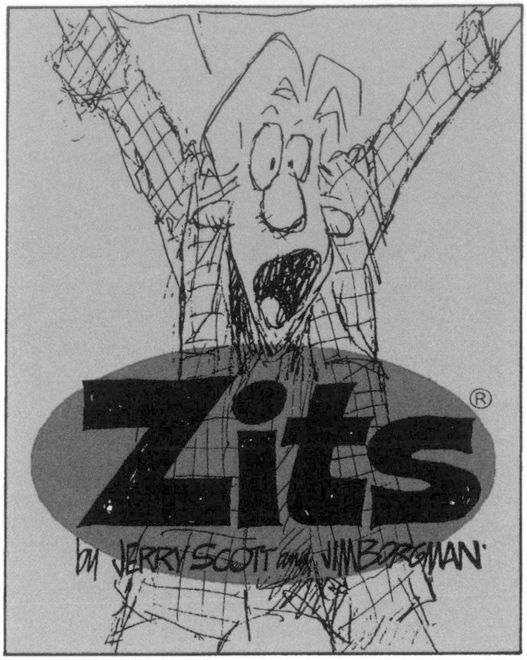
Zits®
by JERRY SCOTT and JIM BORGMAN

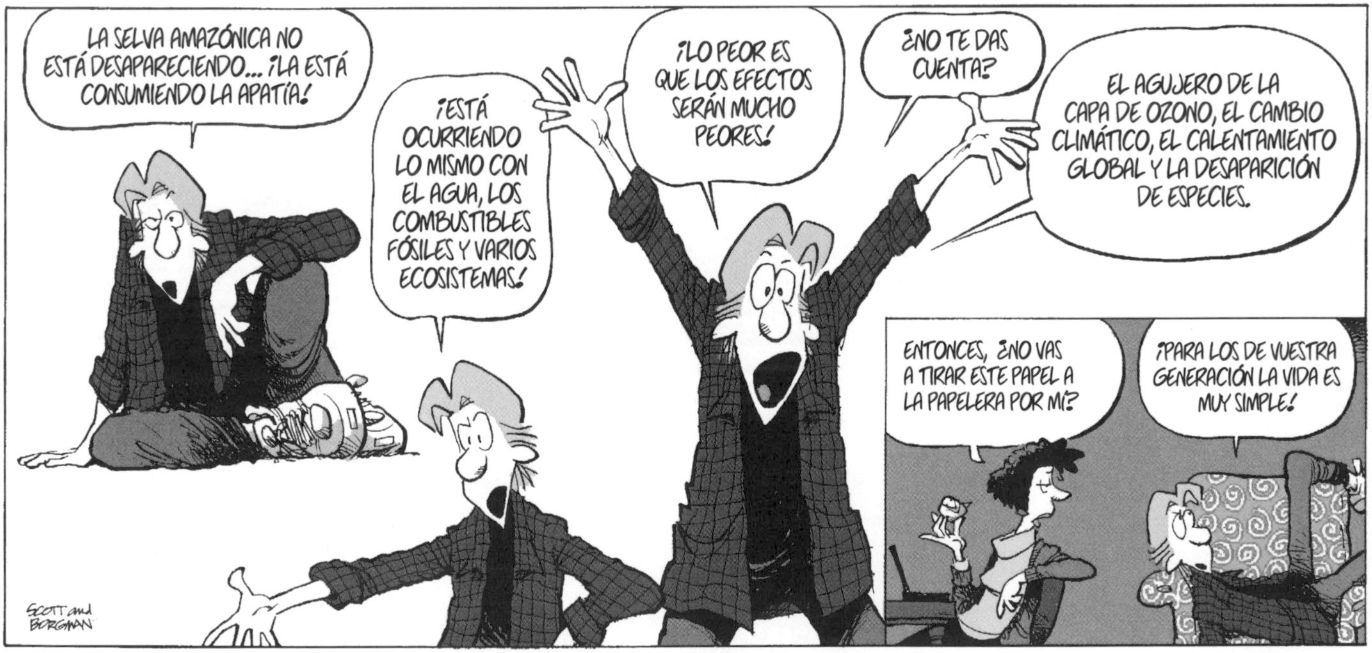
LA SELVA AMAZÓNICA NO ESTÁ DESAPARECIENDO... ¡LA ESTÁ CONSUMIENDO LA APATÍA!
¡ESTÁ OCURRIENDO LO MISMO CON EL AGUA, LOS COMBUSTIBLES FÓSILES Y VARIOS ECOSISTEMAS!
¡LO PEOR ES QUE LOS EFECTOS SERÁN MUCHO PEORES!
¿NO TE DAS CUENTA?
EL AGUJERO DE LA CAPA DE OZONO, EL CAMBIO CLIMÁTICO, EL CALENTAMIENTO GLOBAL Y LA DESAPARICIÓN DE ESPECIES.
ENTONCES, ¿NO VAS A TIRAR ESTE PAPEL A LA PAPELERA POR MÍ?
¡PARA LOS DE VUESTRA GENERACIÓN LA VIDA ES MUY SIMPLE!
SCOTT and BORGMAN

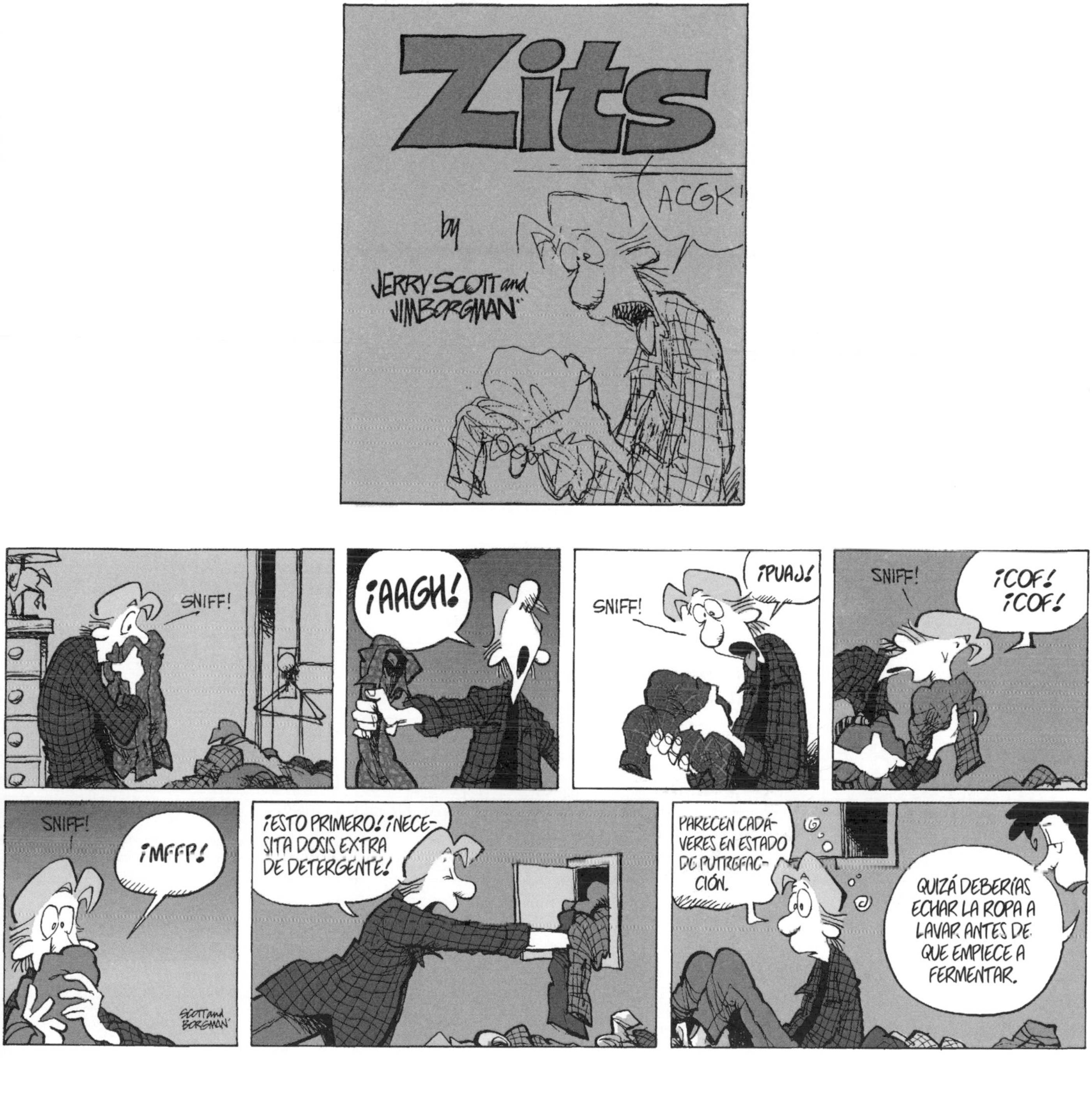
Zits
by
JERRY SCOTT and JIM BORGMAN
ACGK!
SNIFF!
¡AAGH!
SNIFF!
¡PUAJ!
SNIFF!
¡COF! ¡COF!
SNIFF!
¡MFFP!
SCOTT and BORGMAN
¡ESTO PRIMERO! ¡NECESITA DOSIS EXTRA DE DETERGENTE!
PARECEN CADÁVERES EN ESTADO DE PUTREFACCIÓN.
QUIZÁ DEBERÍAS ECHAR LA ROPA A LAVAR ANTES DE QUE EMPIECE A FERMENTAR.

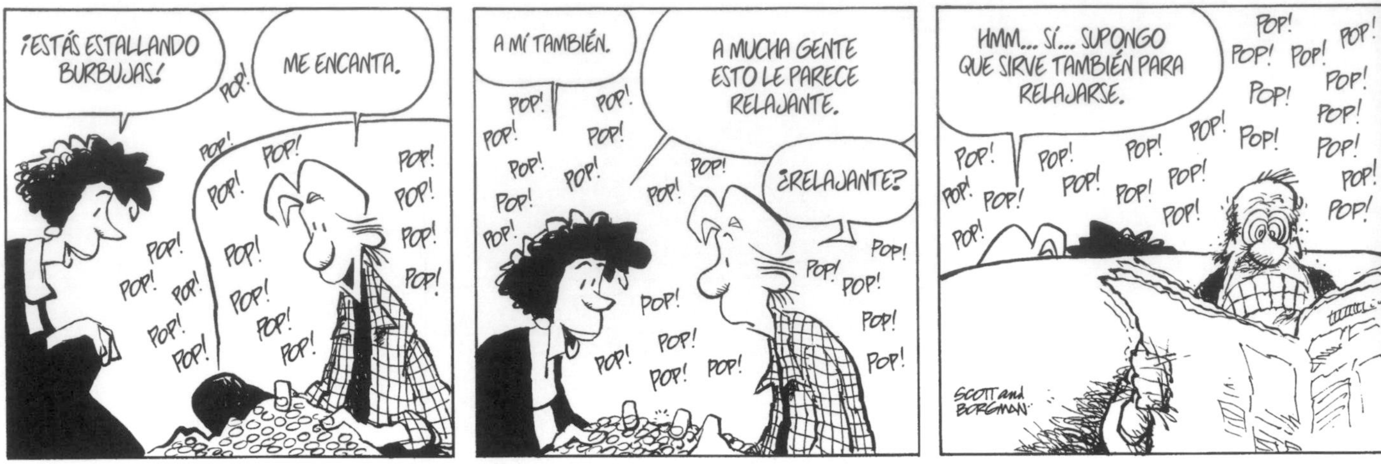
¡ESTÁS ESTALLANDO BURBUJAS!
ME ENCANTA.
POP!
A MÍ TAMBIÉN.
A MUCHA GENTE ESTO LE PARECE RELAJANTE.
¿RELAJANTE?
POP!
HMM... SÍ... SUPONGO QUE SIRVE TAMBIÉN PARA RELAJARSE.
POP!
SCOTT and BORGMAN

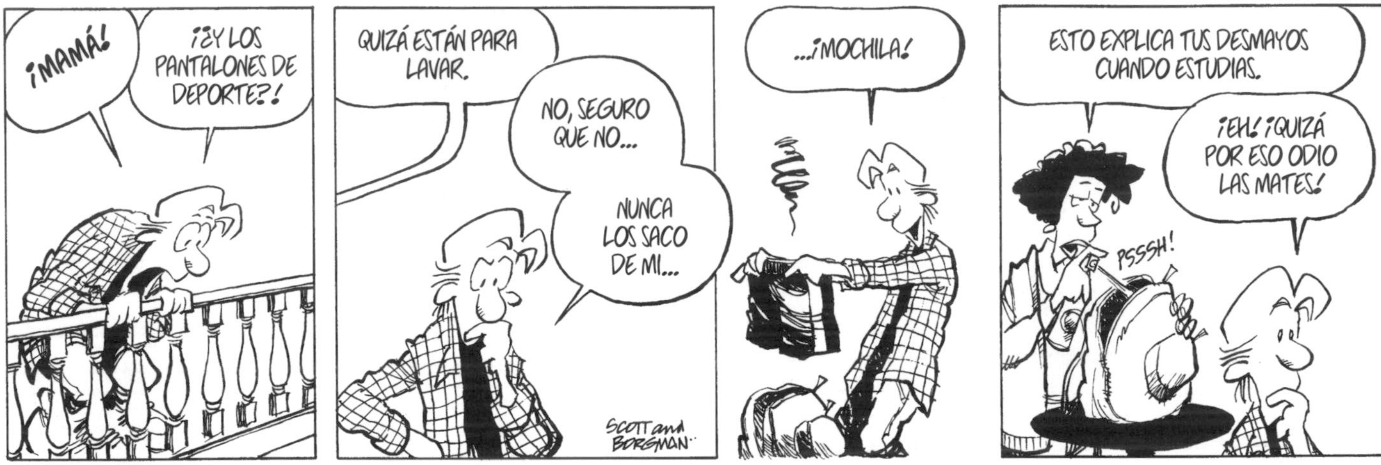
¡MAMÁ!
¡¿Y LOS PANTALONES DE DEPORTE?!
QUIZÁ ESTÁN PARA LAVAR.
NO, SEGURO QUE NO...
NUNCA LOS SACO DE MI...
SCOTT and BORGMAN
...¡MOCHILA!
ESTO EXPLICA TUS DESMAYOS CUANDO ESTUDIAS.
¡EH! ¡QUIZÁ POR ESO ODIO LAS MATES!
PSSSH!

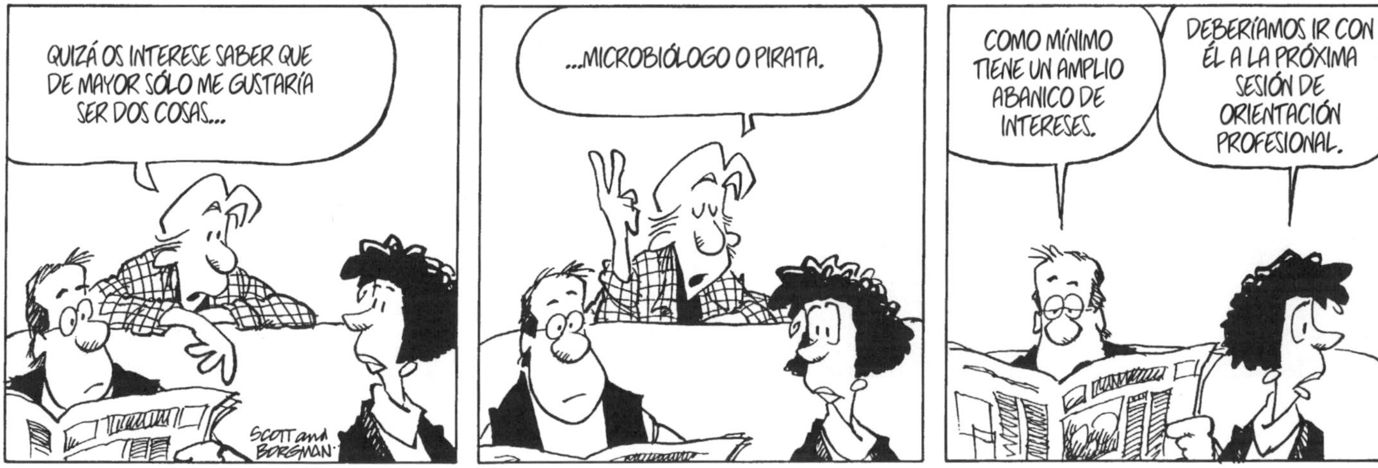
QUIZÁ OS INTERESE SABER QUE DE MAYOR SÓLO ME GUSTARÍA SER DOS COSAS...
SCOTT and BORGMAN
...MICROBIÓLOGO O PIRATA.
COMO MÍNIMO TIENE UN AMPLIO ABANICO DE INTERESES.
DEBERÍAMOS IR CON ÉL A LA PRÓXIMA SESIÓN DE ORIENTACIÓN PROFESIONAL.

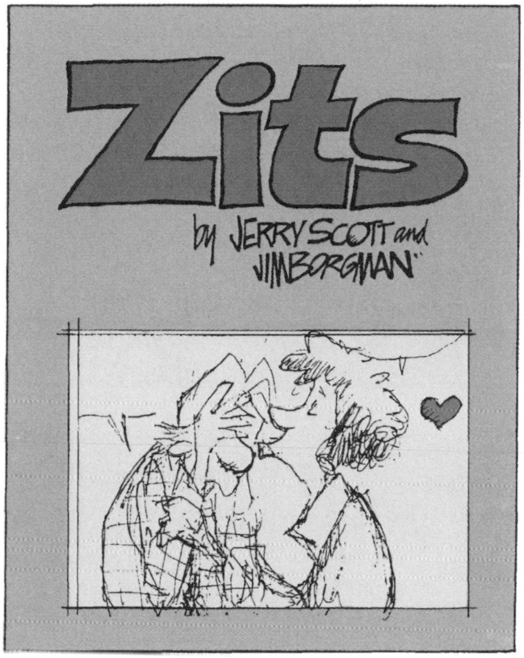
Zits
by JERRY SCOTT and JIM BORGMAN

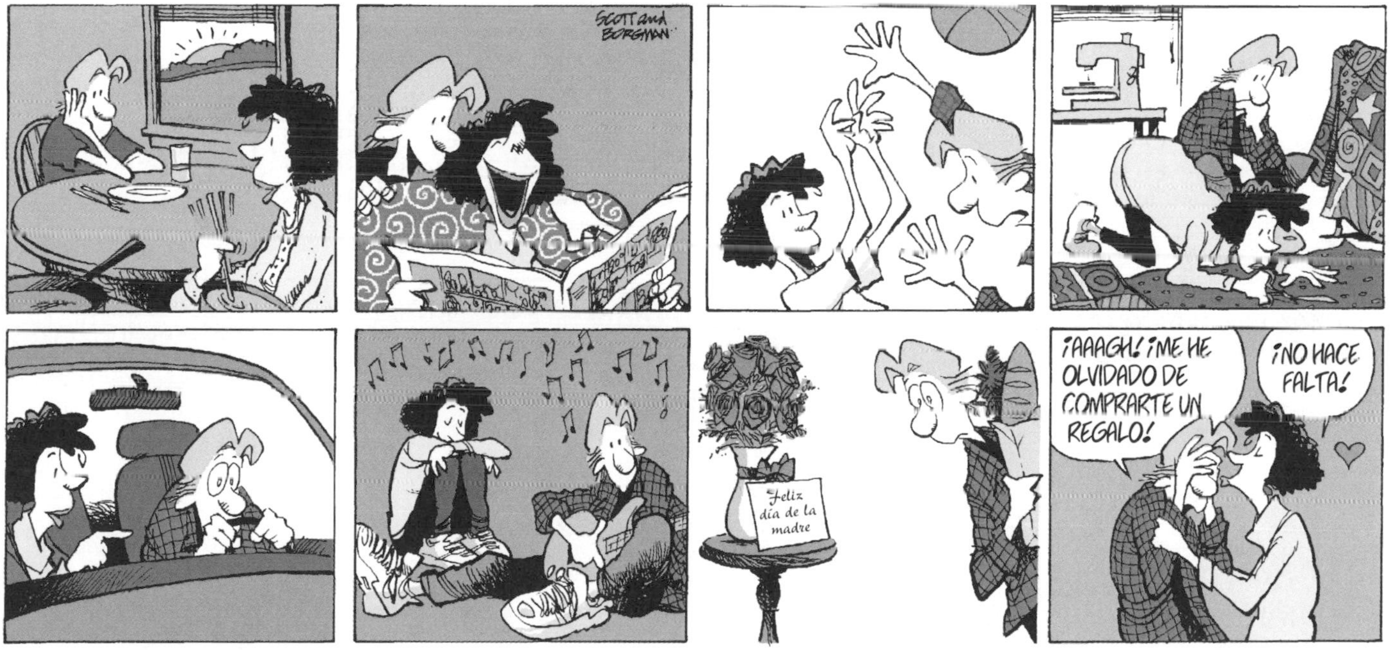
SCOTT and BORGMAN
Feliz día de la madre
¡AAAGH! ¡ME HE OLVIDADO DE COMPRARTE UN REGALO!
¡NO HACE FALTA!

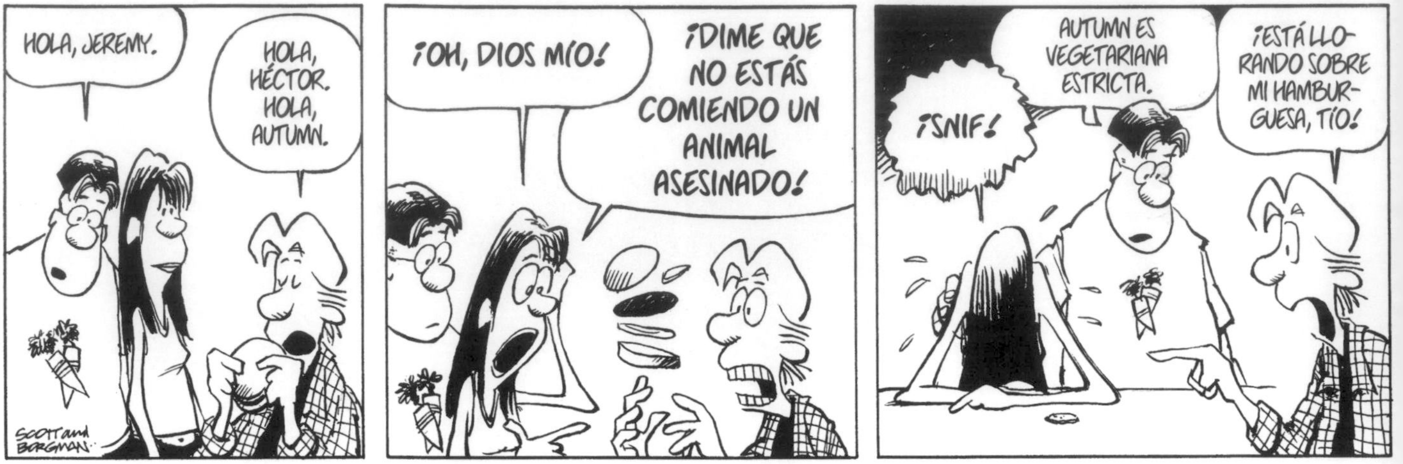
HOLA, JEREMY.
HOLA, HÉCTOR. HOLA, AUTUMN.
SCOTT and BORGMAN
¡OH, DIOS MÍO!
¡DIME QUE NO ESTÁS COMIENDO UN ANIMAL ASESINADO!
¡SNIF!
AUTUMN ES VEGETARIANA ESTRICTA.
¡ESTÁ LLORANDO SOBRE MI HAMBURGUESA, TÍO!

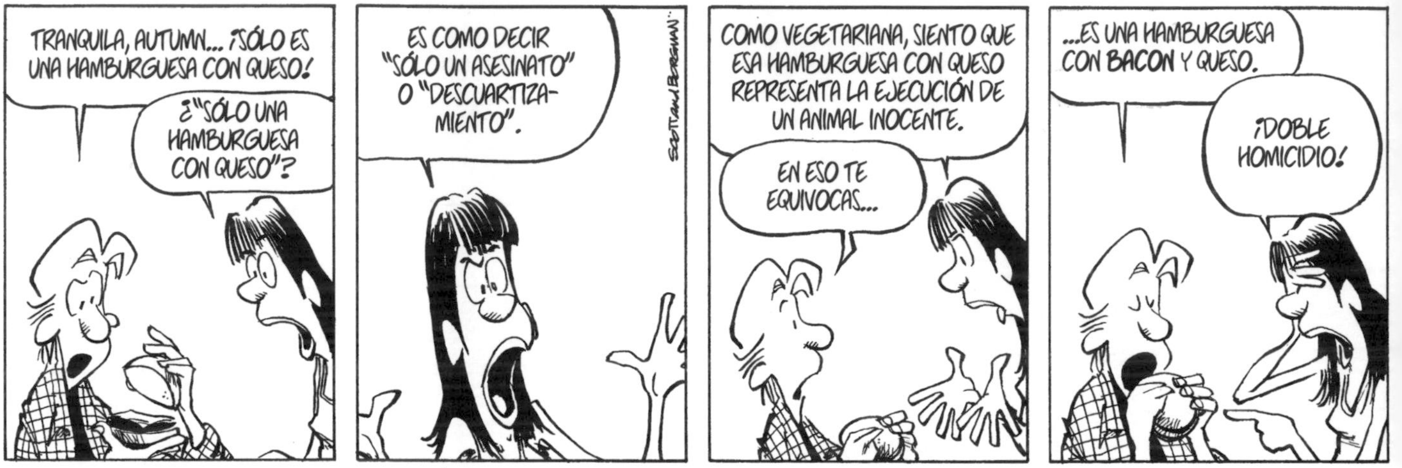
TRANQUILA, AUTUMN... ¡SÓLO ES UNA HAMBURGUESA CON QUESO!
¿"SÓLO UNA HAMBURGUESA CON QUESO"?
ES COMO DECIR "SÓLO UN ASESINATO" O "DESCUARTIZAMIENTO".
SCOTT and BORGMAN
COMO VEGETARIANA, SIENTO QUE ESA HAMBURGUESA CON QUESO REPRESENTA LA EJECUCIÓN DE UN ANIMAL INOCENTE.
EN ESO TE EQUIVOCAS...
...ES UNA HAMBURGUESA CON BACON Y QUESO.
¡DOBLE HOMICIDIO!

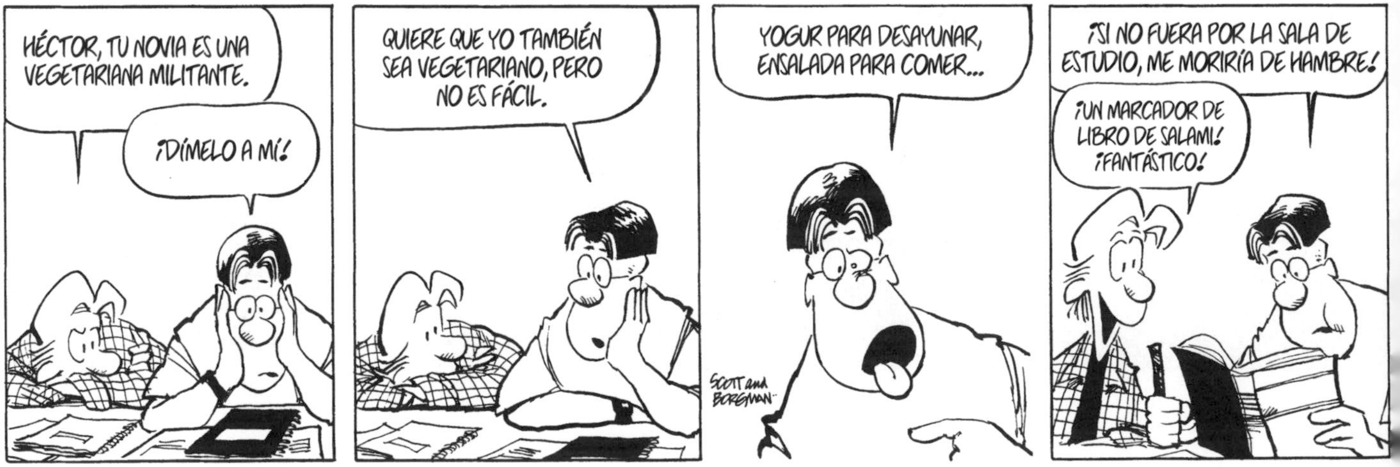
HÉCTOR, TU NOVIA ES UNA VEGETARIANA MILITANTE.
¡DÍMELO A MÍ!
QUIERE QUE YO TAMBIÉN SEA VEGETARIANO, PERO NO ES FÁCIL.
YOGUR PARA DESAYUNAR, ENSALADA PARA COMER...
SCOTT and BORGMAN
¡SI NO FUERA POR LA SALA DE ESTUDIO, ME MORIRÍA DE HAMBRE!
¡UN MARCADOR DE LIBRO DE SALAMI! ¡FANTÁSTICO!

Zits
by JERRY SCOTT and JIM BORGMAN

SCOTT and BORGMAN
AHORA ARRASTRA ESE ARCHIVO A LA PAPELERA...
¿SÓLO LA CARPETA O EL ORDENADOR ENTERO?
TOMA CINCO PAVOS... ¡QUE LO PASÉIS BIEN SARA Y TÚ EN EL CINE!
TENGO UN MONTÓN DE DEBERES, ASÍ QUE MEJOR QUE EMPIECE YA.
ESO ME RECUERDA UNA HISTORIA LARGA Y ABURRIDA QUE ME GUSTARÍA COMPARTIR...
¡MIRA, TU PADRE SABE ANDAR A LO MICHAEL JACKSON!

DE PEQUEÑO ME PREOCUPABA QUE AL NACER ME HUBIERAN CAMBIADO POR OTRO NIÑO EN EL HOSPITAL...
¡AHORA ME PREOCUPA QUE NO LO HICIERAN!

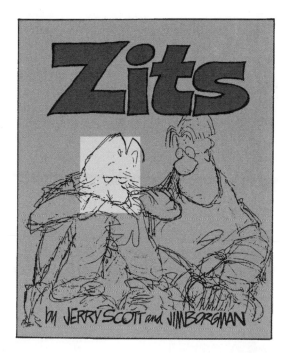

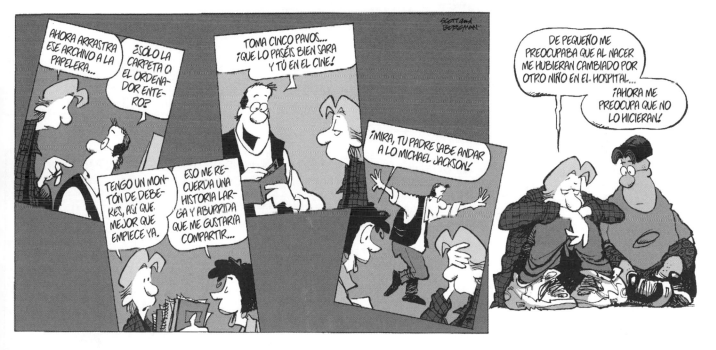

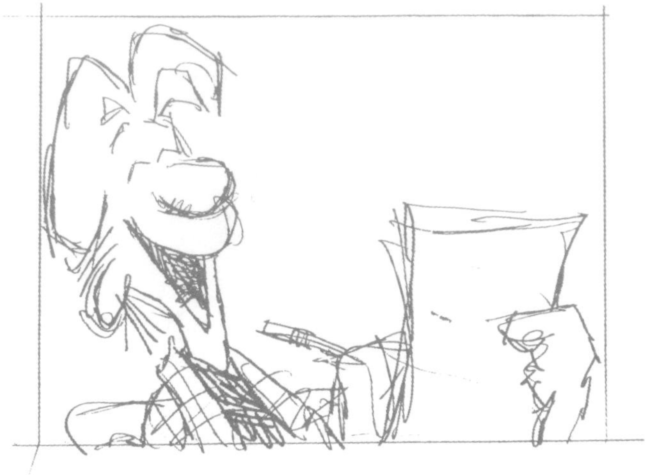

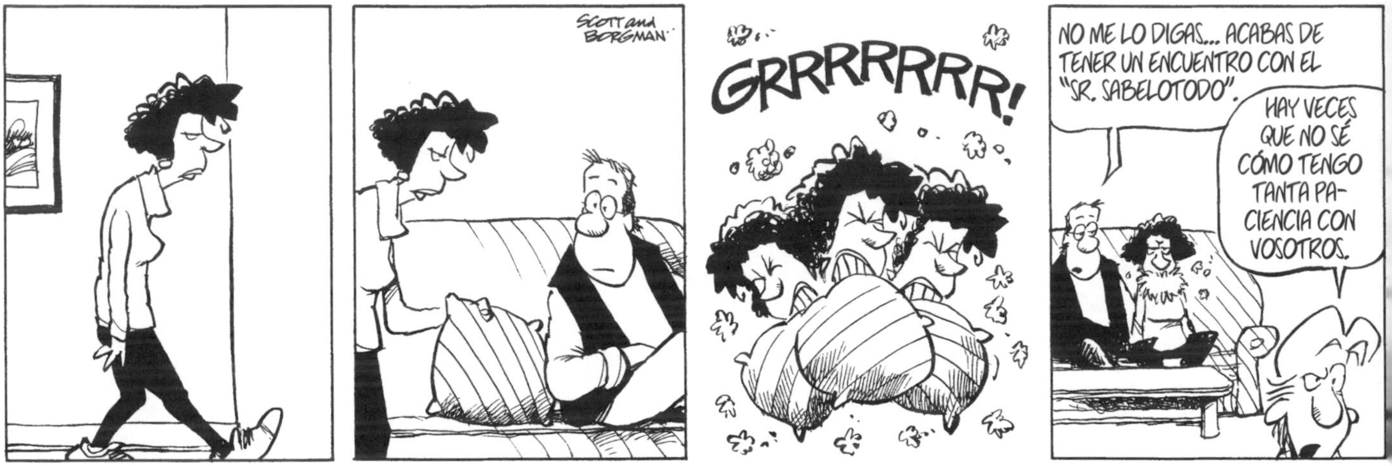
SCOTT and BORGMAN
GRRRRRRR!
NO ME LO DIGAS... ACABAS DE TENER UN ENCUENTRO CON EL "SR. SABELOTODO".
HAY VECES QUE NO SÉ CÓMO TENGO TANTA PACIENCIA CON VOSOTROS.

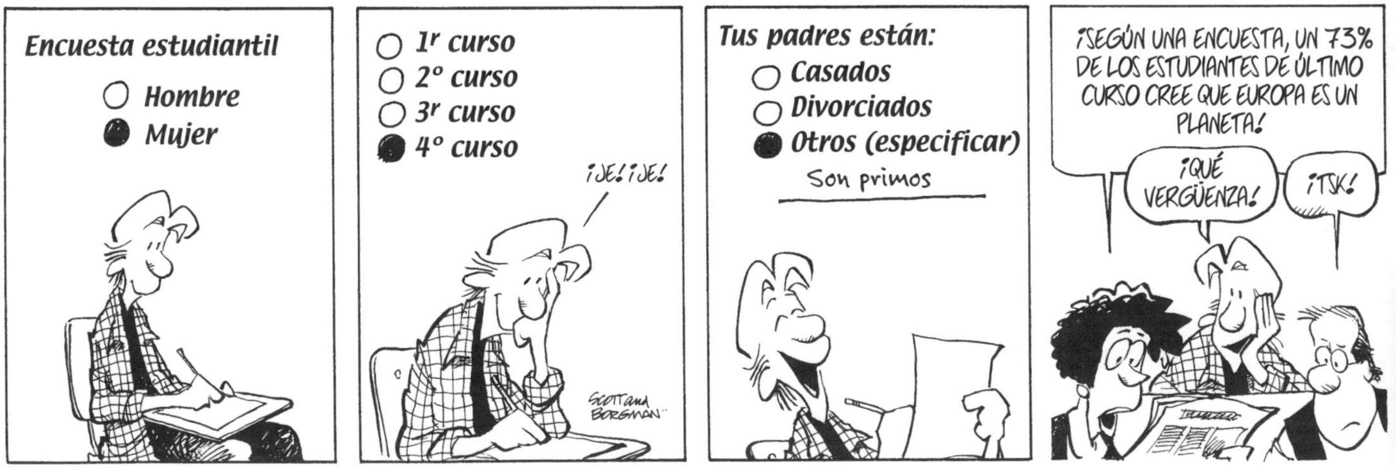
Encuesta estudiantil
Hombre
Mujer
1r curso
2º curso
3r curso
4º curso
¡JE! ¡JE!
SCOTT and BORGMAN
Tus padres están:
Casados
Divorciados
Otros (especificar)
Son primos
¡SEGÚN UNA ENCUESTA, UN 73% DE LOS ESTUDIANTES DE ÚLTIMO CURSO CREE QUE EUROPA ES UN PLANETA!
¡QUÉ VERGÜENZA!
¡TSK!

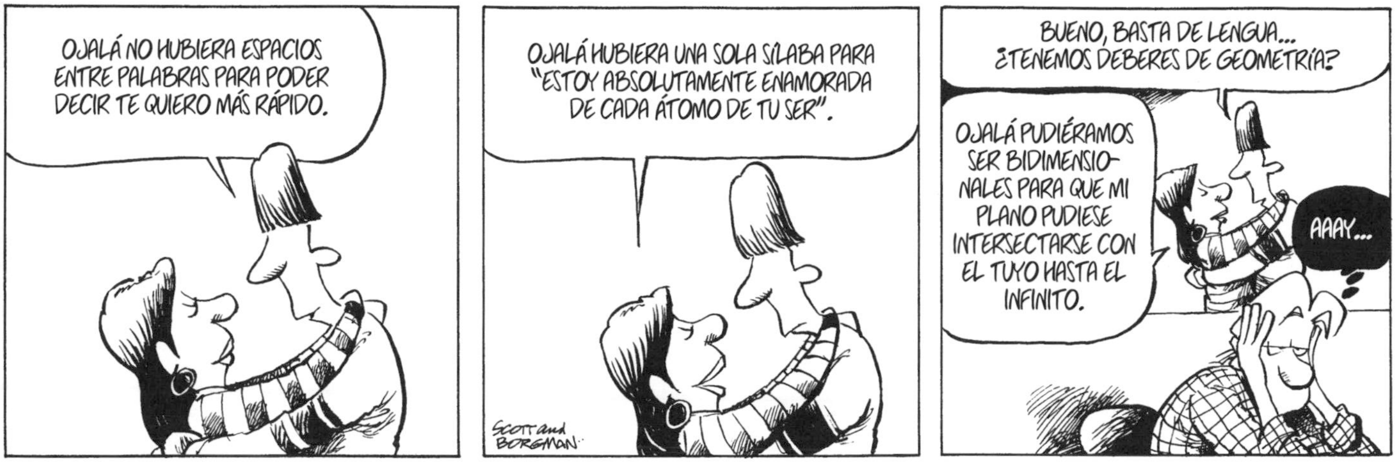
OJALÁ NO HUBIERA ESPACIOS ENTRE PALABRAS PARA PODER DECIR TE QUIERO MÁS RÁPIDO.
OJALÁ HUBIERA UNA SOLA SÍLABA PARA "ESTOY ABSOLUTAMENTE ENAMORADA DE CADA ÁTOMO DE TU SER".
SCOTT and BORGMAN
BUENO, BASTA DE LENGUA... ¿TENEMOS DEBERES DE GEOMETRÍA?
OJALÁ PUDIÉRAMOS SER BIDIMENSIONALES PARA QUE MI PLANO PUDIESE INTERSECTARSE CON EL TUYO HASTA EL INFINITO.
AAAY...

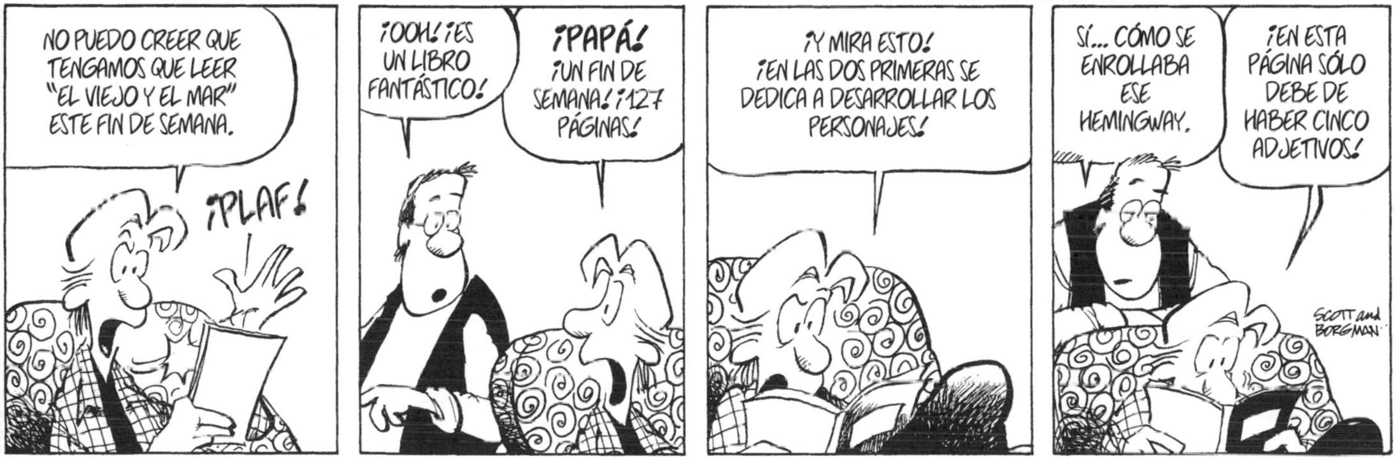
NO PUEDO CREER QUE TENGAMOS QUE LEER "EL VIEJO Y EL MAR" ESTE FIN DE SEMANA.
¡PLAF!
¡OOH! ¡ES UN LIBRO FANTÁSTICO!
¡PAPÁ! ¡UN FIN DE SEMANA! ¡127 PÁGINAS!
¡Y MIRA ESTO! ¡EN LAS DOS PRIMERAS SE DEDICA A DESARROLLAR LOS PERSONAJES!
SÍ... CÓMO SE ENROLLABA ESE HEMINGWAY.
¡EN ESTA PÁGINA SÓLO DEBE DE HABER CINCO ADJETIVOS!
SCOTT and BORGMAN

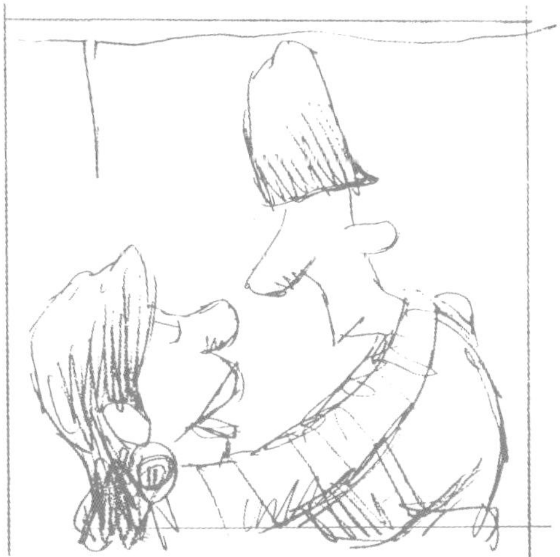

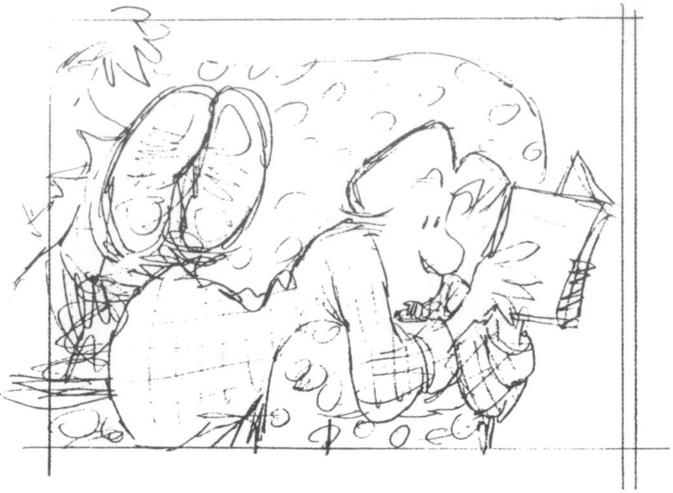

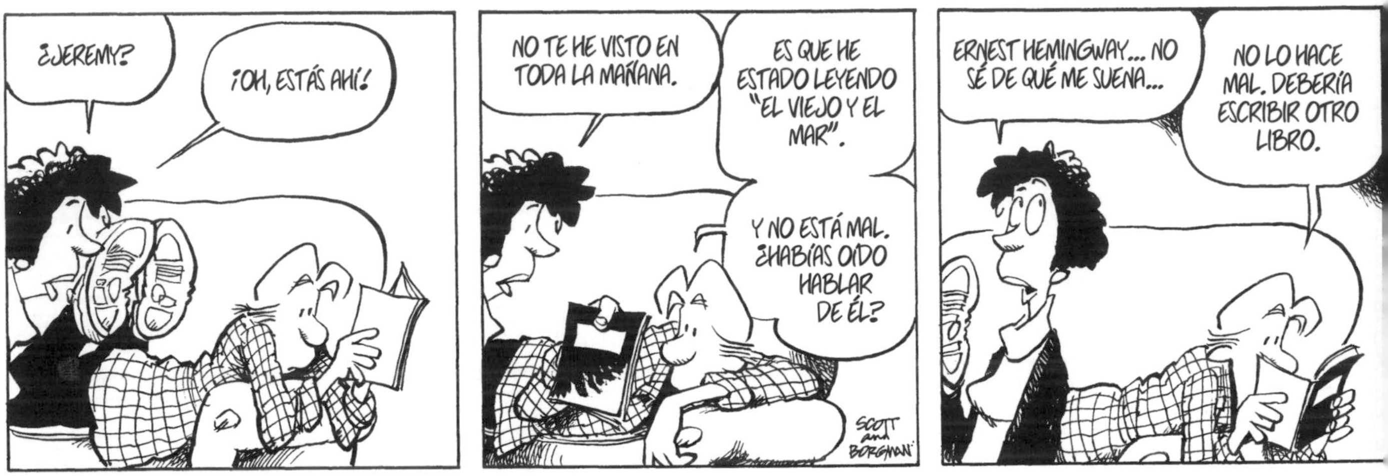
¿JEREMY?
¡OH, ESTÁS AHÍ!
NO TE HE VISTO EN TODA LA MAÑANA.
ES QUE HE ESTADO LEYENDO "EL VIEJO Y EL MAR".
Y NO ESTÁ MAL. ¿HABÍAS OIDO HABLAR DE ÉL?
SCOTT and BORGMAN
ERNEST HEMINGWAY... NO SÉ DE QUÉ ME SUENA...
NO LO HACE MAL. DEBERÍA ESCRIBIR OTRO LIBRO.

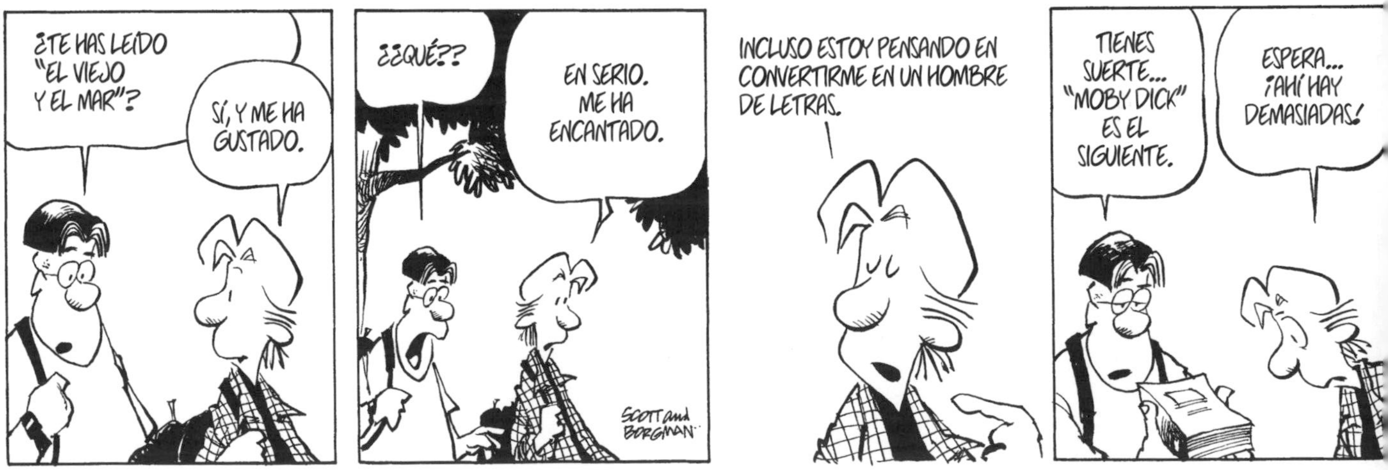
¿TE HAS LEÍDO "EL VIEJO Y EL MAR"?
SÍ, Y ME HA GUSTADO.
¿¿QUÉ??
EN SERIO. ME HA ENCANTADO.
SCOTT and BORGMAN
INCLUSO ESTOY PENSANDO EN CONVERTIRME EN UN HOMBRE DE LETRAS.
TIENES SUERTE... "MOBY DICK" ES EL SIGUIENTE.
ESPERA... ¡AHÍ HAY DEMASIADAS!

Zits
by JERRY SCOTT and JIM BORGMAN

¡CLIC!
¡YUPIII!
¡SLAM!
SCOTT and BORGMAN
¡KA-CHUNK!
EL MIÉRCOLES HAREMOS UN EXAMEN FINAL, ASÍ QUE LES RECOMIENDO QUE AÚN NO DEJEN QUE SUS CEREBROS EM- PIECEN YA LAS VACACIONES DE VERANO.
DEMASIADO TARDE.
¿ME ECHAS UN POQUITO DE CREMA?

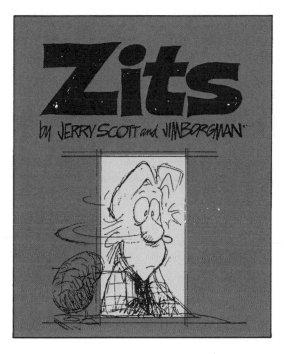

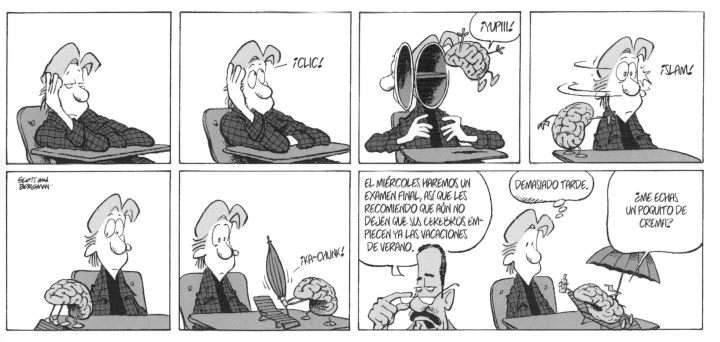

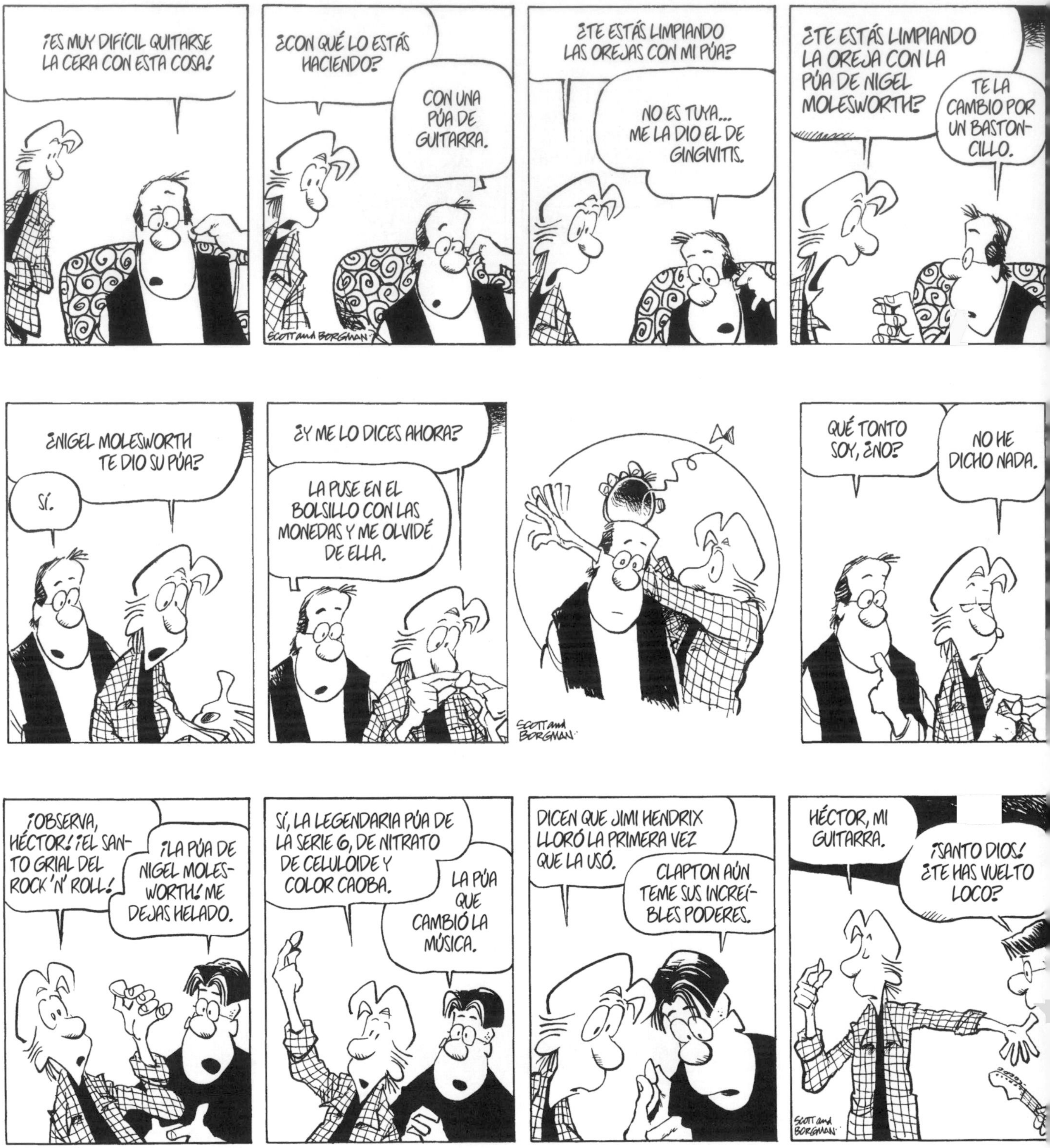
¡ES MUY DIFÍCIL QUITARSE LA CERA CON ESTA COSA!
¿CON QUÉ LO ESTÁS HACIENDO?
CON UNA PÚA DE GUITARRA.
SCOTT and BORGMAN
¿TE ESTÁS LIMPIANDO LAS OREJAS CON MI PÚA?
NO ES TUYA... ME LA DIO EL DE GINGIVITIS.
¿TE ESTÁS LIMPIANDO LA OREJA CON LA PÚA DE NIGEL MOLESWORTH?
TE LA CAMBIO POR UN BASTONCILLO.
¿NIGEL MOLESWORTH TE DIO SU PÚA?
SÍ.
¿Y ME LO DICES AHORA?
LA PUSE EN EL BOLSILLO CON LAS MONEDAS Y ME OLVIDÉ DE ELLA.
SCOTT and BORGMAN
QUÉ TONTO SOY, ¿NO?
NO HE DICHO NADA.
¡OBSERVA, HÉCTOR! ¡EL SANTO GRIAL DEL ROCK 'N' ROLL!
¡LA PÚA DE NIGEL MOLESWORTH! ME DEJAS HELADO.
SÍ, LA LEGENDARIA PÚA DE LA SERIE 6, DE NITRATO DE CELULOIDE Y COLOR CAOBA.
LA PÚA QUE CAMBIÓ LA MÚSICA.
DICEN QUE JIMI HENDRIX LLORÓ LA PRIMERA VEZ QUE LA USÓ.
CLAPTON AÚN TEME SUS INCREÍBLES PODERES.
HÉCTOR, MI GUITARRA.
¡SANTO DIOS! ¿TE HAS VUELTO LOCO?
SCOTT and BORGMAN

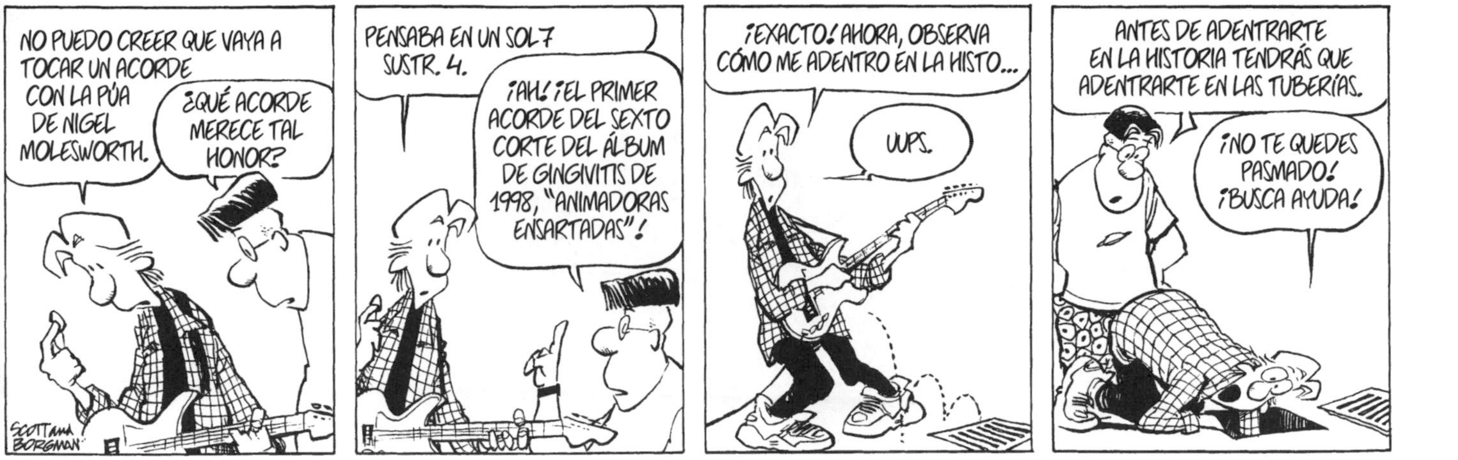
NO PUEDO CREER QUE VAYA A TOCAR UN ACORDE CON LA PÚA DE NIGEL MOLESWORTH.
¿QUÉ ACORDE MERECE TAL HONOR?
PENSABA EN UN SOL7 SUSTR. 4.
¡AH! ¡EL PRIMER ACORDE DEL SEXTO CORTE DEL ÁLBUM DE GINGIVITIS DE 1998, "ANIMADORAS ENSARTADAS"!
¡EXACTO! AHORA, OBSERVA CÓMO ME ADENTRO EN LA HISTO...
UUPS.
ANTES DE ADENTRARTE EN LA HISTORIA TENDRÁS QUE ADENTRARTE EN LAS TUBERÍAS.
¡NO TE QUEDES PASMADO! ¡BUSCA AYUDA!

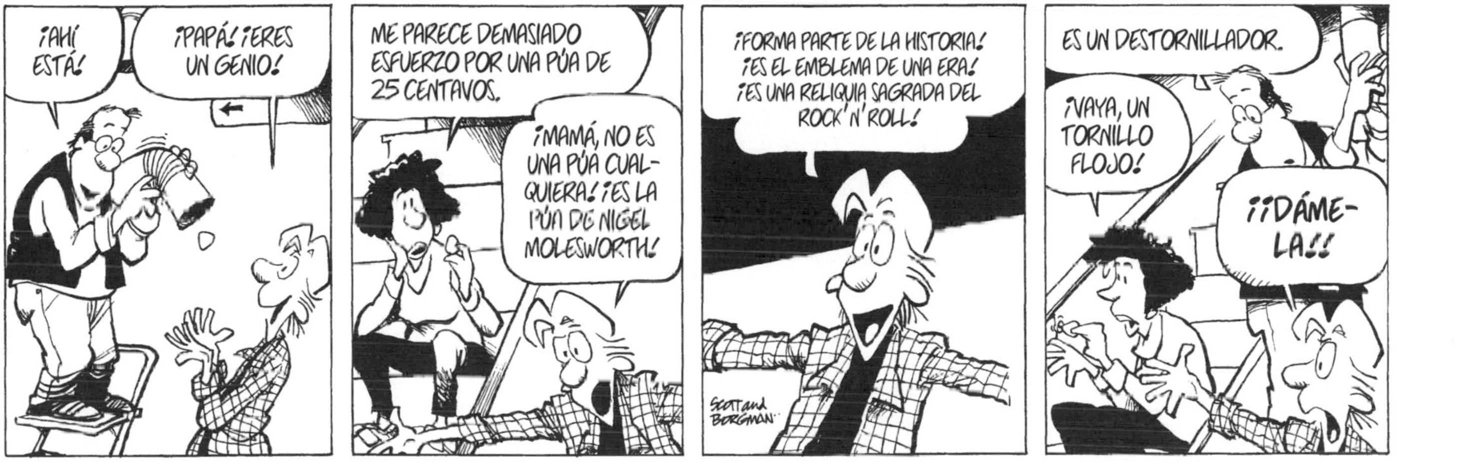
¡AHÍ ESTÁ!
¡PAPÁ! ¡ERES UN GENIO!
ME PARECE DEMASIADO ESFUERZO POR UNA PÚA DE 25 CENTAVOS.
¡MAMÁ, NO ES UNA PÚA CUALQUIERA! ¡ES LA PÚA DE NIGEL MOLESWORTH!
¡FORMA PARTE DE LA HISTORIA! ¡ES EL EMBLEMA DE UNA ERA! ¡ES UNA RELIQUIA SAGRADA DEL ROCK N' ROLL!
ES UN DESTORNILLADOR.
¡VAYA, UN TORNILLO FLOJO!
¡¡DÁME-LA!!

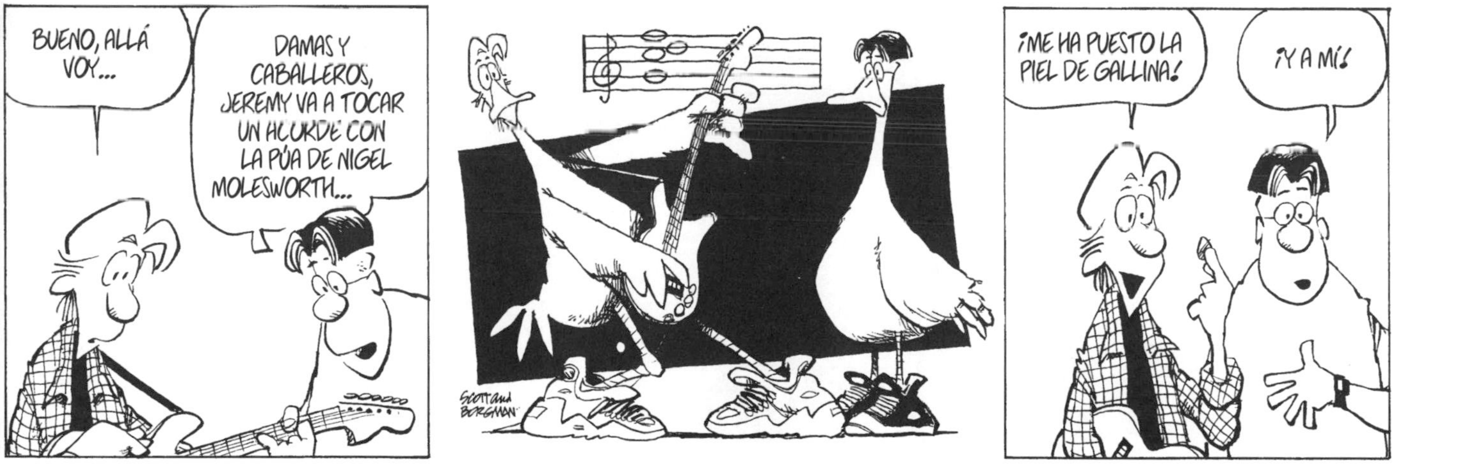
BUENO, ALLÁ VOY...
DAMAS Y CABALLEROS, JEREMY VA A TOCAR UN ACORDE CON LA PÚA DE NIGEL MOLESWORTH...
¡ME HA PUESTO LA PIEL DE GALLINA!
¡Y A MÍ!

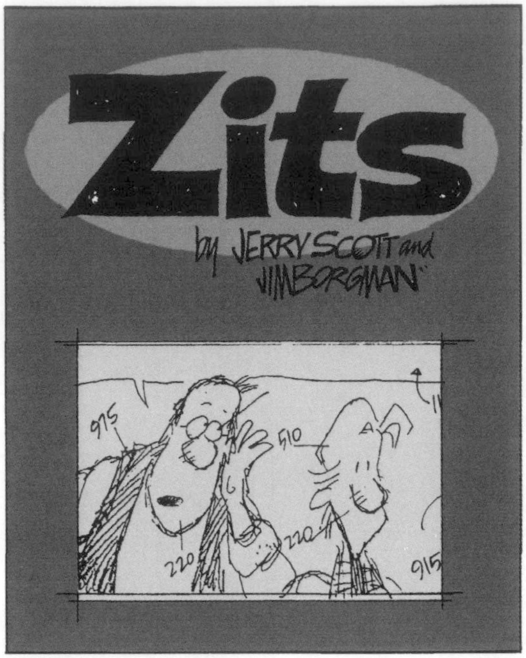
Zits
by JERRY SCOTT and JIM BORGMAN

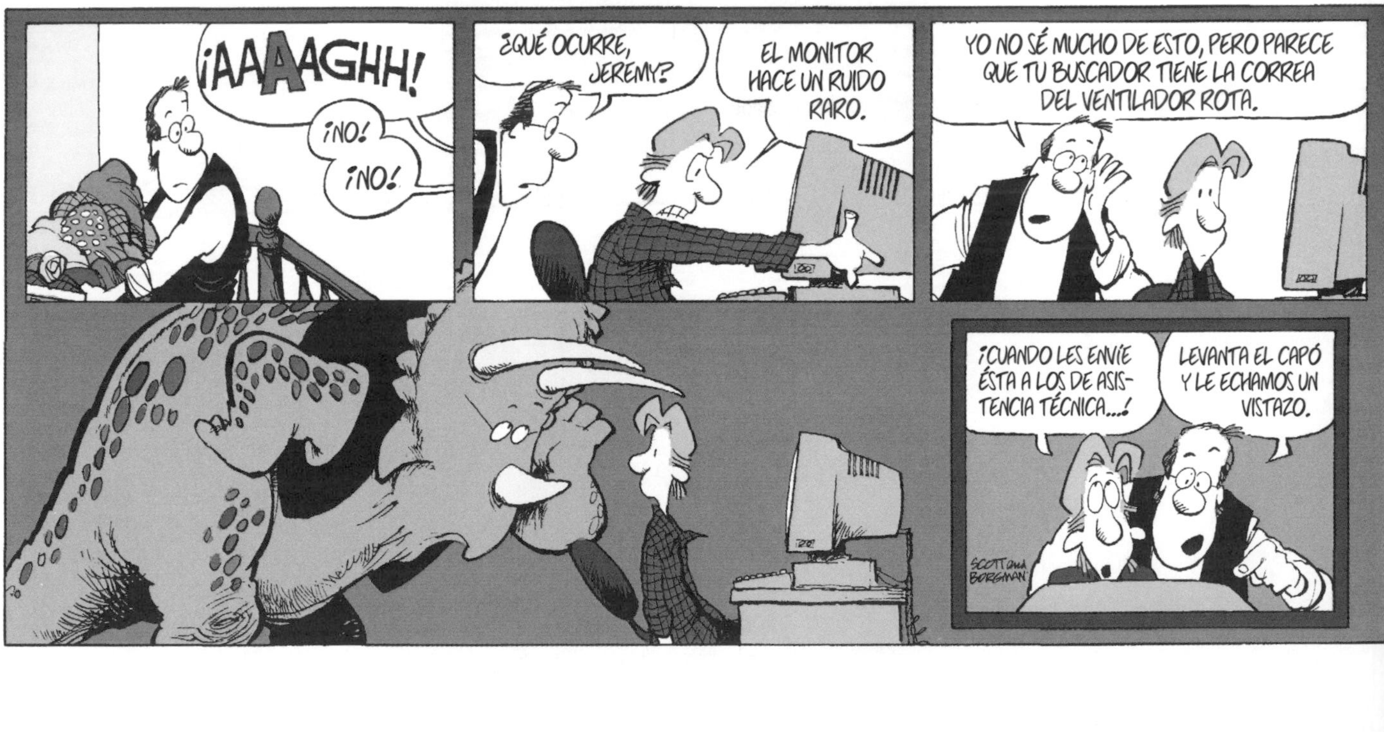
¡AAAAGHH!
¡NO!
¡NO!
¿QUÉ OCURRE, JEREMY?
EL MONITOR HACE UN RUIDO RARO.
YO NO SÉ MUCHO DE ESTO, PERO PARECE QUE TU BUSCADOR TIENE LA CORREA DEL VENTILADOR ROTA.
¡CUANDO LES ENVÍE ÉSTA A LOS DE ASISTENCIA TÉCNICA...!
LEVANTA EL CAPÓ Y LE ECHAMOS UN VISTAZO.
SCOTT and BORGMAN

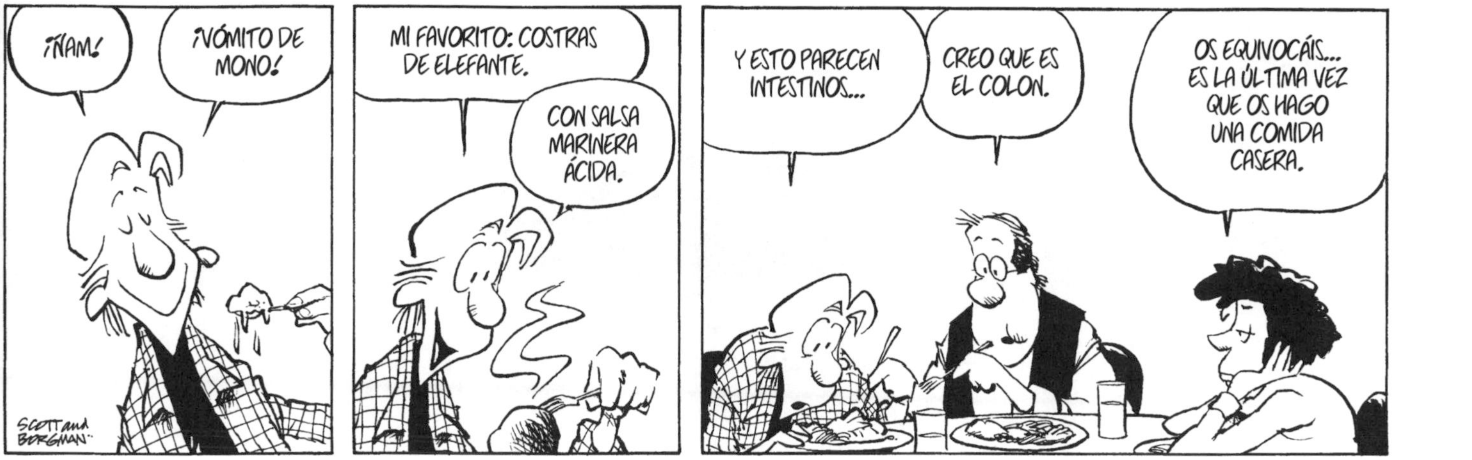
¡ÑAM!
¡VÓMITO DE MONO!
SCOTT and BORGMAN
MI FAVORITO: COSTRAS DE ELEFANTE.
CON SALSA MARINERA ÁCIDA.
Y ESTO PARECEN INTESTINOS...
CREO QUE ES EL COLON.
OS EQUIVOCÁIS... ES LA ÚLTIMA VEZ QUE OS HAGO UNA COMIDA CASERA.

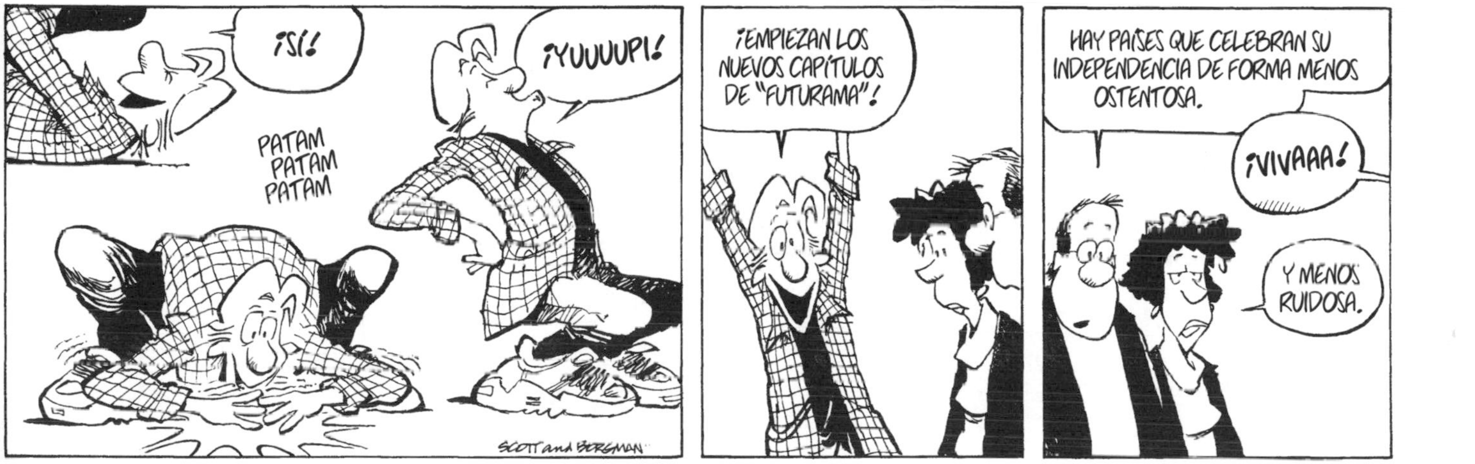
¡SÍ!
¡YUUUUPI!
PATAM PATAM PATAM
SCOTT and BORGMAN
¡EMPIEZAN LOS NUEVOS CAPÍTULOS DE "FUTURAMA"!
HAY PAÍSES QUE CELEBRAN SU INDEPENDENCIA DE FORMA MENOS OSTENTOSA.
¡VIVAAA!
Y MENOS RUIDOSA.

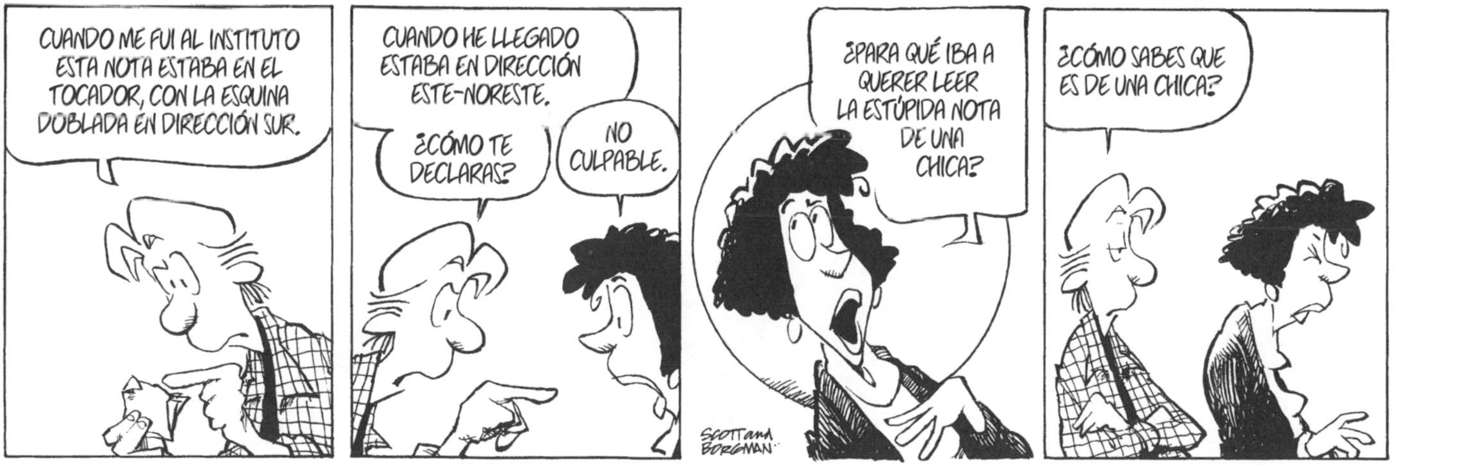
CUANDO ME FUI AL INSTITUTO ESTA NOTA ESTABA EN EL TOCADOR, CON LA ESQUINA DOBLADA EN DIRECCIÓN SUR.
CUANDO HE LLEGADO ESTABA EN DIRECCIÓN ESTE-NORESTE.
¿CÓMO TE DECLARAS?
NO CULPABLE.
¿PARA QUÉ IBA A QUERER LEER LA ESTÚPIDA NOTA DE UNA CHICA?
SCOTT and BORGMAN
¿CÓMO SABES QUE ES DE UNA CHICA?

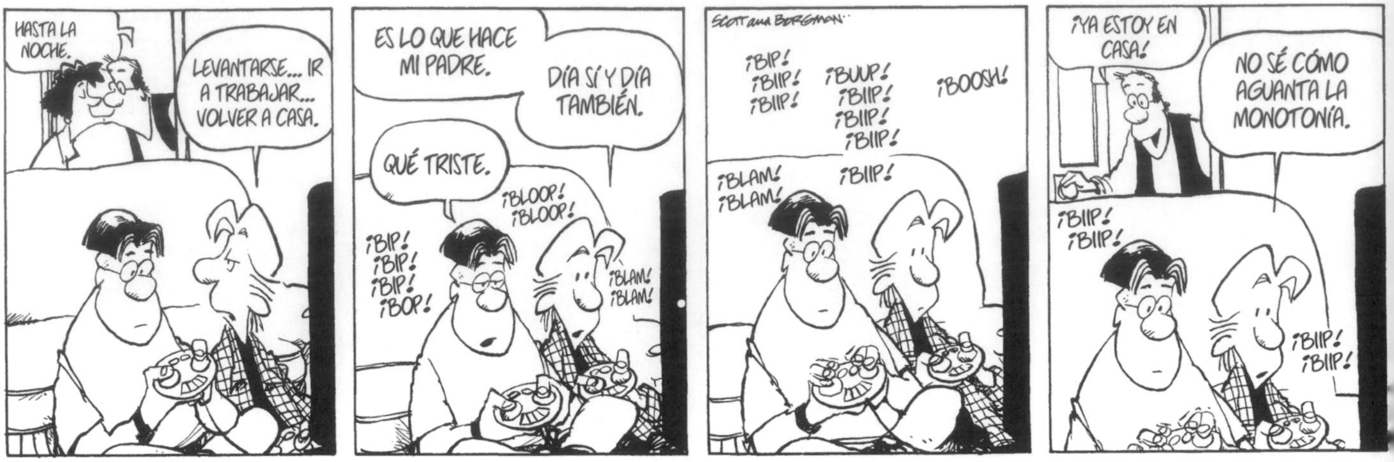
HASTA LA NOCHE.
LEVANTARSE... IR A TRABAJAR... VOLVER A CASA.
ES LO QUE HACE MI PADRE.
DÍA SÍ Y DÍA TAMBIÉN.
QUÉ TRISTE.
¡BLOOP! ¡BLOOP!
¡BIP! ¡BIP! ¡BIP! ¡BOP!
¡BLAM! ¡BLAM!
SCOTT and BORGMAN
¡BIP! ¡BIIP! ¡BIIP!
¡BUUP! ¡BIIP! ¡BIIP! ¡BIIP!
¡BOOSH!
¡BLAM! ¡BLAM!
¡BIIP!
¡YA ESTOY EN CASA!
NO SÉ CÓMO AGUANTA LA MONOTONÍA.
¡BIIP! ¡BIIP!
¡BIIP! ¡BIIP!

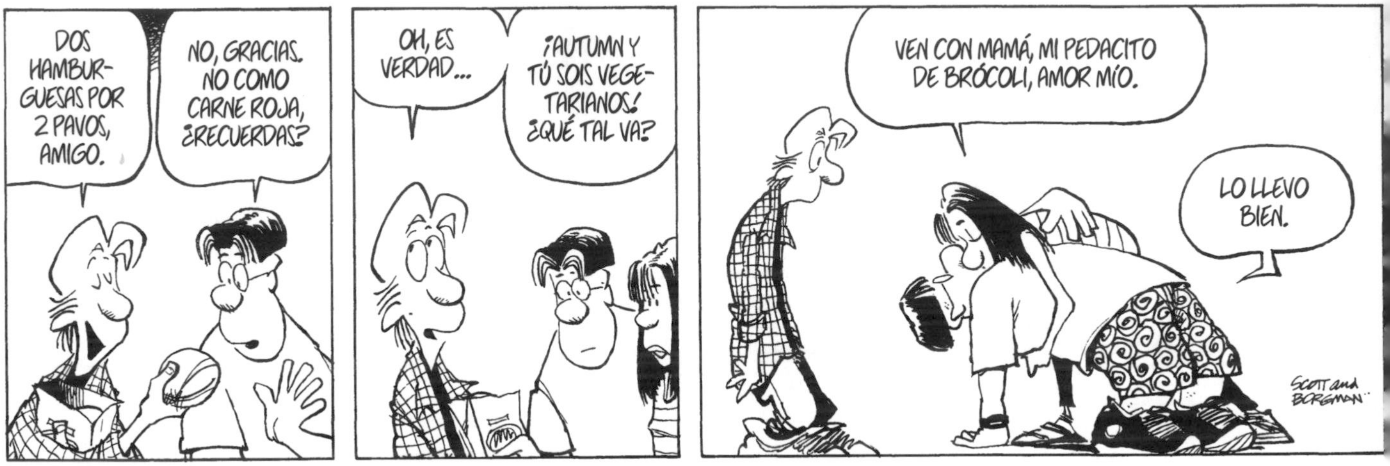
DOS HAMBURGUESAS POR 2 PAVOS, AMIGO.
NO, GRACIAS. NO COMO CARNE ROJA, ¿RECUERDAS?
OH, ES VERDAD...
¡AUTUMN Y TÚ SOIS VEGETARIANOS! ¿QUÉ TAL VA?
VEN CON MAMÁ, MI PEDACITO DE BRÓCOLI, AMOR MÍO.
LO LLEVO BIEN.
SCOTT and BORGMAN

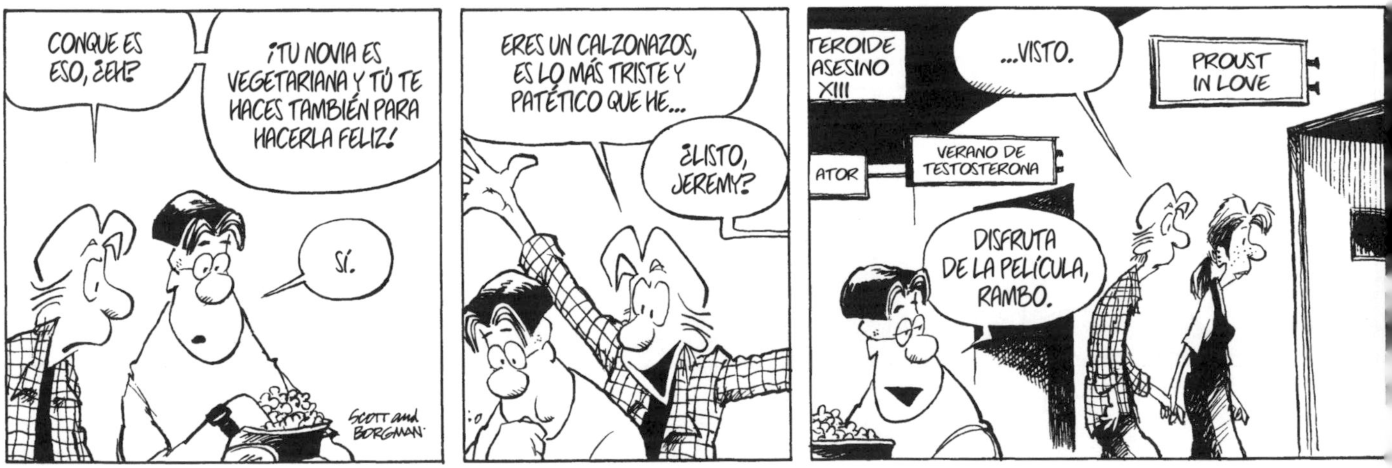
CONQUE ES ESO, ¿EH?
¡TU NOVIA ES VEGETARIANA Y TÚ TE HACES TAMBIÉN PARA HACERLA FELIZ!
SÍ.
SCOTT and BORGMAN
ERES UN CALZONAZOS, ES LO MÁS TRISTE Y PATÉTICO QUE HE...
¿LISTO, JEREMY?
TEROIDE ASESINO XIII
...VISTO.
PROUST IN LOVE
ATOR
VERANO DE TESTOSTERONA
DISFRUTA DE LA PELÍCULA, RAMBO.

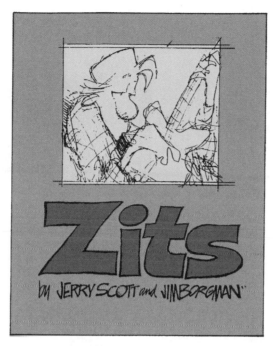

Zits

by JERRY SCOTT and JIM BORGMAN

¿LE HAS PREGUNTADO A SARA SI QUERÍA VOLVER A VER "LA AMENAZA FANTASMA" ESTA NOCHE?

MÁS O MENOS...

HE VISTO A AMBER EN EL DESCANSO, QUE IBA A VER A BRITTANY EN CLASE DE GEOMETRÍA.

SI BRITTANY NO VEÍA A SARA A LA HORA DE COMER, LE IBA A DAR UNA NOTA A LA'ROND'A PARA QUE SE LA DIERA EN CLASE DE BIOLOGÍA.

ADEMÁS, LECK SIEMPRE LA VE EN EL AUTOBÚS, Y ESTOY SEGURO DE QUE MAX LE HABRÍA DICHO A ÉL QUE SE LO DIJERA A SARA PORQUE MAX SE LO CUENTA TODO A TODO EL MUNDO.

ASÍ QUE, MÁS O MENOS, SE LO HE PREGUNTADO.

Y DICEN QUE LOS HOMBRES NO SABEMOS COMUNICARNOS.

RING!

¿POR QUÉ HAS TARDADO TANTO?

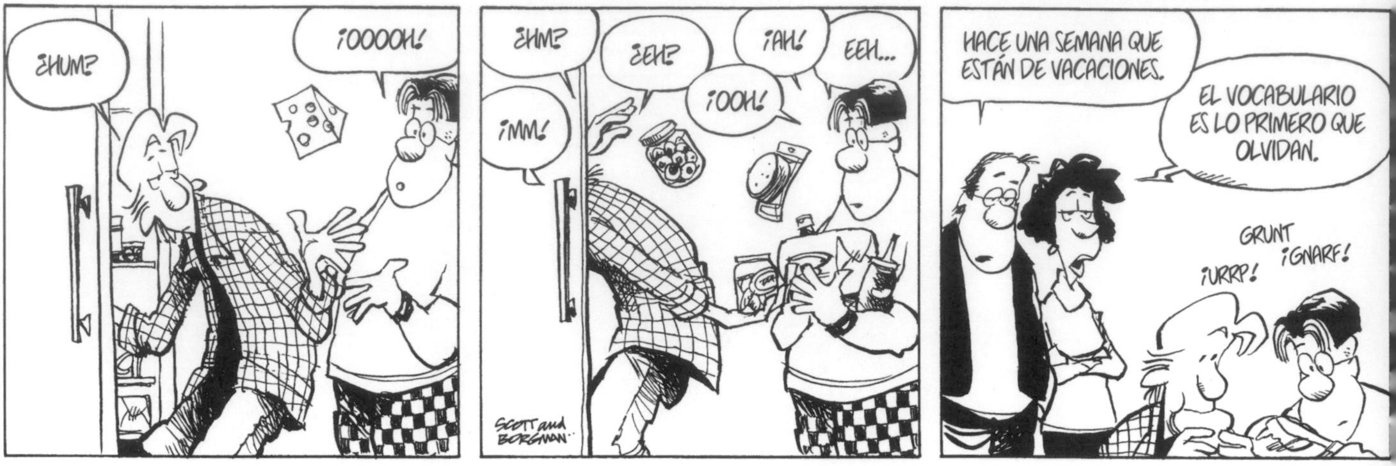
¿HUM?
¡OOOOH!
¿HM?
¡MM!
¿EH?
¡OOH!
¡AH!
EEH...
SCOTT and BORGMAN
HACE UNA SEMANA QUE ESTÁN DE VACACIONES.
EL VOCABULARIO ES LO PRIMERO QUE OLVIDAN.
GRUNT
¡GNARF!
¡URRP!

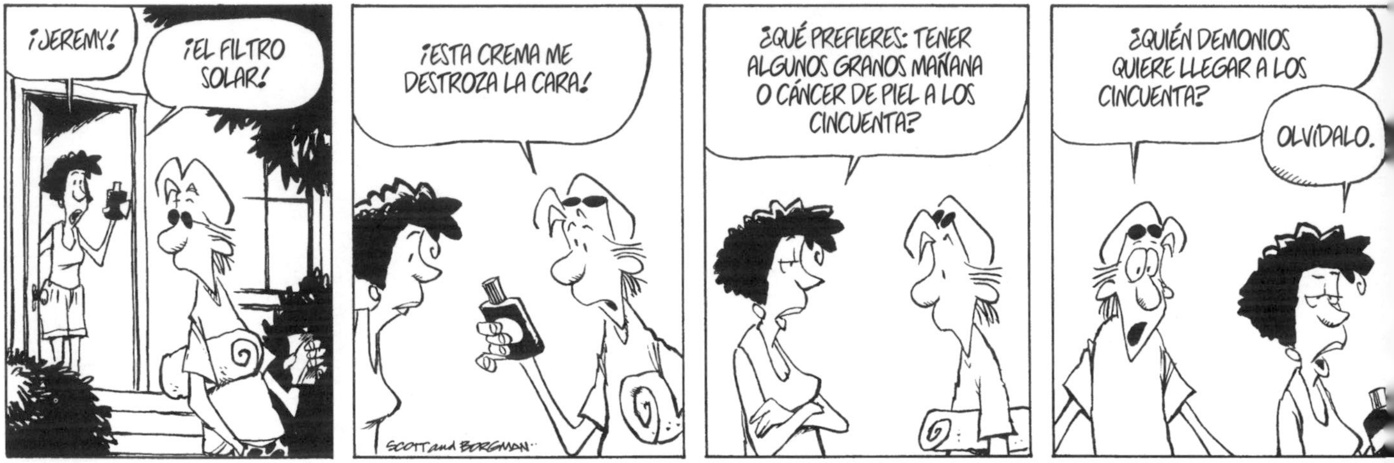
¡JEREMY!
¡EL FILTRO SOLAR!
¡ESTA CREMA ME DESTROZA LA CARA!
SCOTT and BORGMAN
¿QUÉ PREFIERES: TENER ALGUNOS GRANOS MAÑANA O CÁNCER DE PIEL A LOS CINCUENTA?
¿QUIÉN DEMONIOS QUIERE LLEGAR A LOS CINCUENTA?
OLVÍDALO.

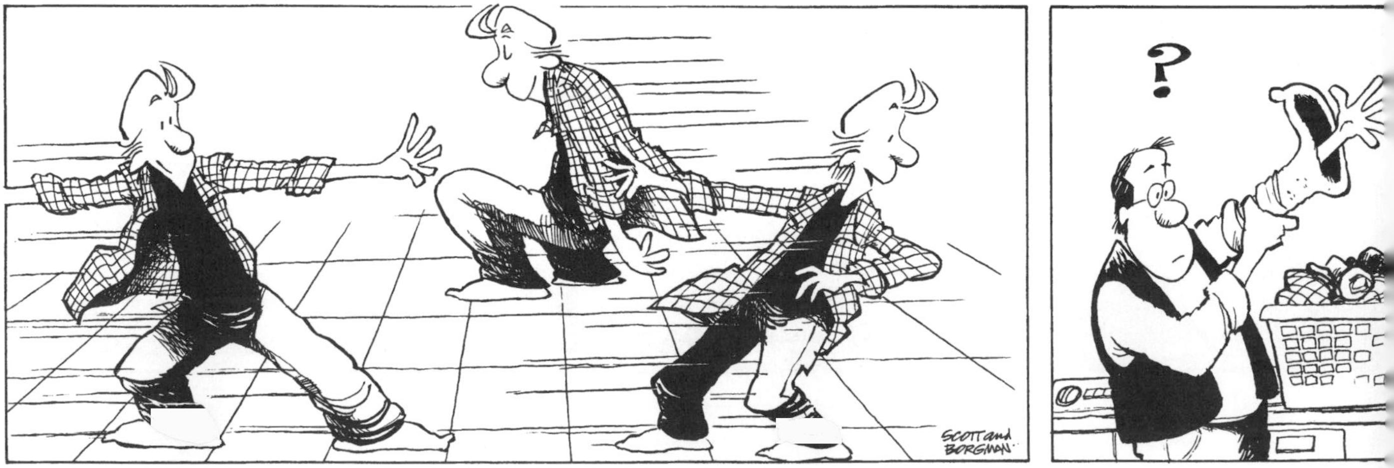
SCOTT and BORGMAN
?

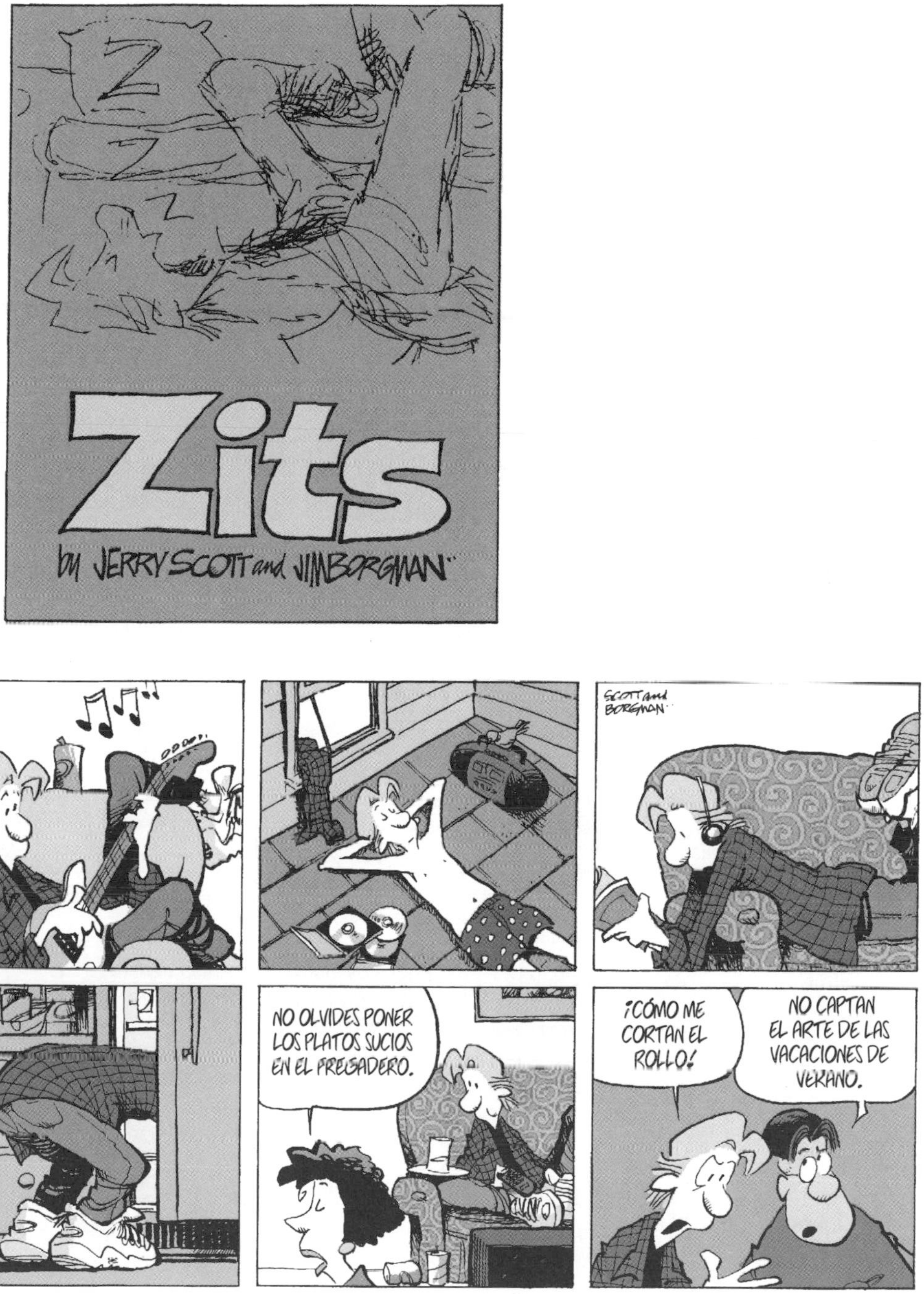
Zits
by JERRY SCOTT and JIM BORGMAN
Z
SCOTT and BORGMAN
NO OLVIDES PONER LOS PLATOS SUCIOS EN EL FREGADERO.
¡CÓMO ME CORTAN EL ROLLO!
NO CAPTAN EL ARTE DE LAS VACACIONES DE VERANO.

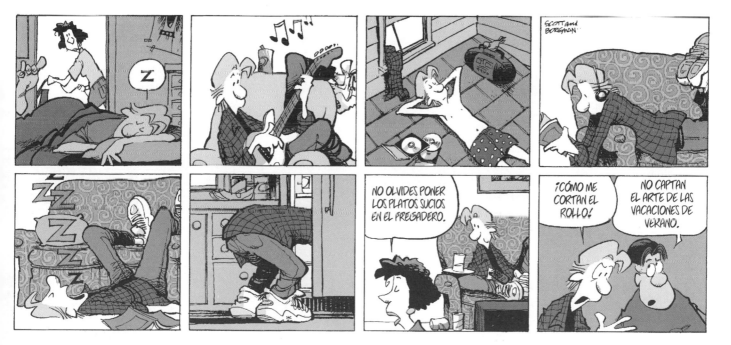

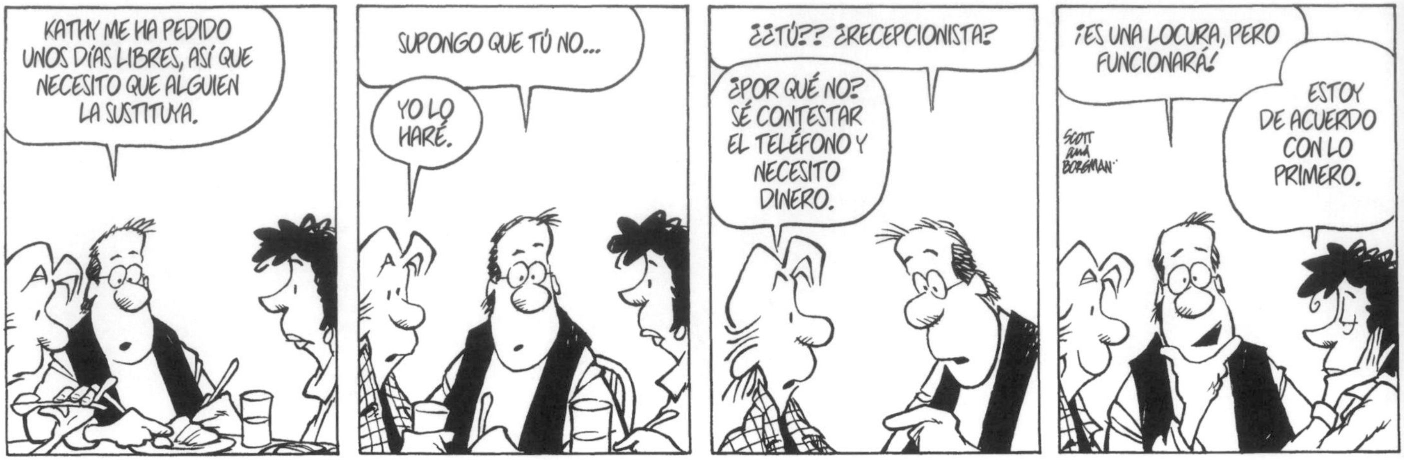
KATHY ME HA PEDIDO UNOS DÍAS LIBRES, ASÍ QUE NECESITO QUE ALGUIEN LA SUSTITUYA.
SUPONGO QUE TÚ NO...
YO LO HARÉ.
¿¿TÚ?? ¿RECEPCIONISTA?
¿POR QUÉ NO? SÉ CONTESTAR EL TELÉFONO Y NECESITO DINERO.
¡ES UNA LOCURA, PERO FUNCIONARÁ!
ESTOY DE ACUERDO CON LO PRIMERO.

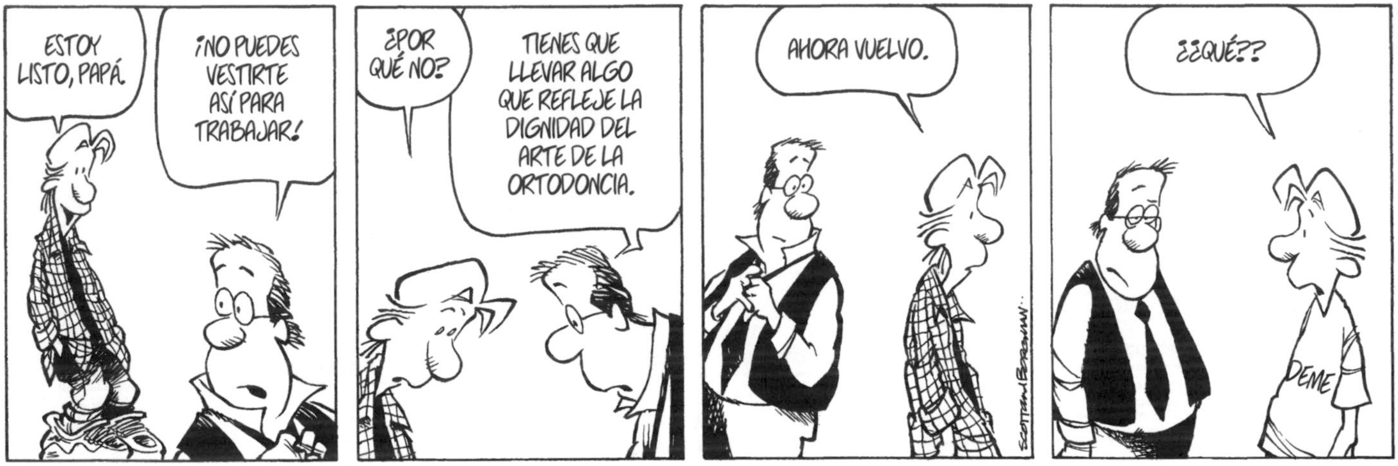
ESTOY LISTO, PAPÁ.
¡NO PUEDES VESTIRTE ASÍ PARA TRABAJAR!
¿POR QUÉ NO?
TIENES QUE LLEVAR ALGO QUE REFLEJE LA DIGNIDAD DEL ARTE DE LA ORTODONCIA.
AHORA VUELVO.
¿¿QUÉ??
DEME

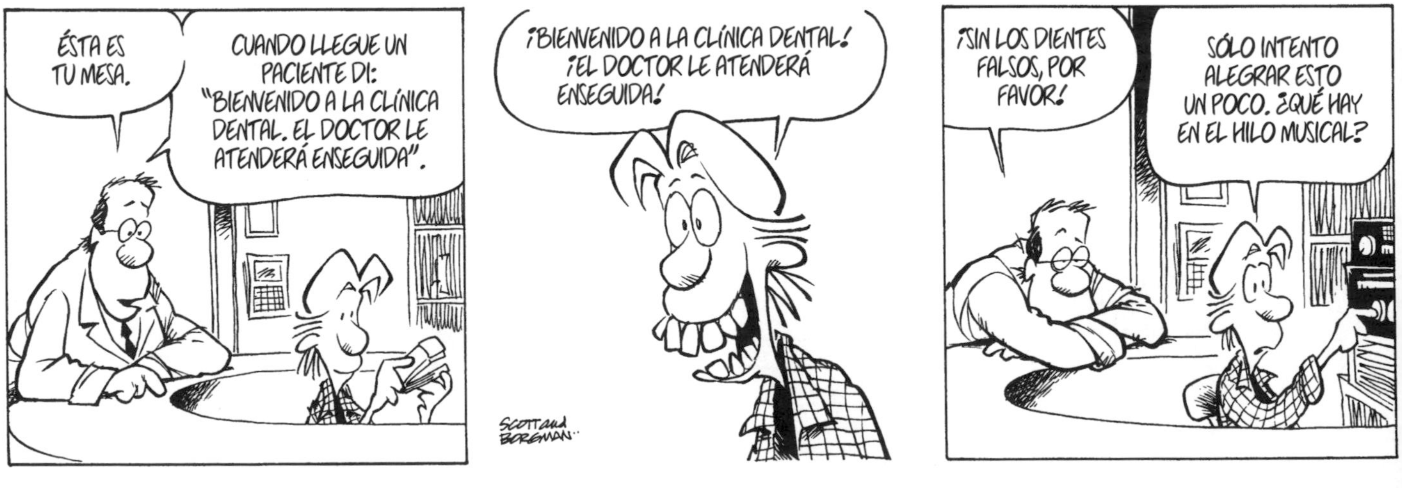
ÉSTA ES TU MESA.
CUANDO LLEGUE UN PACIENTE DI: "BIENVENIDO A LA CLÍNICA DENTAL. EL DOCTOR LE ATENDERÁ ENSEGUIDA".
¡BIENVENIDO A LA CLÍNICA DENTAL! ¡EL DOCTOR LE ATENDERÁ ENSEGUIDA!
¡SIN LOS DIENTES FALSOS, POR FAVOR!
SÓLO INTENTO ALEGRAR ESTO UN POCO. ¿QUÉ HAY EN EL HILO MUSICAL?

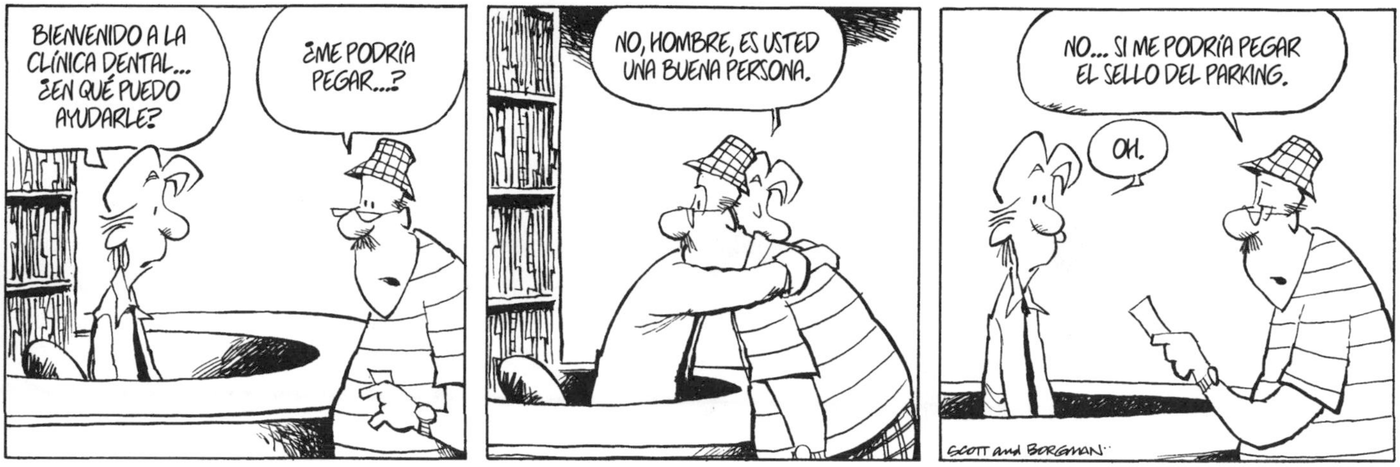
BIENVENIDO A LA CLÍNICA DENTAL... ¿EN QUÉ PUEDO AYUDARLE?
¿ME PODRÍA PEGAR...?
NO, HOMBRE, ES USTED UNA BUENA PERSONA.
NO... SI ME PODRÍA PEGAR EL SELLO DEL PARKING.
OH.
SCOTT and BORGMAN

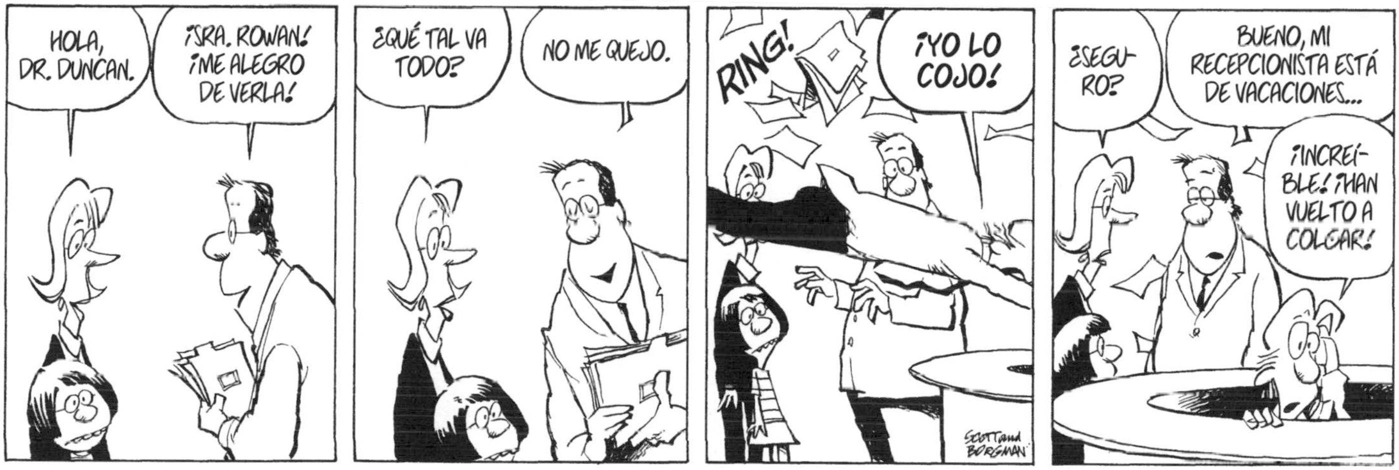
HOLA, DR. DUNCAN.
¡SRA. ROWAN! ¡ME ALEGRO DE VERLA!
¿QUÉ TAL VA TODO?
NO ME QUEJO.
RING!
¡YO LO COJO!
SCOTT and BORGMAN
¿SEGURO?
BUENO, MI RECEPCIONISTA ESTÁ DE VACACIONES...
¡INCREÍBLE! ¡HAN VUELTO A COLGAR!

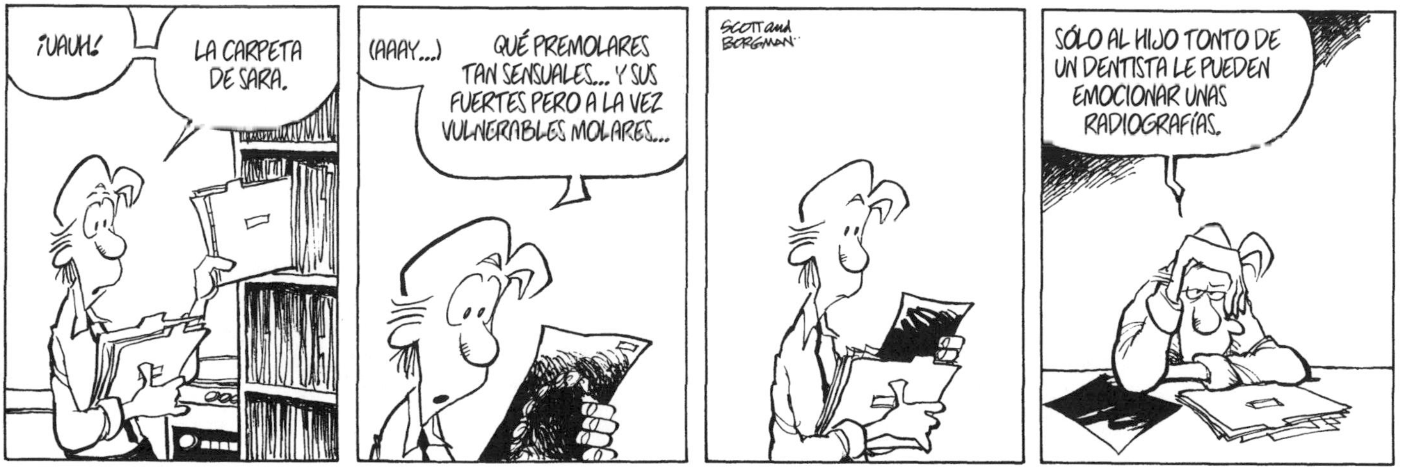
¡UAUH!
LA CARPETA DE SARA.
(AAAY...)
QUÉ PREMOLARES TAN SENSUALES... Y SUS FUERTES PERO A LA VEZ VULNERABLES MOLARES...
SCOTT and BORGMAN
SÓLO AL HIJO TONTO DE UN DENTISTA LE PUEDEN EMOCIONAR UNAS RADIOGRAFÍAS.

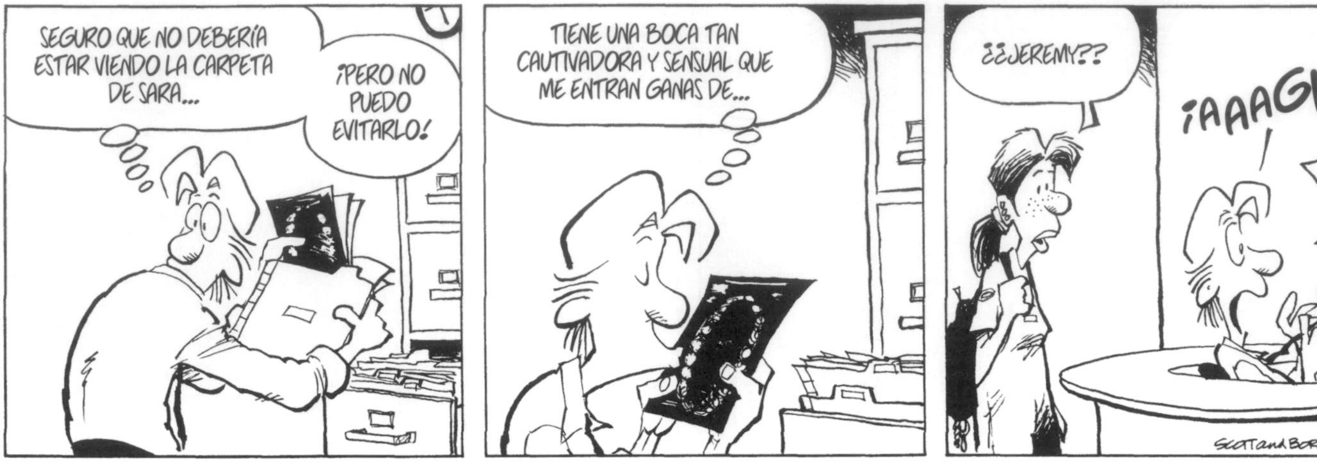
SEGURO QUE NO DEBERÍA ESTAR VIENDO LA CARPETA DE SARA...
¡PERO NO PUEDO EVITARLO!
TIENE UNA BOCA TAN CAUTIVADORA Y SENSUAL QUE ME ENTRAN GANAS DE...
¿¿JEREMY??
¡AAAGH!
SCOTT and BORGMAN

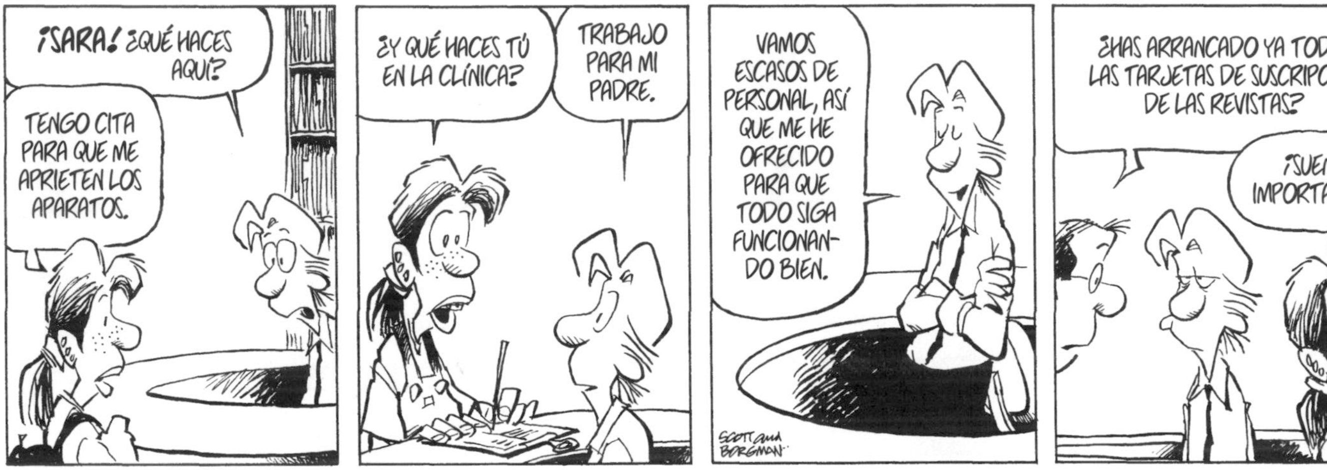
¡SARA! ¿QUÉ HACES AQUÍ?
TENGO CITA PARA QUE ME APRIETEN LOS APARATOS.
¿Y QUÉ HACES TÚ EN LA CLÍNICA?
TRABAJO PARA MI PADRE.
VAMOS ESCASOS DE PERSONAL, ASÍ QUE ME HE OFRECIDO PARA QUE TODO SIGA FUNCIONANDO BIEN.
SCOTT and BORGMAN
¿HAS ARRANCADO YA TODAS LAS TARJETAS DE SUSCRIPCIÓN DE LAS REVISTAS?
¡SUENA IMPORTANTE!

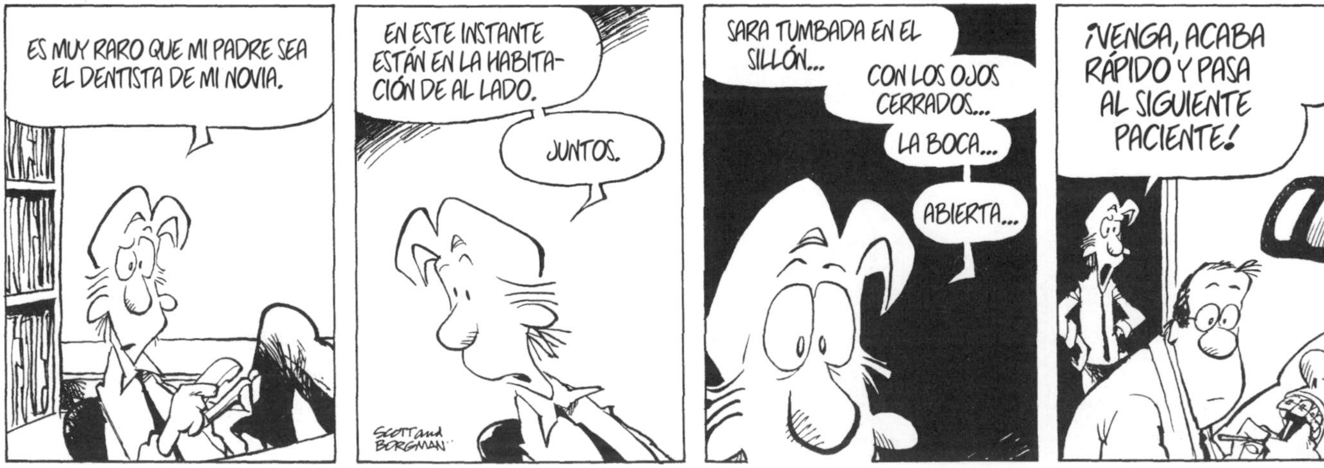
ES MUY RARO QUE MI PADRE SEA EL DENTISTA DE MI NOVIA.
EN ESTE INSTANTE ESTÁN EN LA HABITACIÓN DE AL LADO.
JUNTOS.
SCOTT and BORGMAN
SARA TUMBADA EN EL SILLÓN...
CON LOS OJOS CERRADOS...
LA BOCA...
ABIERTA...
¡VENGA, ACABA RÁPIDO Y PASA AL SIGUIENTE PACIENTE!

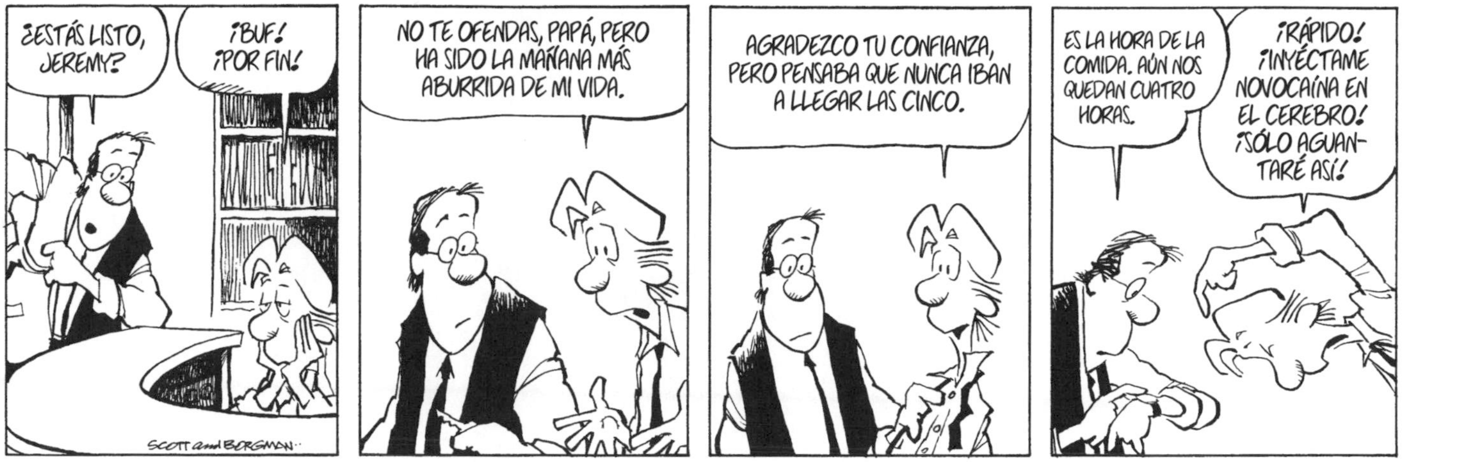

¿ESTÁS LISTO, JEREMY?
¡BUF! ¡POR FIN!
NO TE OFENDAS, PAPÁ, PERO HA SIDO LA MAÑANA MÁS ABURRIDA DE MI VIDA.
AGRADEZCO TU CONFIANZA, PERO PENSABA QUE NUNCA IBAN A LLEGAR LAS CINCO.
ES LA HORA DE LA COMIDA. AÚN NOS QUEDAN CUATRO HORAS.
¡RÁPIDO! ¡INYÉCTAME NOVOCAÍNA EN EL CEREBRO! ¡SÓLO AGUANTARÉ ASÍ!
SCOTT and BORGMAN

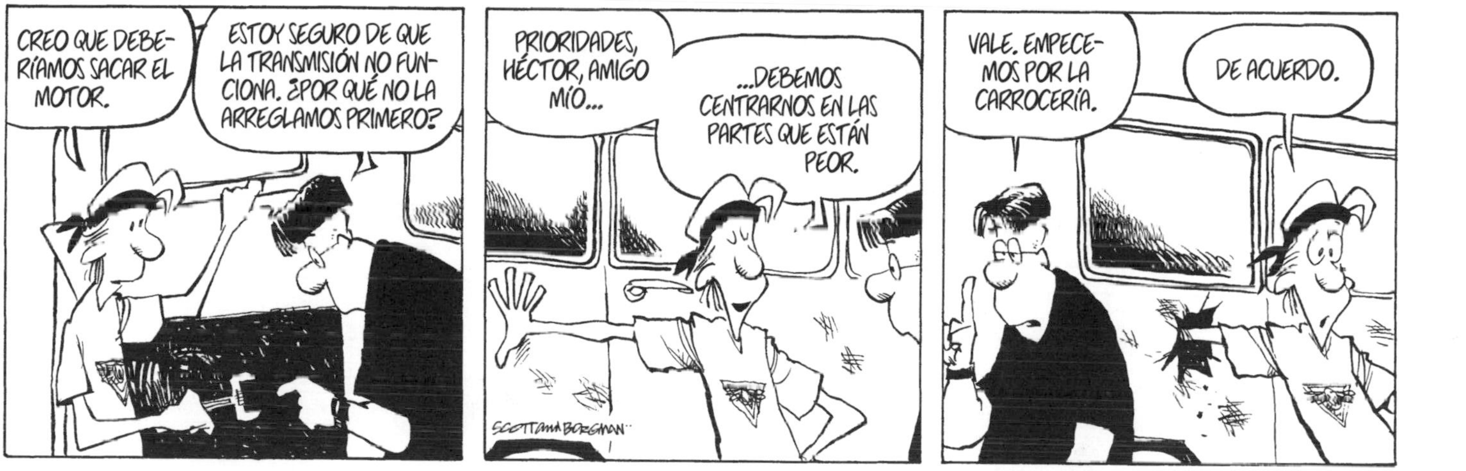

CREO QUE DEBERÍAMOS SACAR EL MOTOR.
ESTOY SEGURO DE QUE LA TRANSMISIÓN NO FUNCIONA. ¿POR QUÉ NO LA ARREGLAMOS PRIMERO?
PRIORIDADES, HÉCTOR, AMIGO MÍO...
...DEBEMOS CENTRARNOS EN LAS PARTES QUE ESTÁN PEOR.
SCOTT and BORGMAN
VALE. EMPECEMOS POR LA CARROCERÍA.
DE ACUERDO.

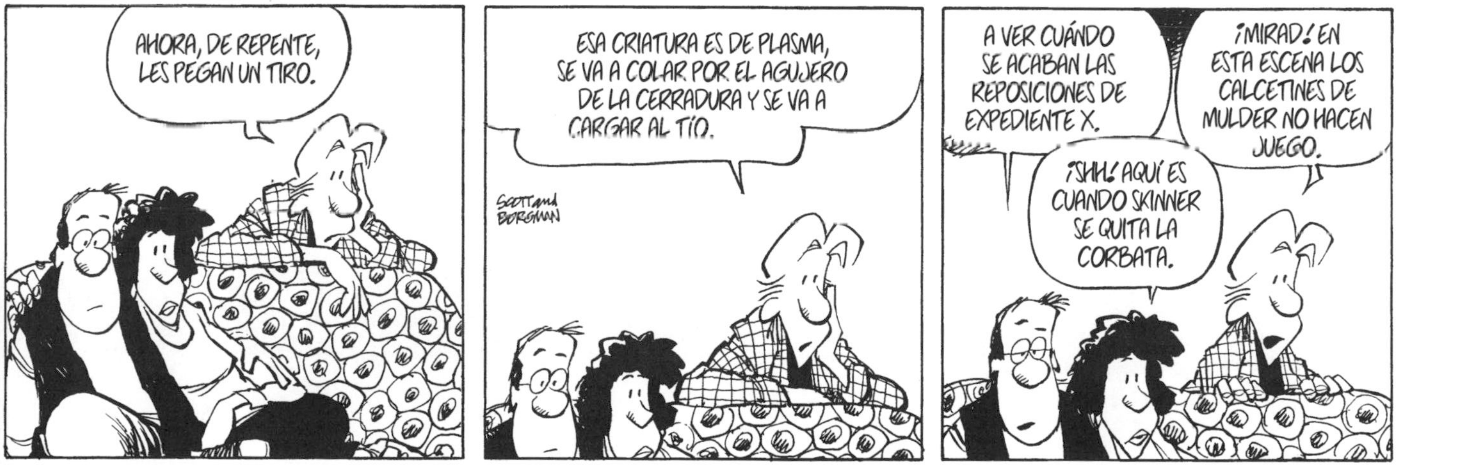

AHORA, DE REPENTE, LES PEGAN UN TIRO.
ESA CRIATURA ES DE PLASMA, SE VA A COLAR POR EL AGUJERO DE LA CERRADURA Y SE VA A CARGAR AL TÍO.
SCOTT and BORGMAN
A VER CUÁNDO SE ACABAN LAS REPOSICIONES DE EXPEDIENTE X.
¡MIRAD! EN ESTA ESCENA LOS CALCETINES DE MULDER NO HACEN JUEGO.
¡SHH! AQUÍ ES CUANDO SKINNER SE QUITA LA CORBATA.

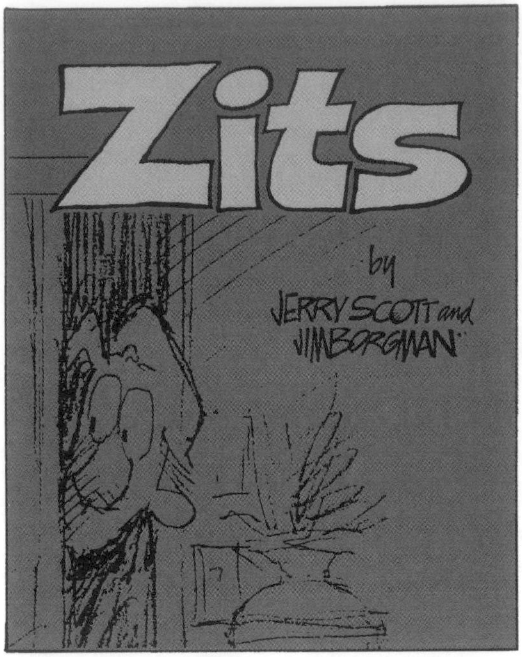
Zits
by
JERRY SCOTT and
JIM BORGMAN

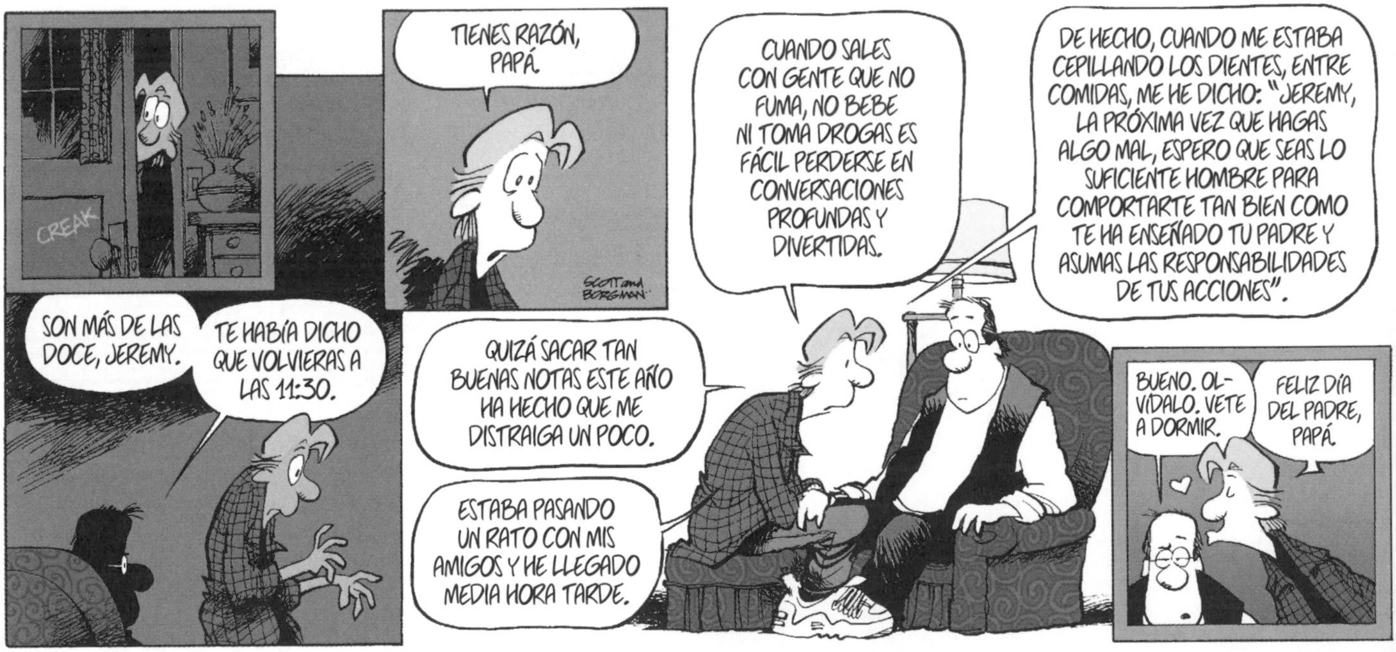
CREAK
SON MÁS DE LAS DOCE, JEREMY.
TE HABÍA DICHO QUE VOLVIERAS A LAS 11:30.
ESTABA PASANDO UN RATO CON MIS AMIGOS Y HE LLEGADO MEDIA HORA TARDE.
QUIZÁ SACAR TAN BUENAS NOTAS ESTE AÑO HA HECHO QUE ME DISTRAIGA UN POCO.
CUANDO SALES CON GENTE QUE NO FUMA, NO BEBE NI TOMA DROGAS ES FÁCIL PERDERSE EN CONVERSACIONES PROFUNDAS Y DIVERTIDAS.
DE HECHO, CUANDO ME ESTABA CEPILLANDO LOS DIENTES, ENTRE COMIDAS, ME HE DICHO: "JEREMY, LA PRÓXIMA VEZ QUE HAGAS ALGO MAL, ESPERO QUE SEAS LO SUFICIENTE HOMBRE PARA COMPORTARTE TAN BIEN COMO TE HA ENSEÑADO TU PADRE Y ASUMAS LAS RESPONSABILIDADES DE TUS ACCIONES".
BUENO. OL-VIDALO. VETE A DORMIR.
FELIZ DÍA DEL PADRE, PAPÁ.
TIENES RAZÓN, PAPÁ.
SCOTT and BORGMAN

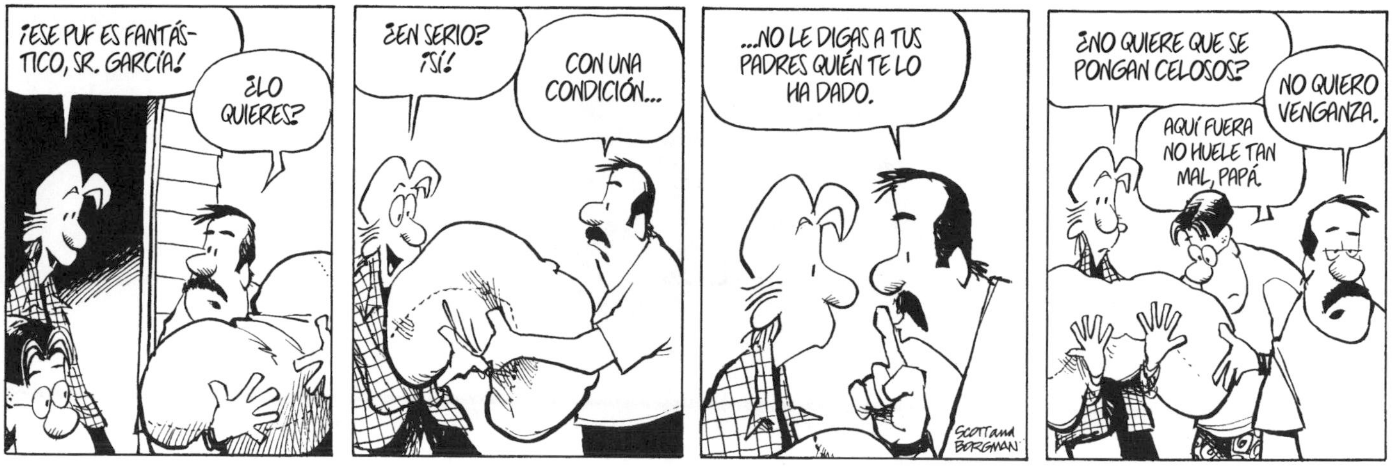
¡ESE PUF ES FANTÁS-
TICO, SR. GARCÍA!
¿LO
QUIERES?
¿EN SERIO?
¡SÍ!
CON UNA
CONDICIÓN...
...NO LE DIGAS A TUS
PADRES QUIÉN TE LO
HA DADO.
¿NO QUIERE QUE SE
PONGAN CELOSOS?
NO QUIERO
VENGANZA.
AQUÍ FUERA
NO HUELE TAN
MAL, PAPÁ.

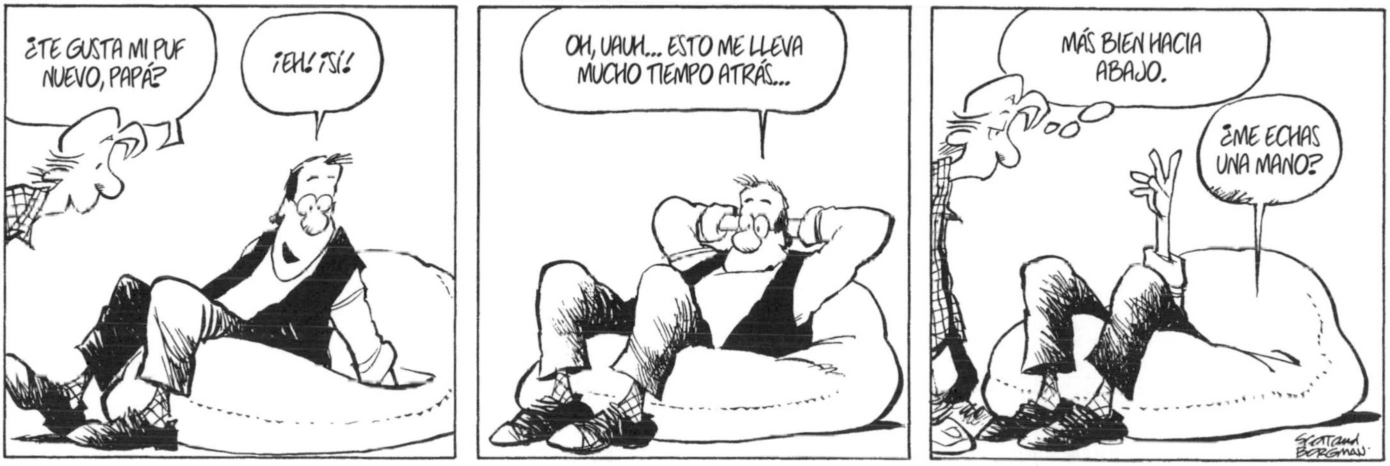
¿TE GUSTA MI PUF
NUEVO, PAPÁ?
¡EH! ¡SÍ!
OH, UAUH... ESTO ME LLEVA
MUCHO TIEMPO ATRÁS...
MÁS BIEN HACIA
ABAJO.
¿ME ECHAS
UNA MANO?

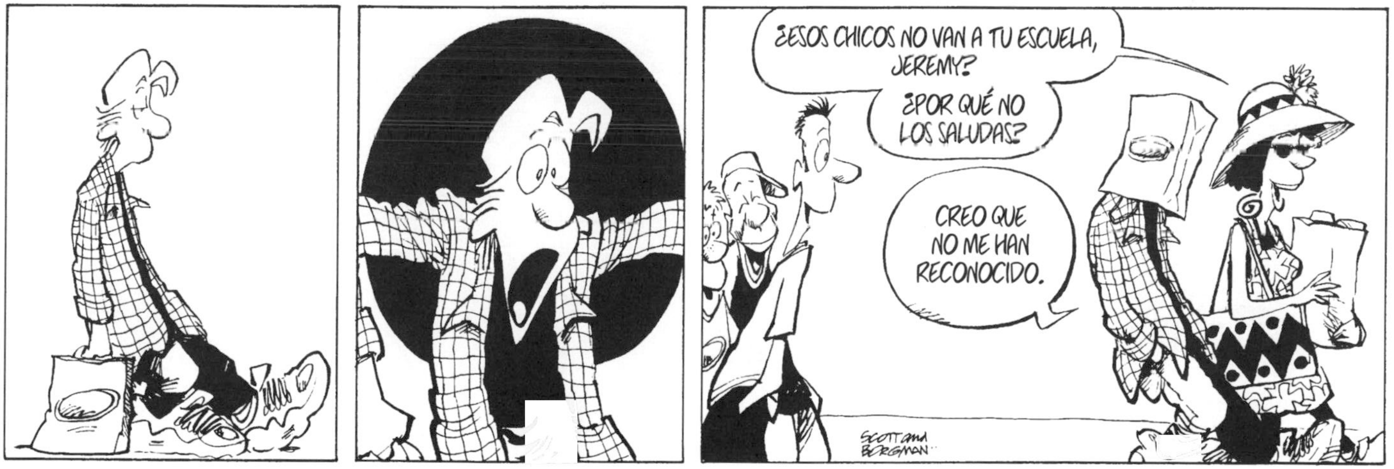
¿ESOS CHICOS NO VAN A TU ESCUELA,
JEREMY?
¿POR QUÉ NO
LOS SALUDAS?
CREO QUE
NO ME HAN
RECONOCIDO.

Zits
JERRY SCOTT and
JIM BORGMAN

SCOTT and BORGMAN
RECUERDO CLARAMENTE QUE HAS DICHO QUE ESTARÍAS FUERA UNA HORA...
VOY A POR EL PERIÓDICO. NECESITAS UN TRABAJO PARA EL VERANO.

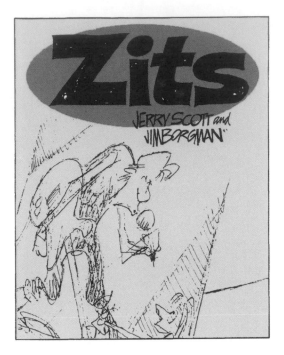

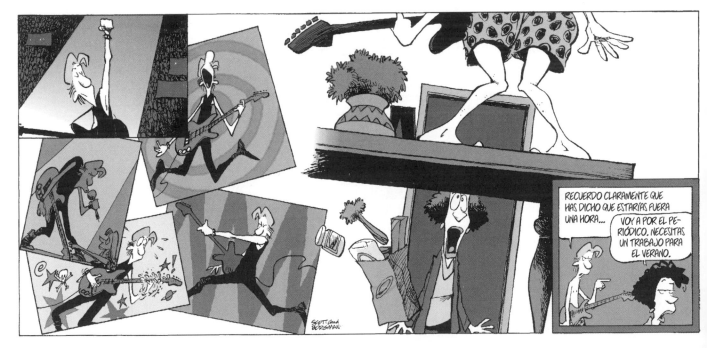

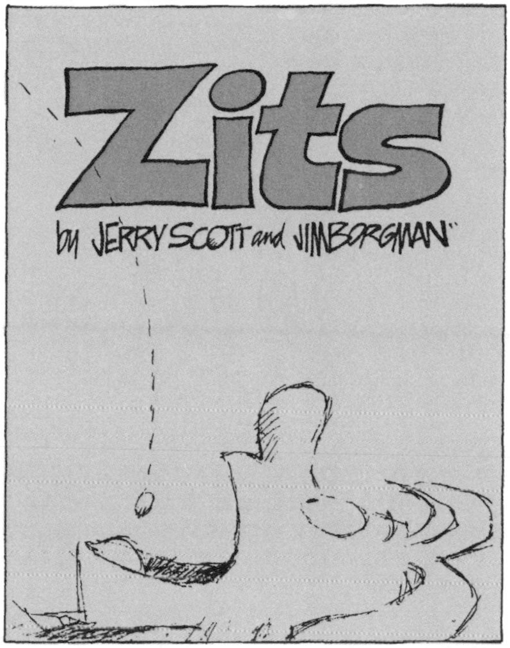
Zits
by JERRY SCOTT and JIM BORGMAN

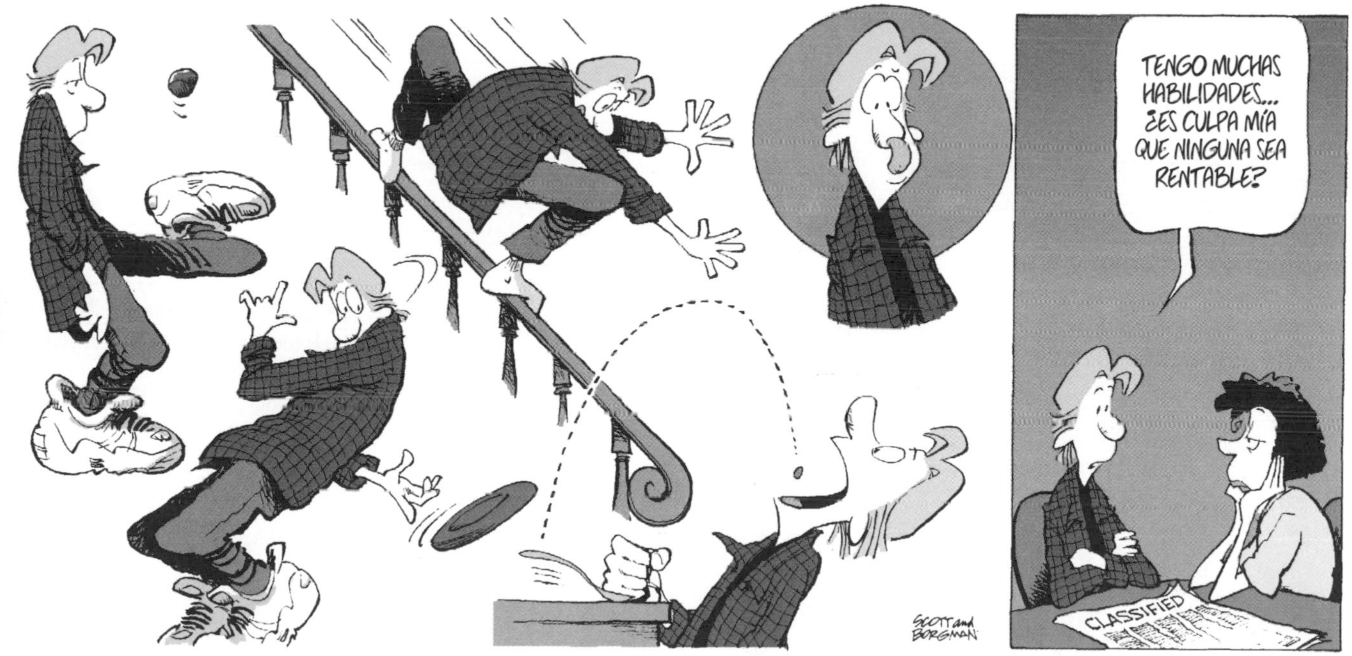
TENGO MUCHAS HABILIDADES... ¿ES CULPA MÍA QUE NINGUNA SEA RENTABLE?
SCOTT and BORGMAN
CLASSIFIED

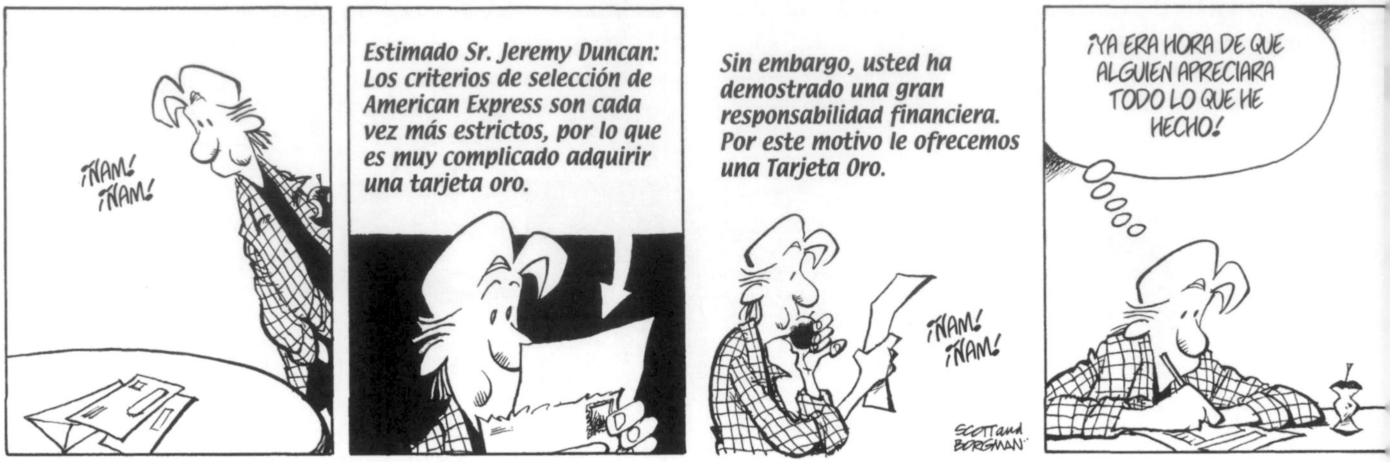
¡ÑAM! ¡ÑAM!
Estimado Sr. Jeremy Duncan: Los criterios de selección de American Express son cada vez más estrictos, por lo que es muy complicado adquirir una tarjeta oro.
Sin embargo, usted ha demostrado una gran responsabilidad financiera. Por este motivo le ofrecemos una Tarjeta Oro.
¡ÑAM! ¡ÑAM!
SCOTT and BORGMAN
¡YA ERA HORA DE QUE ALGUIEN APRECIARA TODO LO QUE HE HECHO!

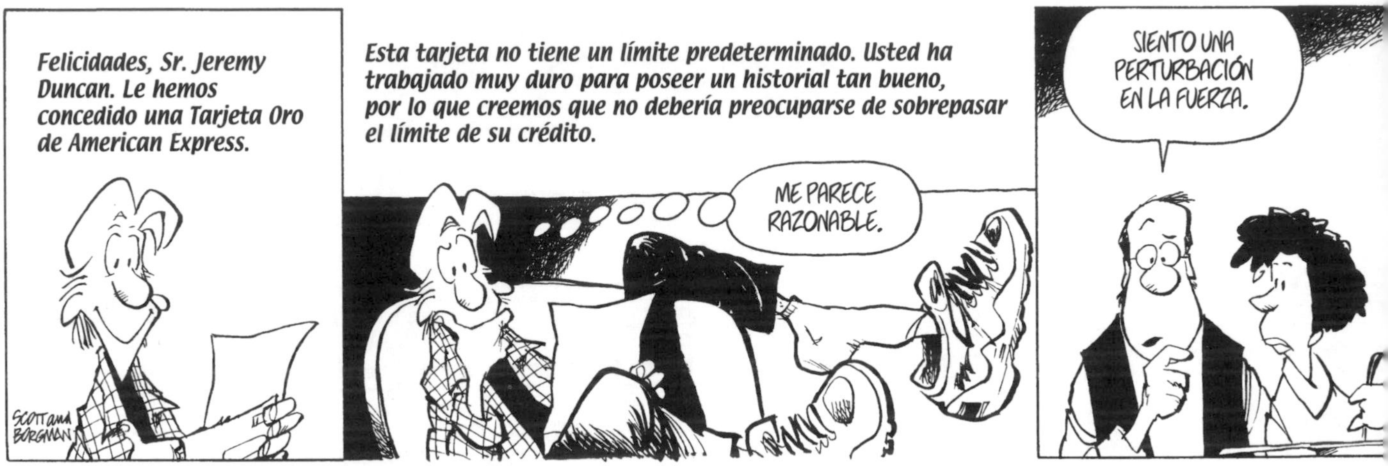
Felicidades, Sr. Jeremy Duncan. Le hemos concedido una Tarjeta Oro de American Express.
SCOTT and BORGMAN
Esta tarjeta no tiene un límite predeterminado. Usted ha trabajado muy duro para poseer un historial tan bueno, por lo que creemos que no debería preocuparse de sobrepasar el límite de su crédito.
ME PARECE RAZONABLE.
SIENTO UNA PERTURBACIÓN EN LA FUERZA.

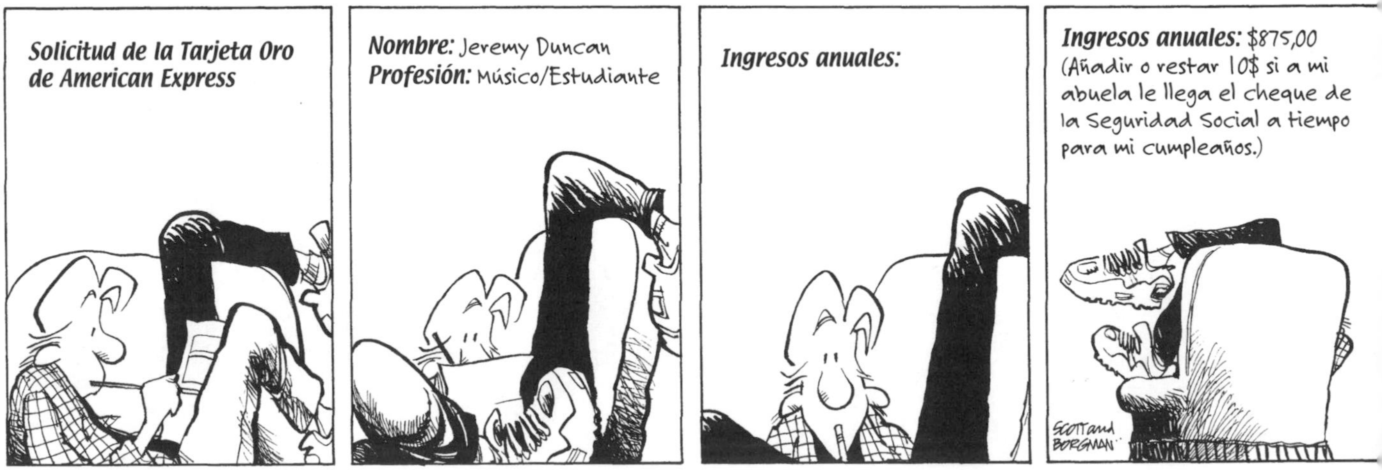
Solicitud de la Tarjeta Oro de American Express
Nombre: Jeremy Duncan
Profesión: Músico/Estudiante
Ingresos anuales:
Ingresos anuales: $875,00
(Añadir o restar 10$ si a mi abuela le llega el cheque de la Seguridad Social a tiempo para mi cumpleaños.)
SCOTT and BORGMAN

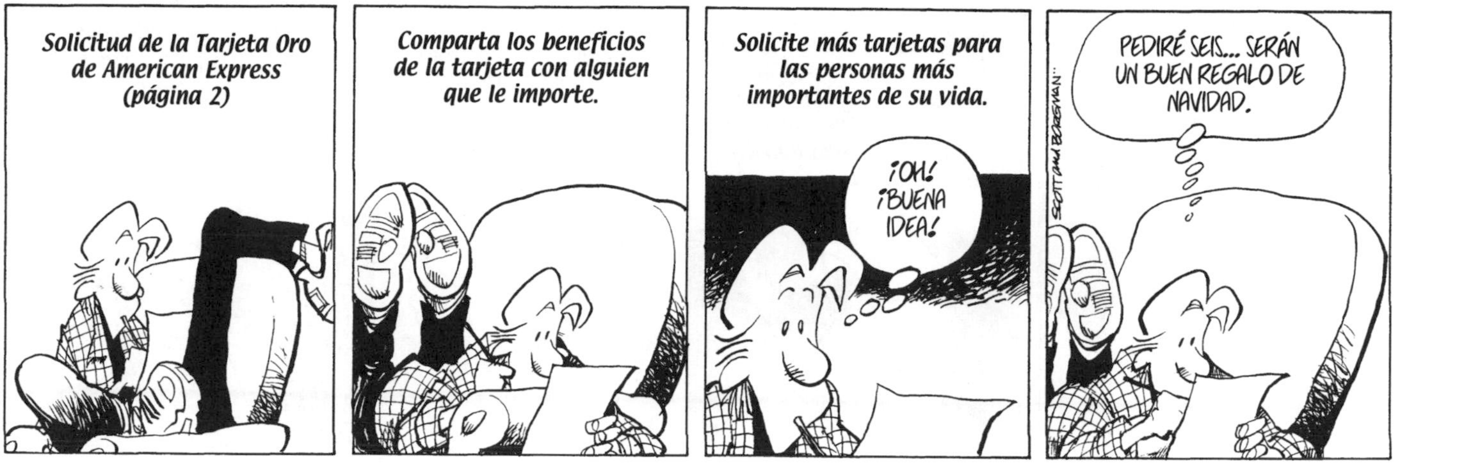
Solicitud de la Tarjeta Oro de American Express (página 2)
Comparta los beneficios de la tarjeta con alguien que le importe.
Solicite más tarjetas para las personas más importantes de su vida.
¡OH! ¡BUENA IDEA!
SCOTT and BORGMAN
PEDIRÉ SEIS... SERÁN UN BUEN REGALO DE NAVIDAD.

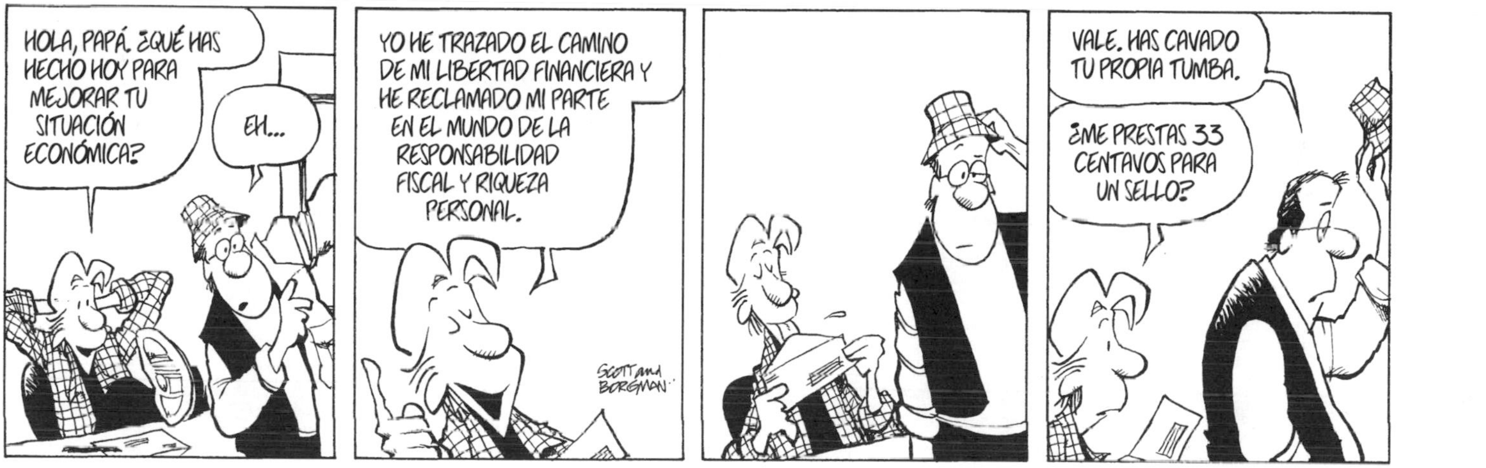
HOLA, PAPÁ. ¿QUÉ HAS HECHO HOY PARA MEJORAR TU SITUACIÓN ECONÓMICA?
EH...
YO HE TRAZADO EL CAMINO DE MI LIBERTAD FINANCIERA Y HE RECLAMADO MI PARTE EN EL MUNDO DE LA RESPONSABILIDAD FISCAL Y RIQUEZA PERSONAL.
SCOTT and BORGMAN
VALE. HAS CAVADO TU PROPIA TUMBA.
¿ME PRESTAS 33 CENTAVOS PARA UN SELLO?

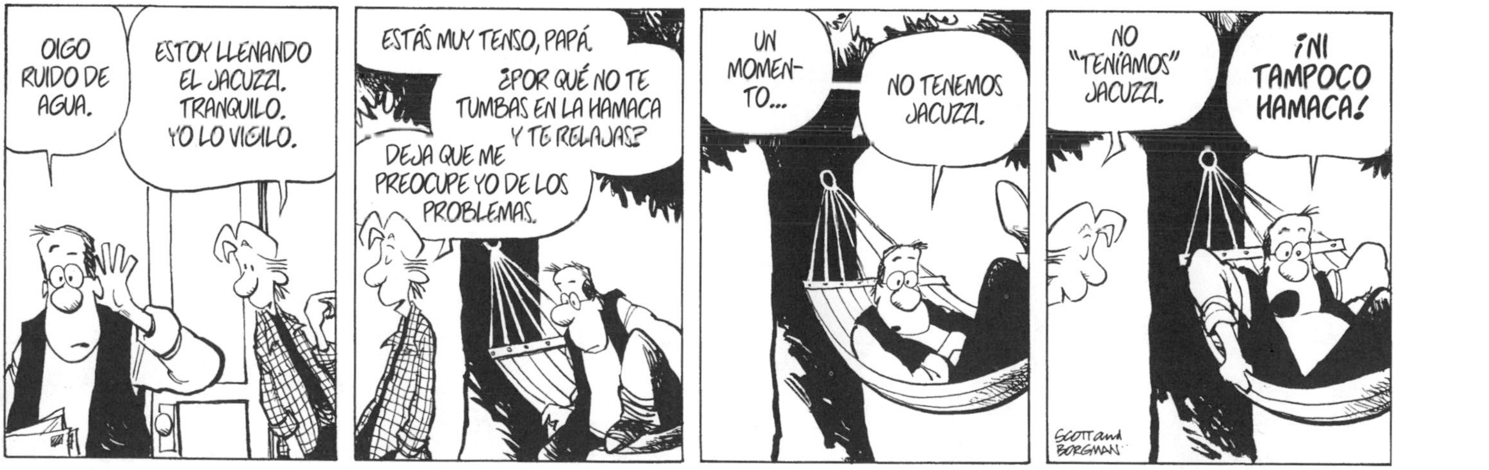
OIGO RUIDO DE AGUA.
ESTOY LLENANDO EL JACUZZI. TRANQUILO. YO LO VIGILO.
ESTÁS MUY TENSO, PAPÁ.
¿POR QUÉ NO TE TUMBAS EN LA HAMACA Y TE RELAJAS?
DEJA QUE ME PREOCUPE YO DE LOS PROBLEMAS.
UN MOMEN-TO...
NO TENEMOS JACUZZI.
NO "TENÍAMOS" JACUZZI.
¡NI TAMPOCO HAMACA!
SCOTT and BORGMAN

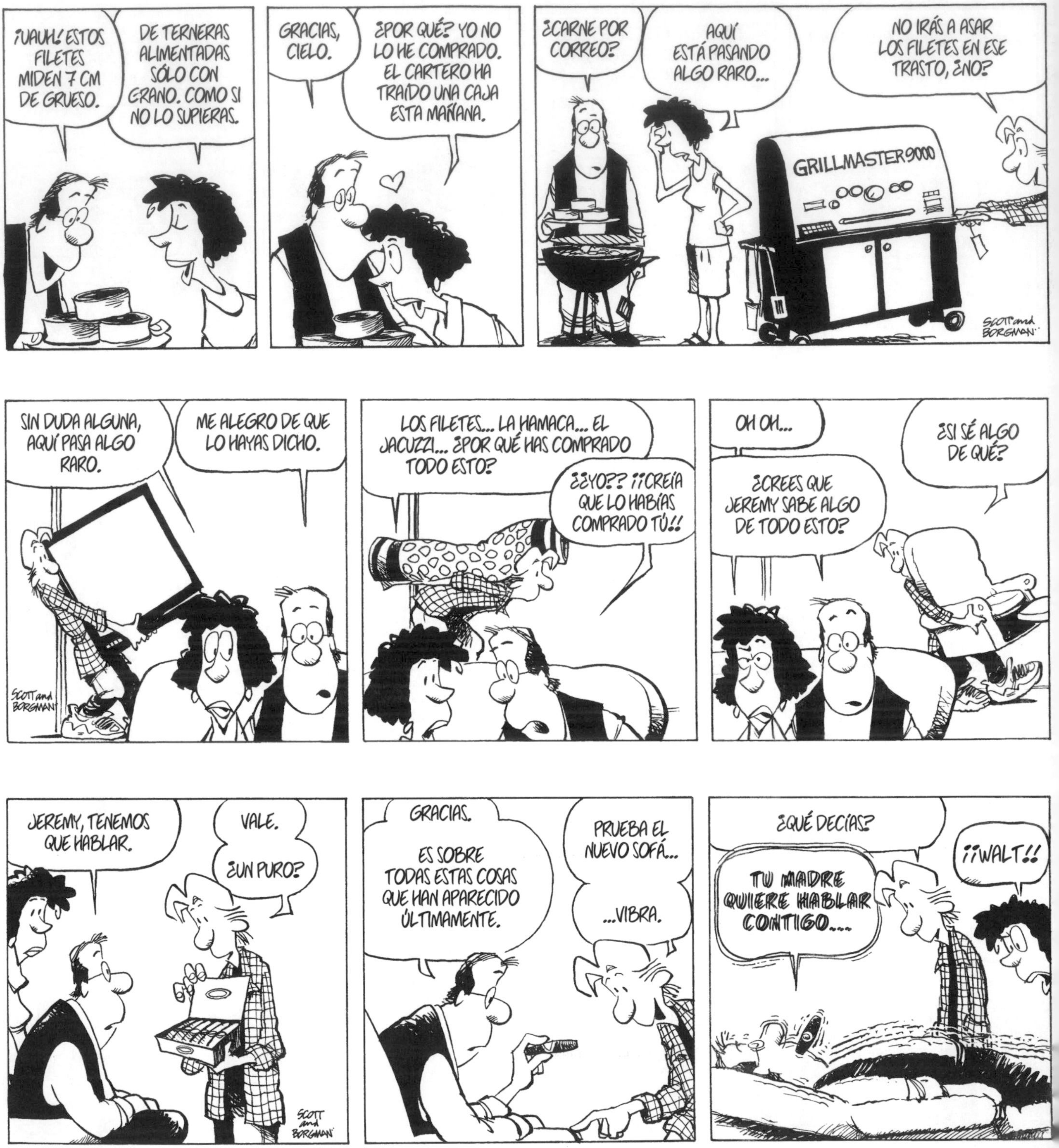
¡UAUH! ESTOS FILETES MIDEN 7 CM DE GRUESO.
DE TERNERAS ALIMENTADAS SÓLO CON GRANO. COMO SI NO LO SUPIERAS.
GRACIAS, CIELO.
¿POR QUÉ? YO NO LO HE COMPRADO. EL CARTERO HA TRAÍDO UNA CAJA ESTA MAÑANA.
¿CARNE POR CORREO?
AQUÍ ESTÁ PASANDO ALGO RARO...
NO IRÁS A ASAR LOS FILETES EN ESE TRASTO, ¿NO?
GRILLMASTER 9000
SCOTT and BORGMAN
SIN DUDA ALGUNA, AQUÍ PASA ALGO RARO.
ME ALEGRO DE QUE LO HAYAS DICHO.
SCOTT and BORGMAN
LOS FILETES... LA HAMACA... EL JACUZZI... ¿POR QUÉ HAS COMPRADO TODO ESTO?
¿¿YO?? ¡¡CREÍA QUE LO HABÍAS COMPRADO TÚ!!
OH OH...
¿CREES QUE JEREMY SABE ALGO DE TODO ESTO?
¿SI SÉ ALGO DE QUÉ?
JEREMY, TENEMOS QUE HABLAR.
VALE.
¿UN PURO?
SCOTT and BORGMAN
GRACIAS.
ES SOBRE TODAS ESTAS COSAS QUE HAN APARECIDO ÚLTIMAMENTE.
PRUEBA EL NUEVO SOFÁ...
...VIBRA.
¿QUÉ DECÍAS?
TU MADRE QUIERE HABLAR CONTIGO....
¡¡WALT!!

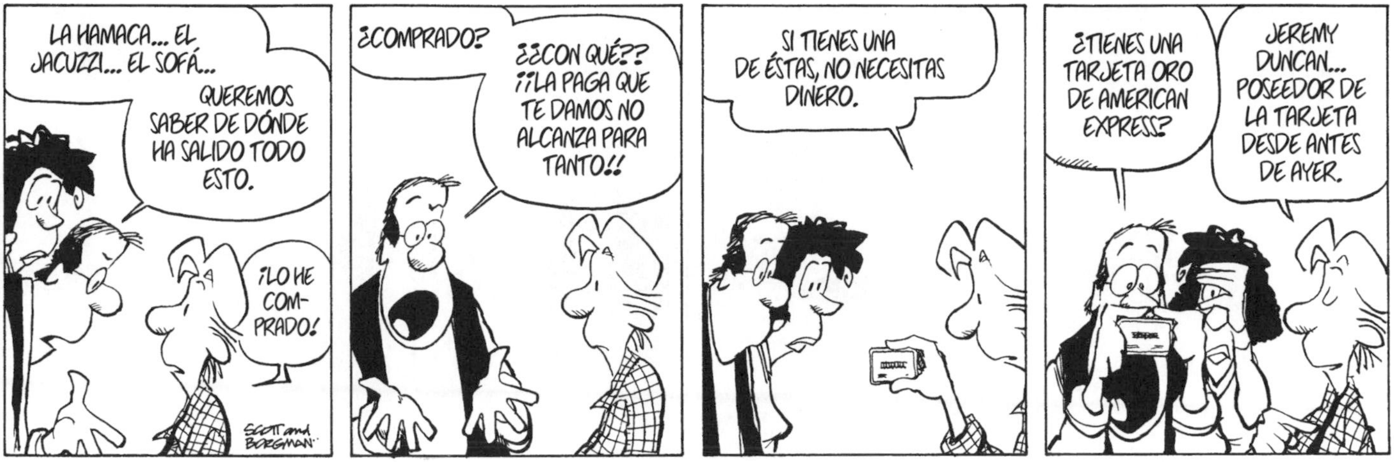
LA HAMACA... EL JACUZZI... EL SOFÁ...
QUEREMOS SABER DE DÓNDE HA SALIDO TODO ESTO.
¡LO HE COMPRADO!
SCOTT and BORGMAN
¿COMPRADO?
¿¿CON QUÉ?? ¡¡LA PAGA QUE TE DAMOS NO ALCANZA PARA TANTO!!
SI TIENES UNA DE ÉSTAS, NO NECESITAS DINERO.
¿TIENES UNA TARJETA ORO DE AMERICAN EXPRESS?
JEREMY DUNCAN... POSEEDOR DE LA TARJETA DESDE ANTES DE AYER.

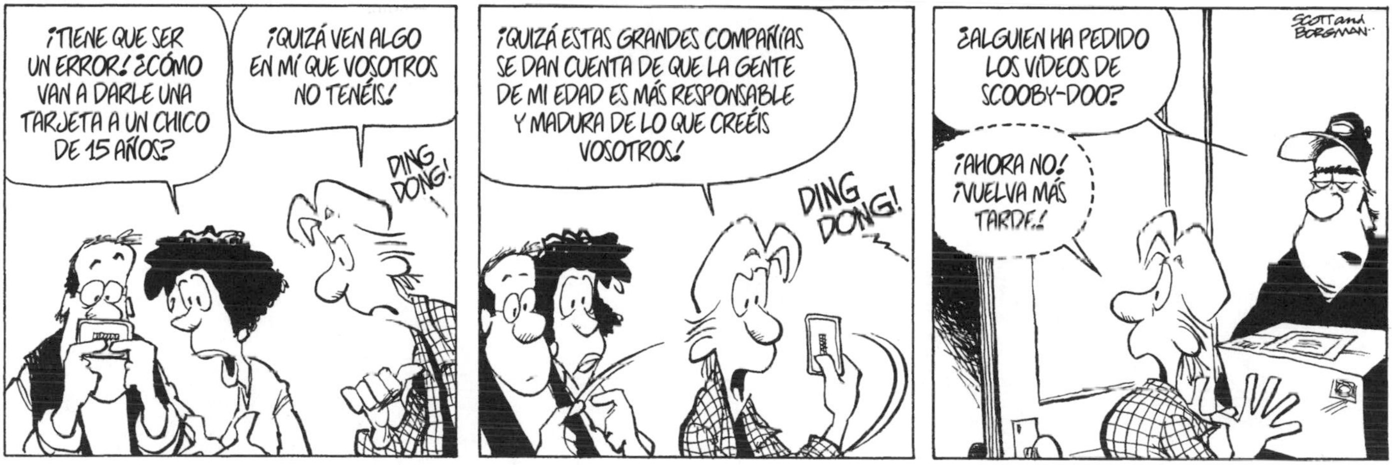
¡TIENE QUE SER UN ERROR! ¿CÓMO VAN A DARLE UNA TARJETA A UN CHICO DE 15 AÑOS?
¡QUIZÁ VEN ALGO EN MÍ QUE VOSOTROS NO TENÉIS!
DING DONG!
¡QUIZÁ ESTAS GRANDES COMPAÑÍAS SE DAN CUENTA DE QUE LA GENTE DE MI EDAD ES MÁS RESPONSABLE Y MADURA DE LO QUE CREÉIS VOSOTROS!
DING DONG!
SCOTT and BORGMAN
¿ALGUIEN HA PEDIDO LOS VÍDEOS DE SCOOBY-DOO?
¡AHORA NO! ¡VUELVA MÁS TARDE!

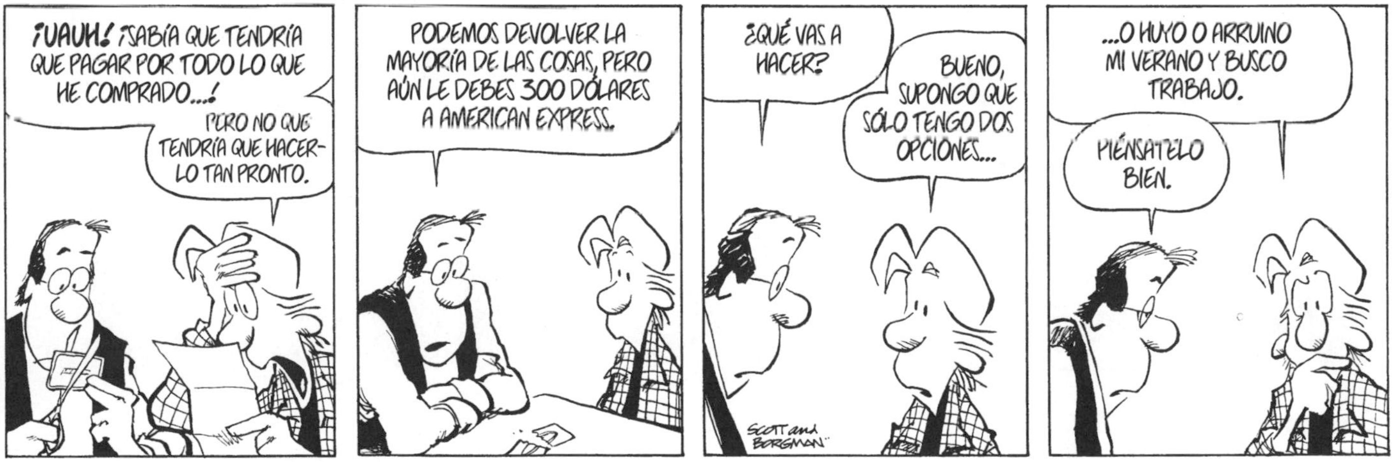
¡UAUH! ¡SABÍA QUE TENDRÍA QUE PAGAR POR TODO LO QUE HE COMPRADO...!
PERO NO QUE TENDRÍA QUE HACERLO TAN PRONTO.
PODEMOS DEVOLVER LA MAYORÍA DE LAS COSAS, PERO AÚN LE DEBES 300 DÓLARES A AMERICAN EXPRESS.
¿QUÉ VAS A HACER?
BUENO, SUPONGO QUE SÓLO TENGO DOS OPCIONES...
SCOTT and BORGMAN
...O HUYO O ARRUINO MI VERANO Y BUSCO TRABAJO.
PIÉNSATELO BIEN.

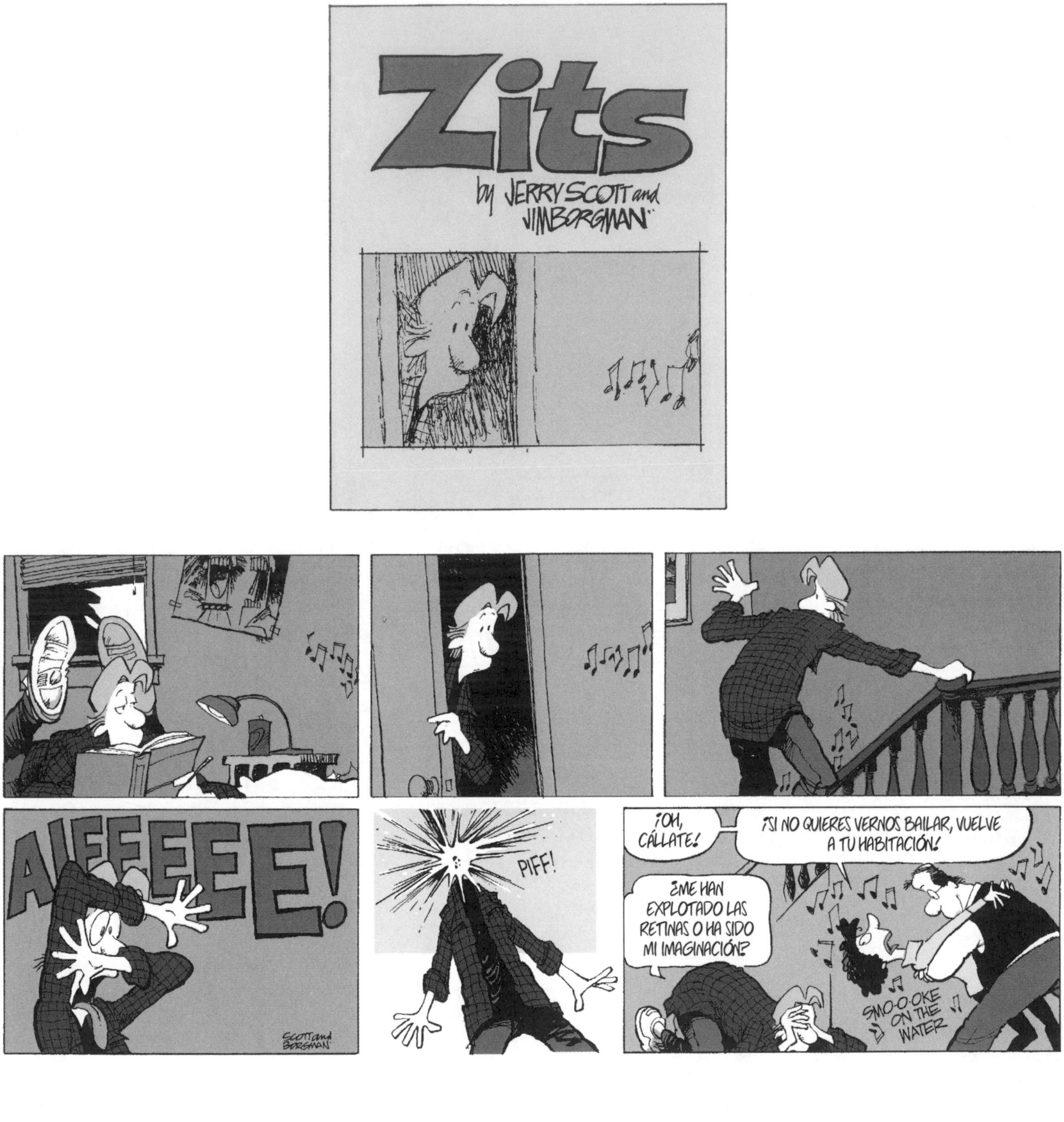
Zits
by JERRY SCOTT and JIM BORGMAN
AIEEEEEE!
SCOTT and BORGMAN
PIFF!
¡OH, CÁLLATE!
¡SI NO QUIERES VERNOS BAILAR, VUELVE A TU HABITACIÓN!
¿ME HAN EXPLOTADO LAS RETINAS O HA SIDO MI IMAGINACIÓN?
SMO-O-OKE ON THE WATER

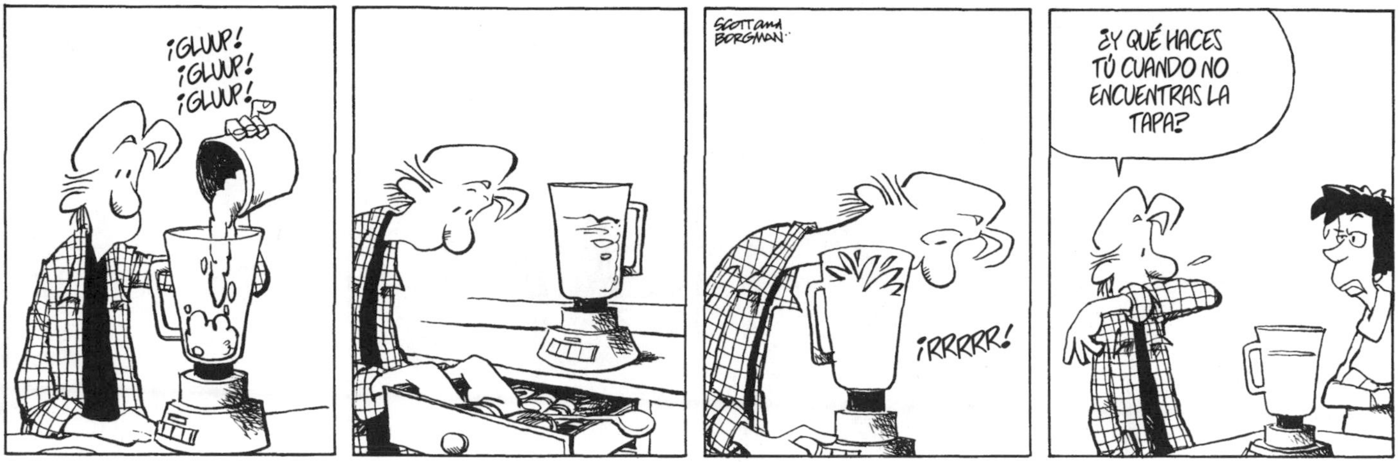
¡GLUUP!
¡GLUUP!
¡GLUUP!
SCOTT AND BORGMAN
¡RRRRR!
¿Y QUÉ HACES TÚ CUANDO NO ENCUENTRAS LA TAPA?

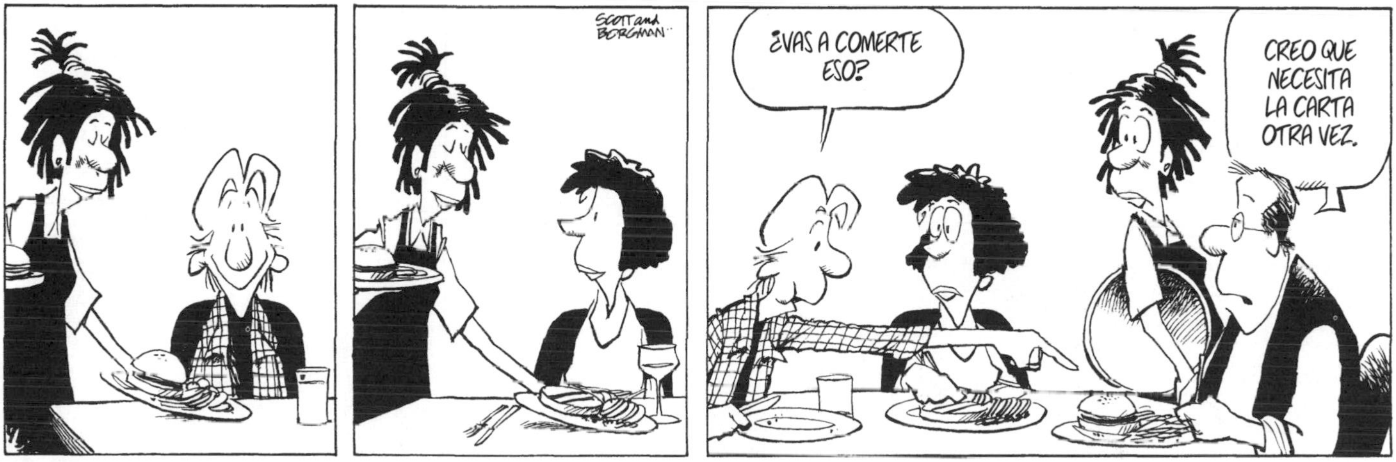
SCOTT AND BORGMAN
¿VAS A COMERTE ESO?
CREO QUE NECESITA LA CARTA OTRA VEZ.

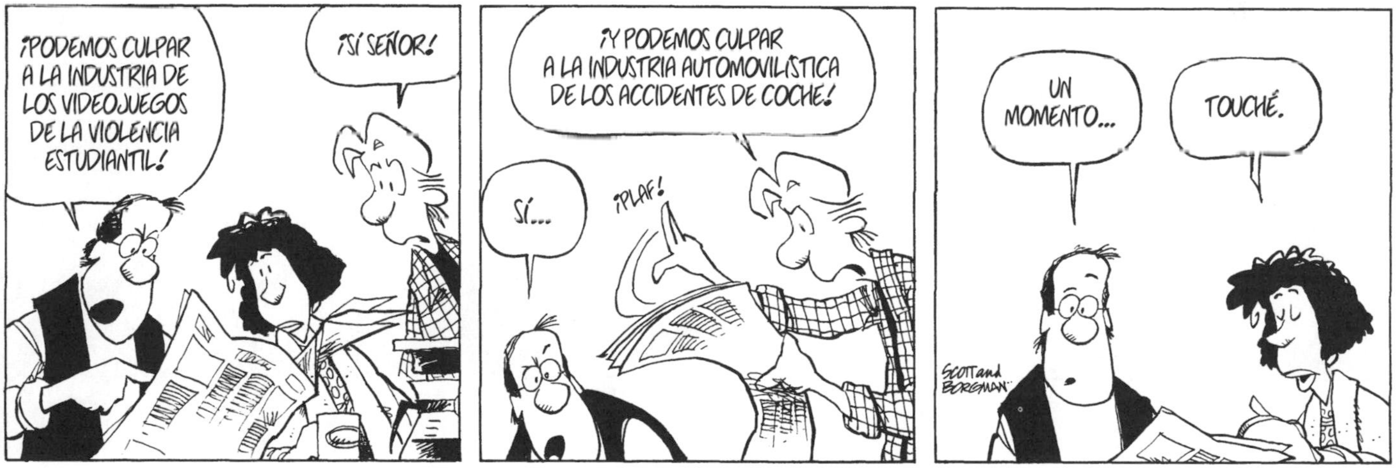
¡PODEMOS CULPAR A LA INDUSTRIA DE LOS VIDEOJUEGOS DE LA VIOLENCIA ESTUDIANTIL!
¡SÍ SEÑOR!
¡Y PODEMOS CULPAR A LA INDUSTRIA AUTOMOVILÍSTICA DE LOS ACCIDENTES DE COCHE!
SÍ...
¡PLAF!
UN MOMENTO...
TOUCHÉ.
SCOTT AND BORGMAN

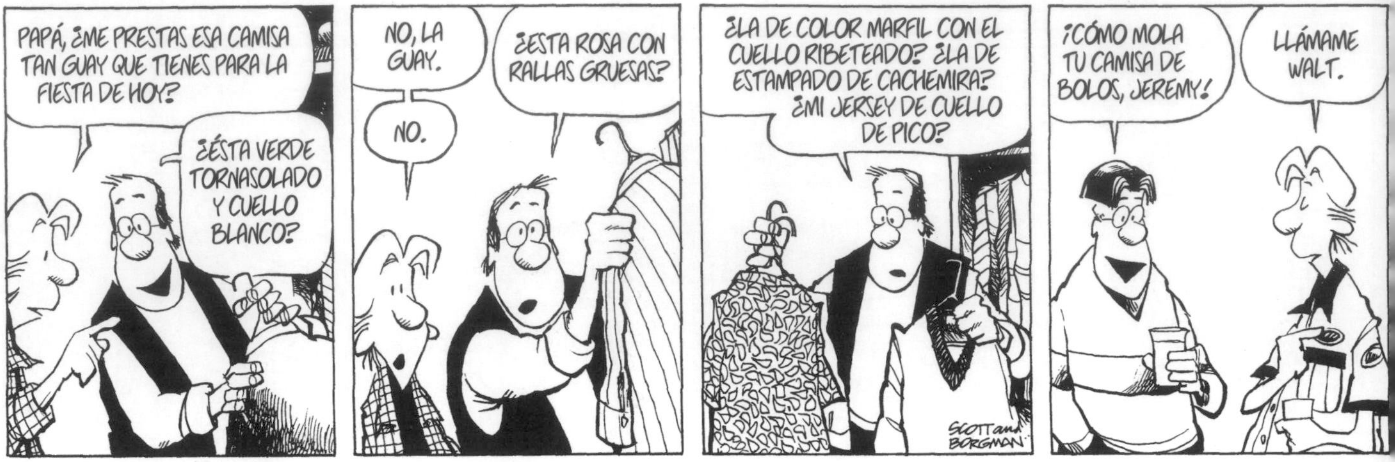
PAPÁ, ¿ME PRESTAS ESA CAMISA TAN GUAY QUE TIENES PARA LA FIESTA DE HOY?
¿ÉSTA VERDE TORNASOLADO Y CUELLO BLANCO?
NO, LA GUAY.
¿ESTA ROSA CON RALLAS GRUESAS?
NO.
¿LA DE COLOR MARFIL CON EL CUELLO RIBETEADO? ¿LA DE ESTAMPADO DE CACHEMIRA? ¿MI JERSEY DE CUELLO DE PICO?
SCOTT and BORGMAN
¡CÓMO MOLA TU CAMISA DE BOLOS, JEREMY!
LLÁMAME WALT.

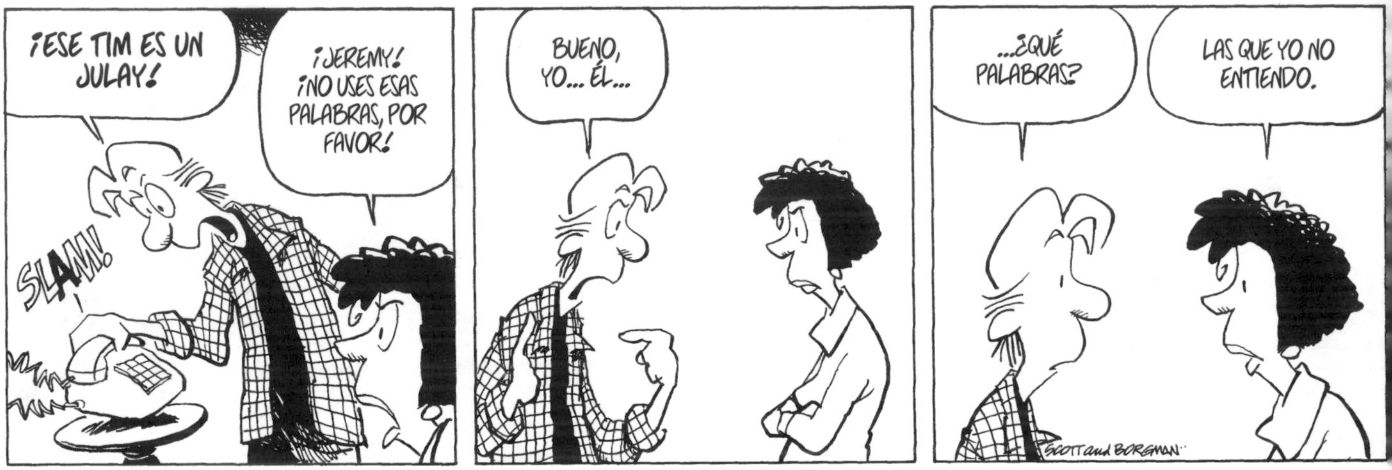
¡ESE TIM ES UN JULAY!
SLAM!
¡JEREMY! ¡NO USES ESAS PALABRAS, POR FAVOR!
BUENO, YO... ÉL...
...¿QUÉ PALABRAS?
LAS QUE YO NO ENTIENDO.
SCOTT and BORGMAN

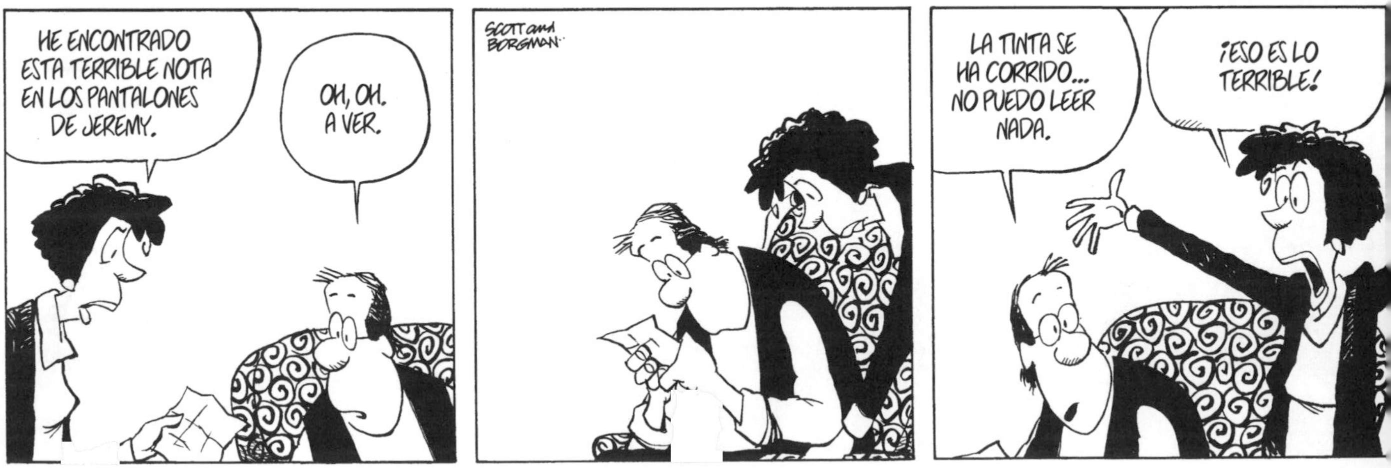
HE ENCONTRADO ESTA TERRIBLE NOTA EN LOS PANTALONES DE JEREMY.
OH, OH. A VER.
SCOTT and BORGMAN
LA TINTA SE HA CORRIDO... NO PUEDO LEER NADA.
¡ESO ES LO TERRIBLE!

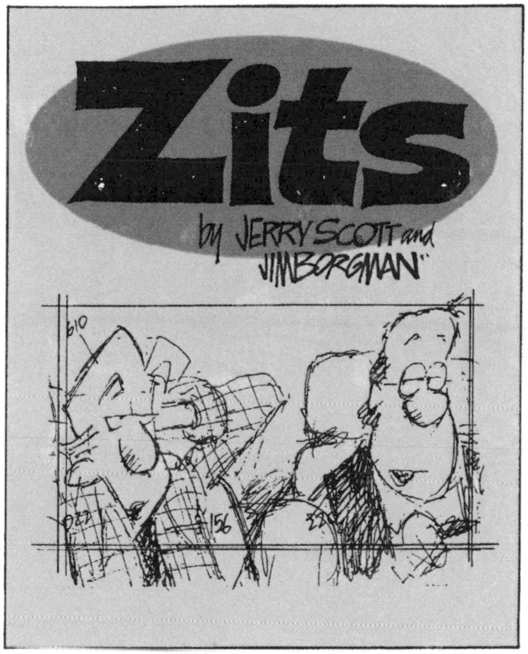
Zits
by JERRY SCOTT and JIM BORGMAN

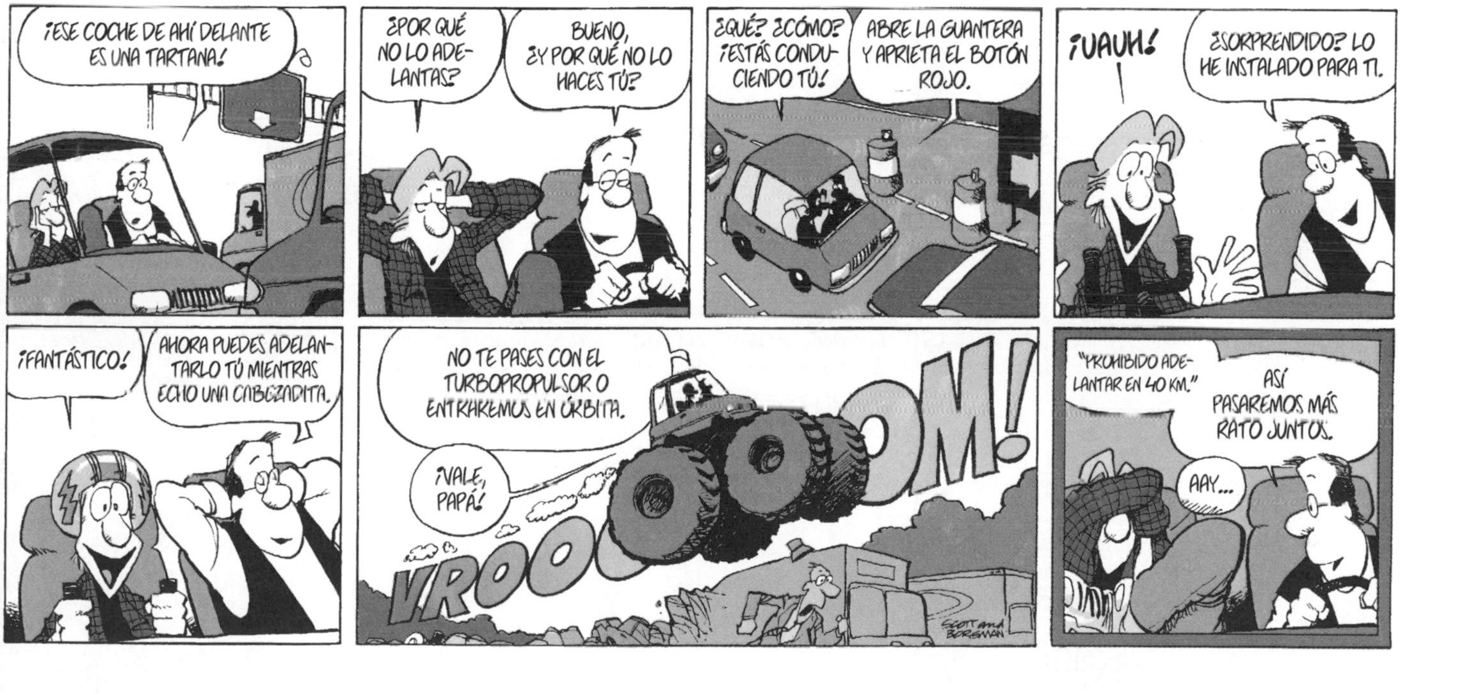
¡ESE COCHE DE AHÍ DELANTE ES UNA TARTANA!
¿POR QUÉ NO LO ADELANTAS?
BUENO, ¿Y POR QUÉ NO LO HACES TÚ?
¿QUÉ? ¿CÓMO? ¡ESTÁS CONDUCIENDO TÚ!
ABRE LA GUANTERA Y APRIETA EL BOTÓN ROJO.
¡UAUH!
¿SORPRENDIDO? LO HE INSTALADO PARA TI.
¡FANTÁSTICO!
AHORA PUEDES ADELANTARLO TÚ MIENTRAS ECHO UNA CABEZADITA.
NO TE PASES CON EL TURBOPROPULSOR O ENTRAREMOS EN ÓRBITA.
¡VALE, PAPÁ!
VROOOOOM!
SCOTT and BORGMAN
"PROHIBIDO ADELANTAR EN 40 KM."
ASÍ PASAREMOS MÁS RATO JUNTOS.
AAY...

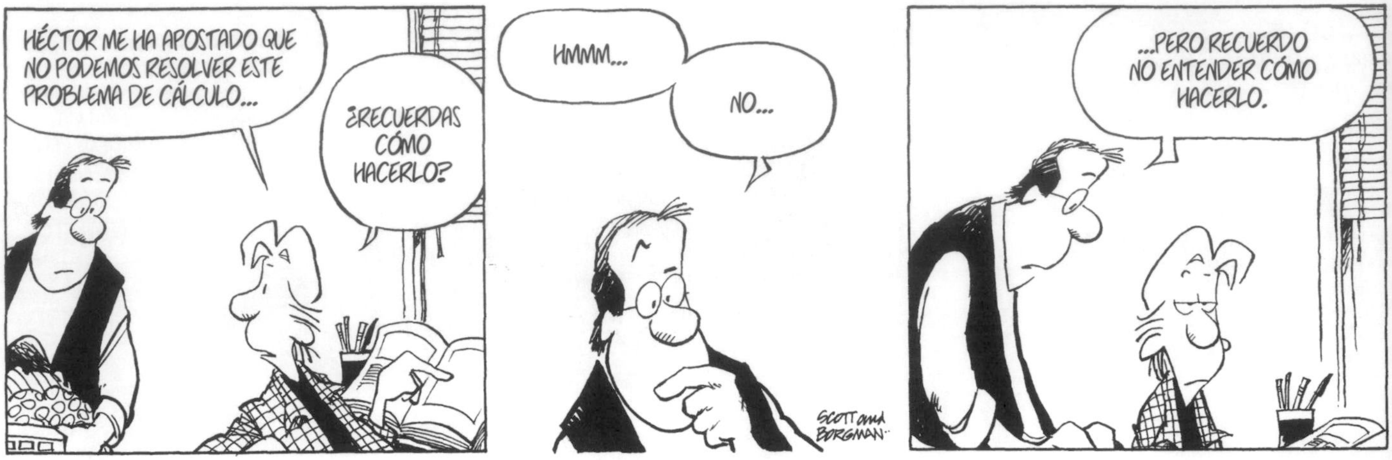
HÉCTOR ME HA APOSTADO QUE NO PODEMOS RESOLVER ESTE PROBLEMA DE CÁLCULO...
¿RECUERDAS CÓMO HACERLO?
HMMM...
NO...
SCOTT and BORGMAN
...PERO RECUERDO NO ENTENDER CÓMO HACERLO.

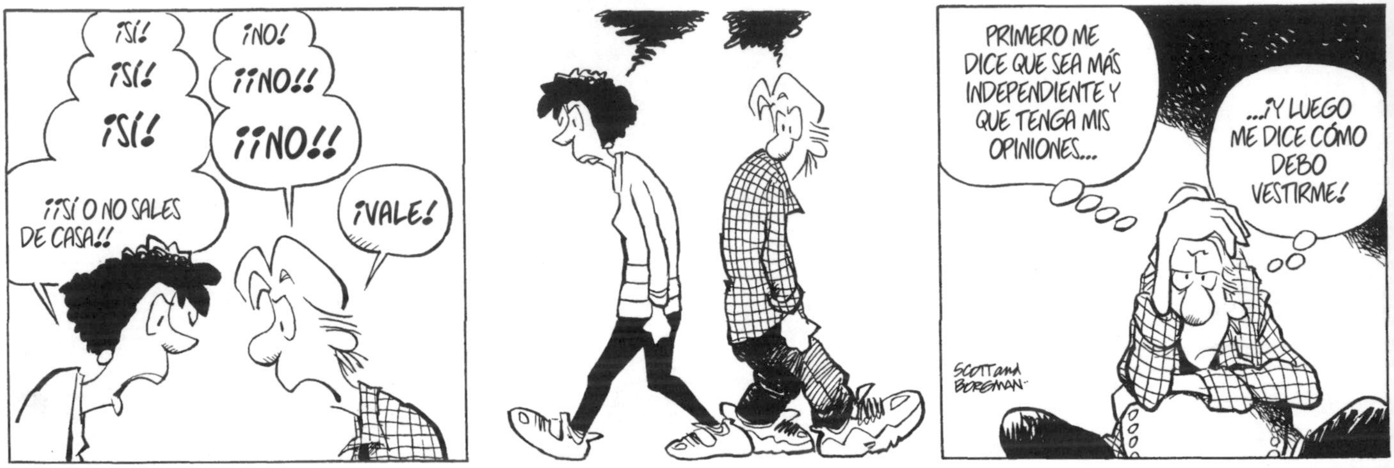
¡SÍ!
¡NO!
¡SÍ!
¡¡NO!!
¡SÍ!
¡¡NO!!
¡¡SÍ O NO SALES DE CASA!!
¡VALE!
PRIMERO ME DICE QUE SEA MÁS INDEPENDIENTE Y QUE TENGA MIS OPINIONES...
...¡Y LUEGO ME DICE CÓMO DEBO VESTIRME!
SCOTT and BORGMAN

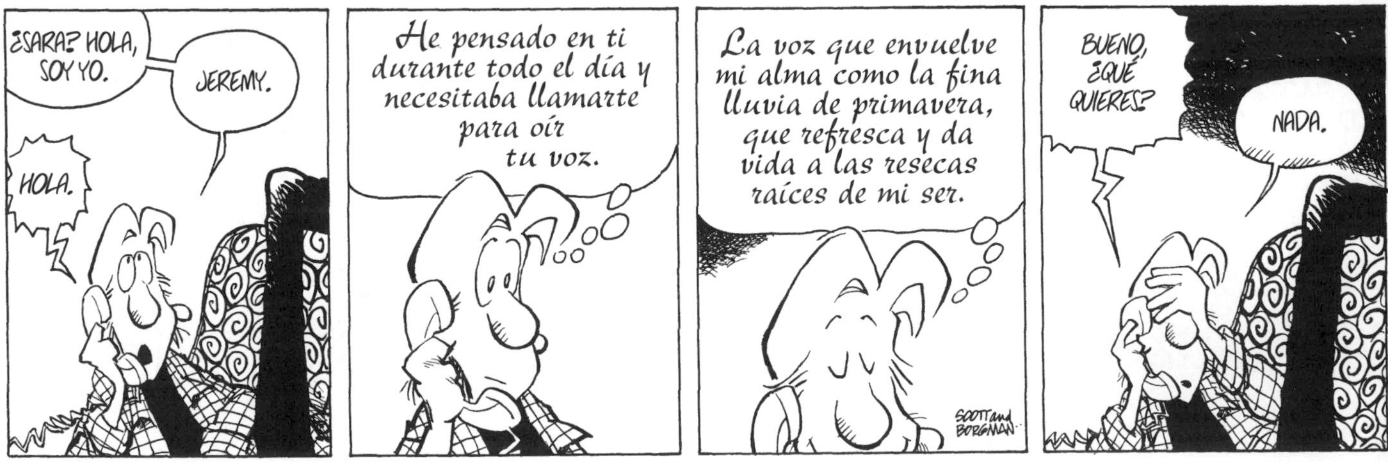
¿SARA? HOLA, SOY YO.
JEREMY.
HOLA.
He pensado en ti durante todo el día y necesitaba llamarte para oír tu voz.
La voz que envuelve mi alma como la fina lluvia de primavera, que refresca y da vida a las resecas raíces de mi ser.
SCOTT and BORGMAN
BUENO, ¿QUÉ QUIERES?
NADA.

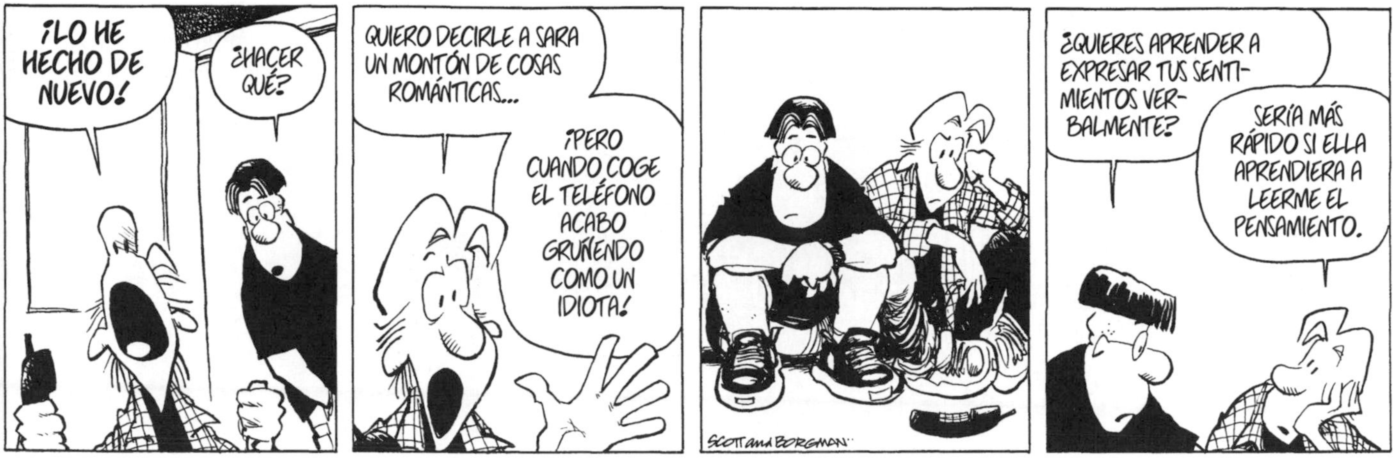
¡LO HE HECHO DE NUEVO!
¿HACER QUÉ?
QUIERO DECIRLE A SARA UN MONTÓN DE COSAS ROMÁNTICAS...
¡PERO CUANDO COGE EL TELÉFONO ACABO GRUÑENDO COMO UN IDIOTA!
¿QUIERES APRENDER A EXPRESAR TUS SENTIMIENTOS VERBALMENTE?
SERÍA MÁS RÁPIDO SI ELLA APRENDIERA A LEERME EL PENSAMIENTO.
SCOTT and BORGMAN

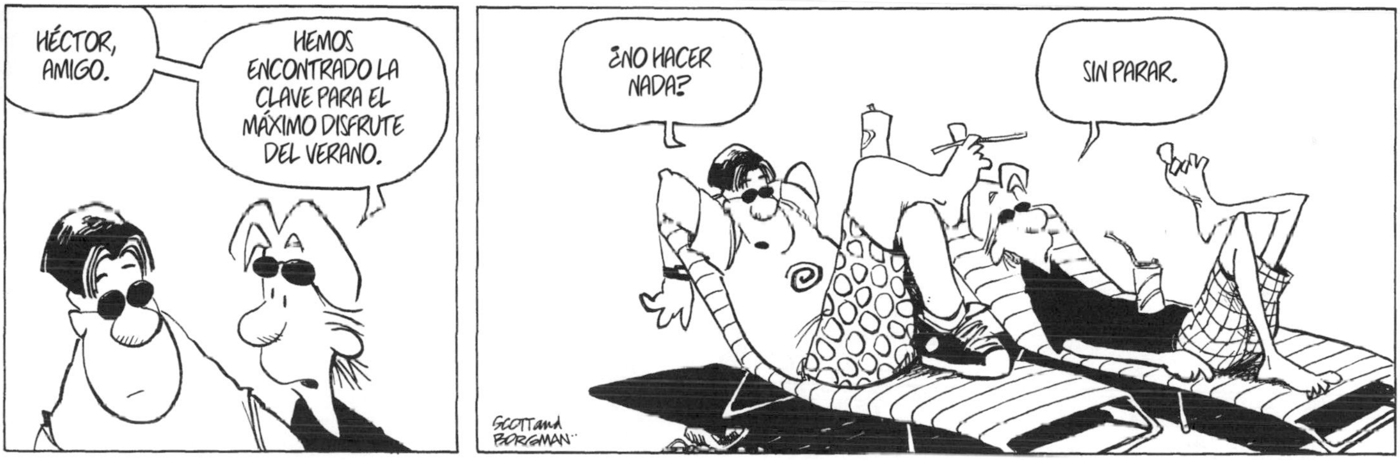
HÉCTOR, AMIGO.
HEMOS ENCONTRADO LA CLAVE PARA EL MÁXIMO DISFRUTE DEL VERANO.
¿NO HACER NADA?
SIN PARAR.
SCOTT and BORGMAN

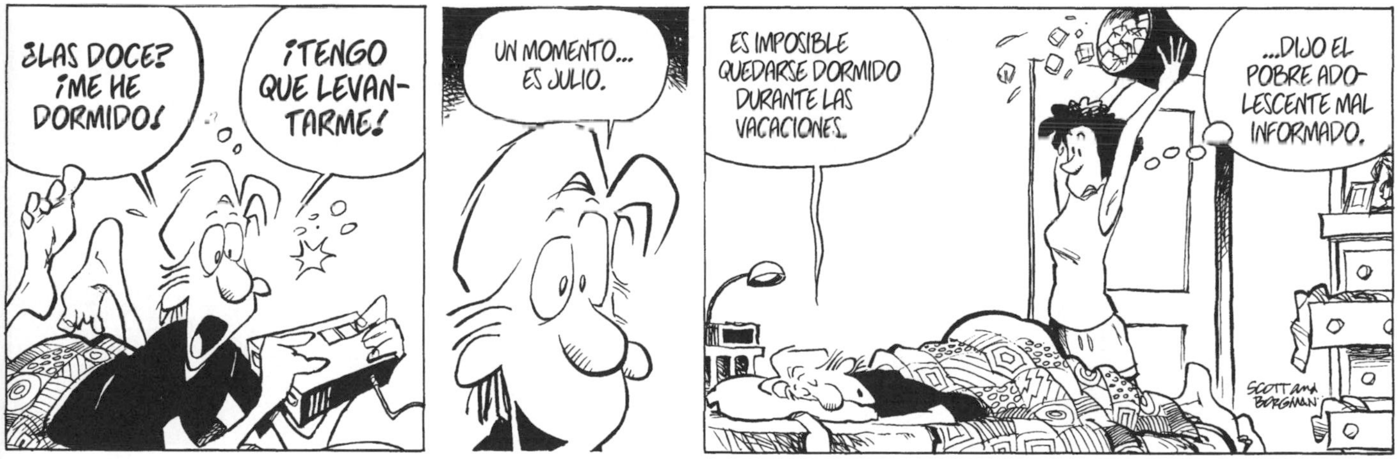
¿LAS DOCE? ¡ME HE DORMIDO!
¡TENGO QUE LEVANTARME!
UN MOMENTO... ES JULIO.
ES IMPOSIBLE QUEDARSE DORMIDO DURANTE LAS VACACIONES.
...DIJO EL POBRE ADOLESCENTE MAL INFORMADO.
SCOTT and BORGMAN

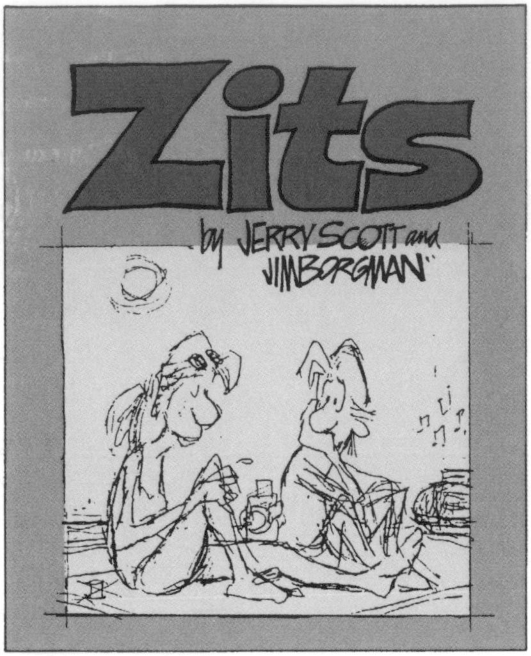
Zits
by JERRY SCOTT and JIM BORGMAN

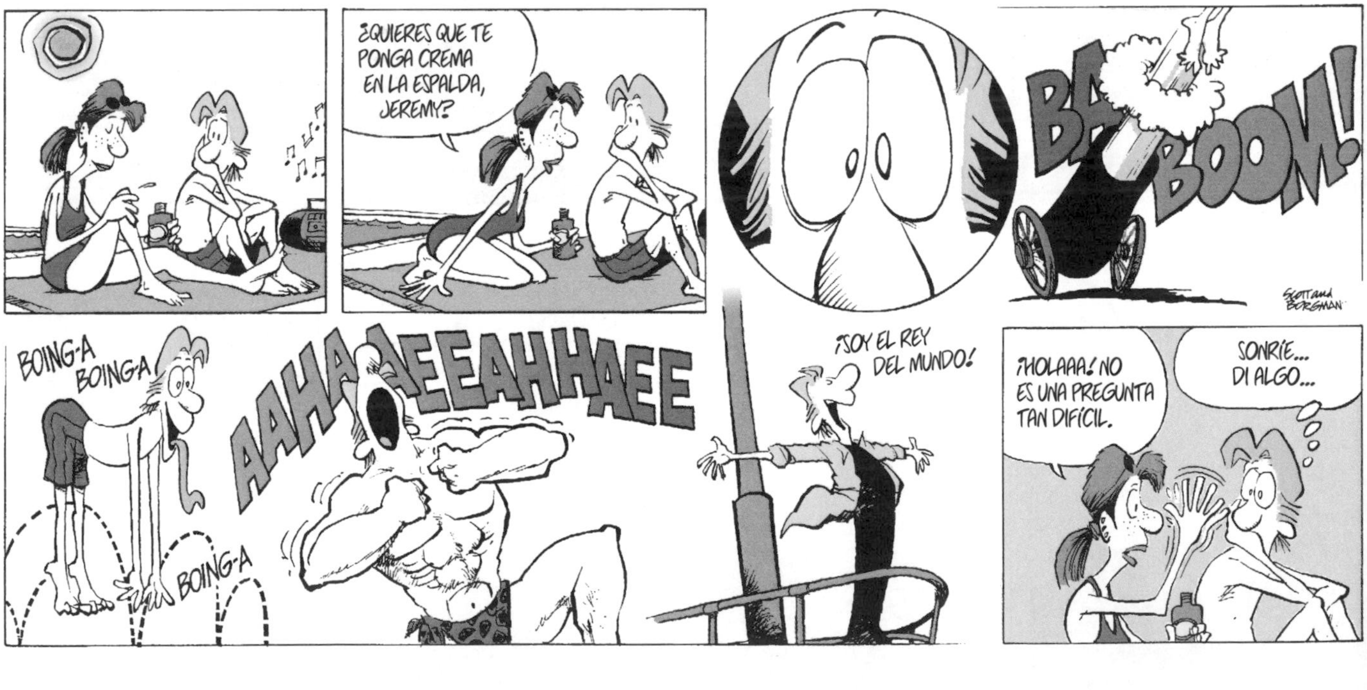
¿QUIERES QUE TE PONGA CREMA EN LA ESPALDA, JEREMY?
BA BOOM!
SCOTT and BORGMAN
BOING-A BOING-A
BOING-A
AAHAAEEAHHAEE
¡SOY EL REY DEL MUNDO!
¡HOLAAA! NO ES UNA PREGUNTA TAN DIFÍCIL.
SONRÍE... DI ALGO...

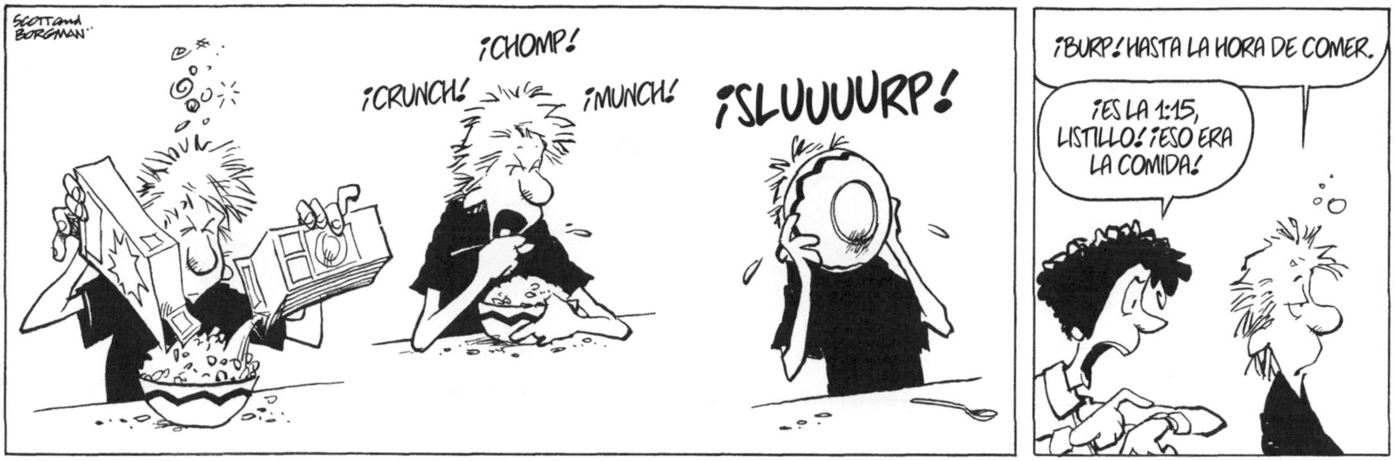
SCOTT and BORGMAN
¡CRUNCH!
¡CHOMP!
¡MUNCH!
¡SLUUUURP!
¡BURP! HASTA LA HORA DE COMER.
¡ES LA 1:15, LISTILLO! ¡ESO ERA LA COMIDA!

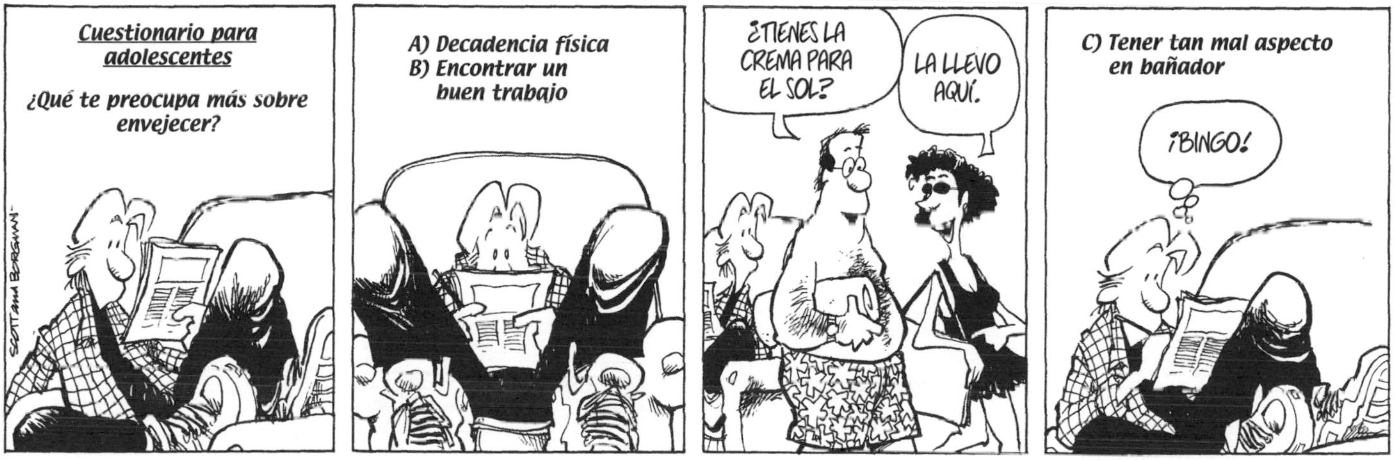
Cuestionario para adolescentes
¿Qué te preocupa más sobre envejecer?
SCOTT and BORGMAN
A) Decadencia física
B) Encontrar un buen trabajo
¿TIENES LA CREMA PARA EL SOL?
LA LLEVO AQUÍ.
C) Tener tan mal aspecto en bañador
¡BINGO!

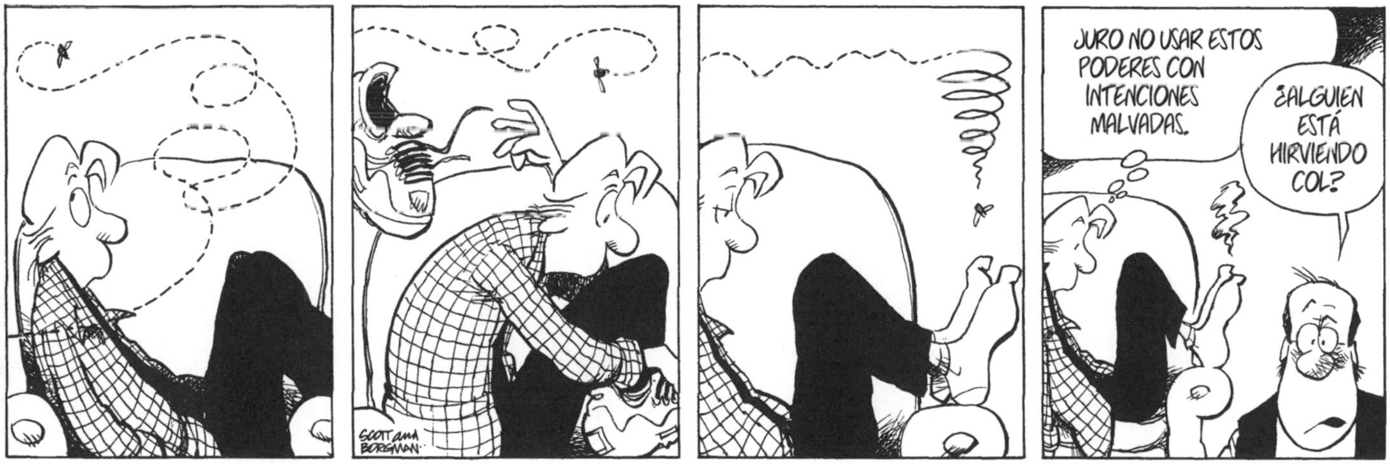
SCOTT and BORGMAN
JURO NO USAR ESTOS PODERES CON INTENCIONES MALVADAS.
¿ALGUIEN ESTÁ HIRVIENDO COL?

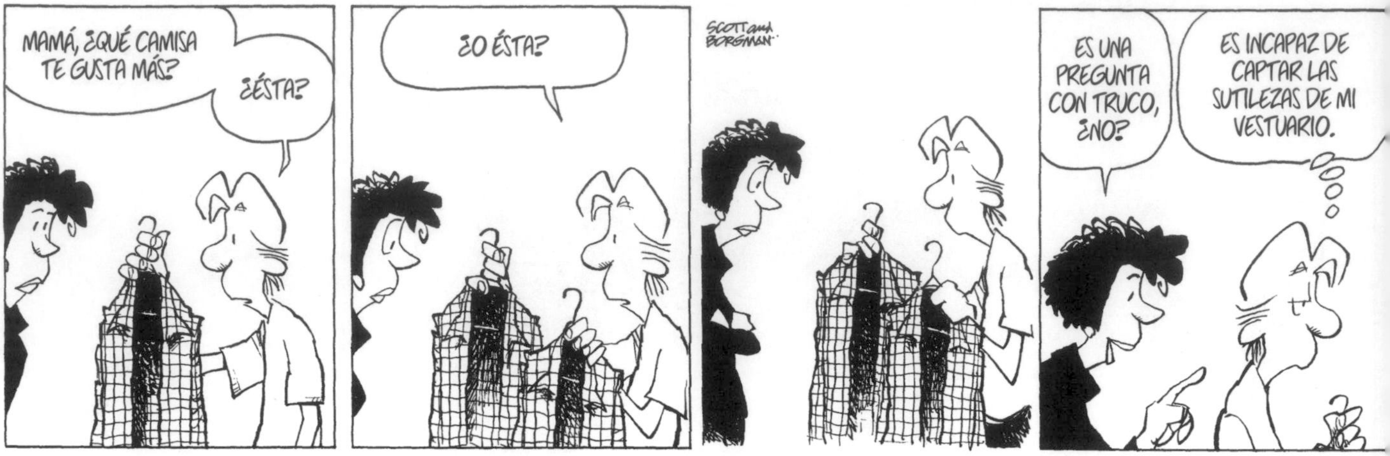
MAMÁ, ¿QUÉ CAMISA TE GUSTA MÁS?
¿ÉSTA?
¿O ÉSTA?
SCOTT and BORGMAN
ES UNA PREGUNTA CON TRUCO, ¿NO?
ES INCAPAZ DE CAPTAR LAS SUTILEZAS DE MI VESTUARIO.

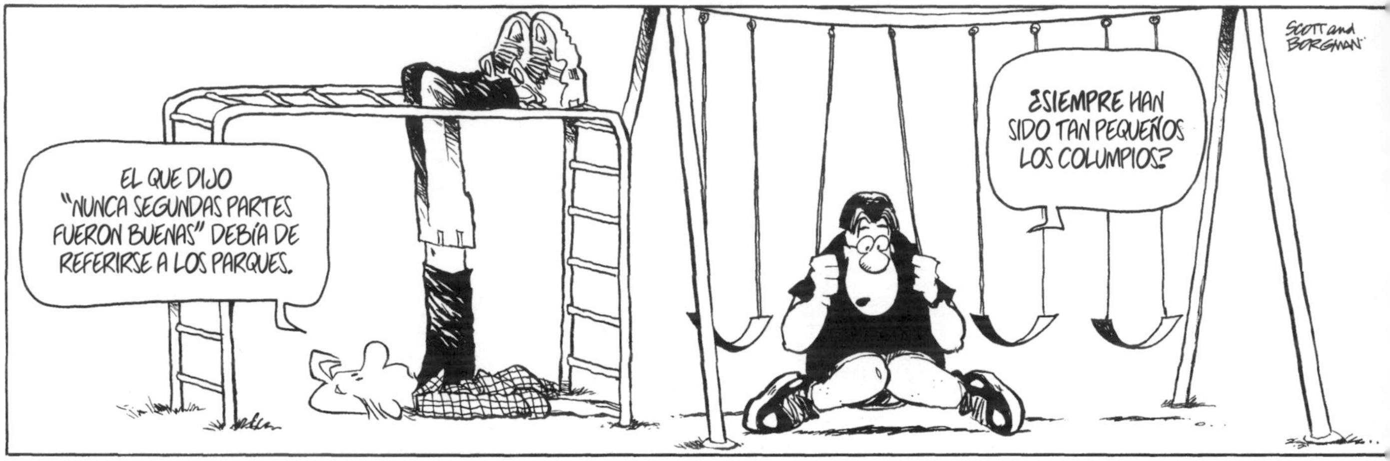
EL QUE DIJO "NUNCA SEGUNDAS PARTES FUERON BUENAS" DEBÍA DE REFERIRSE A LOS PARQUES.
¿SIEMPRE HAN SIDO TAN PEQUEÑOS LOS COLUMPIOS?
SCOTT and BORGMAN

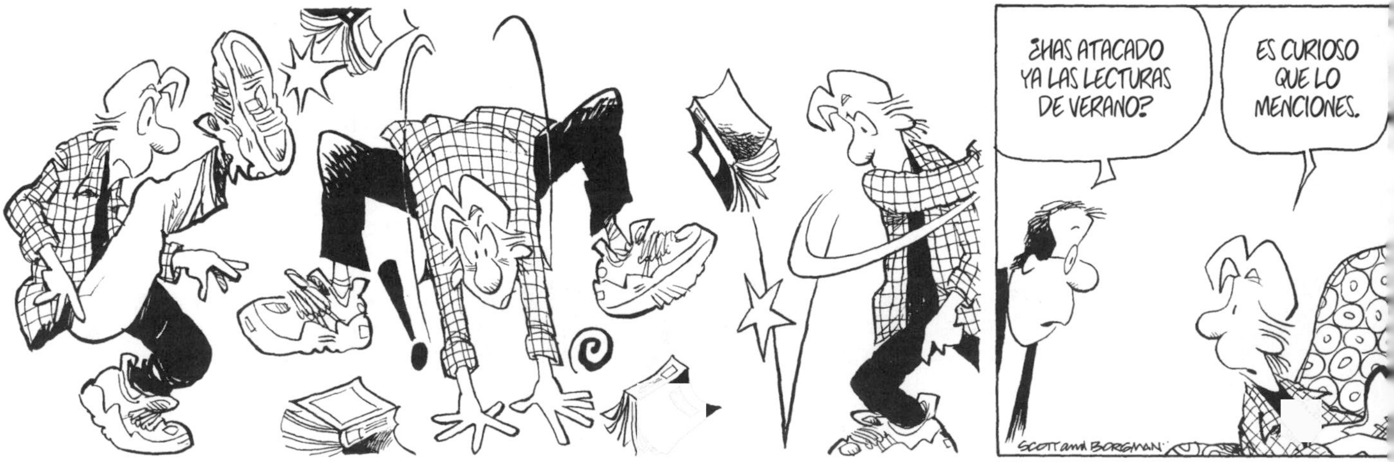
¿HAS ATACADO YA LAS LECTURAS DE VERANO?
ES CURIOSO QUE LO MENCIONES.
SCOTT and BORGMAN

Zits
by JERRY SCOTT and
JIM BORGMAN

SCOTT and BORGMAN
TRIP!
JEREMY!
¡VAYA!
NUNCA HABÍA VISTO A NADIE TAN ENFADADO POR ENCONTRARSE UNAS ZAPATILLAS TIRADAS EN EL SUELO.

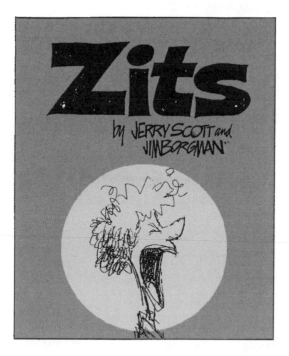

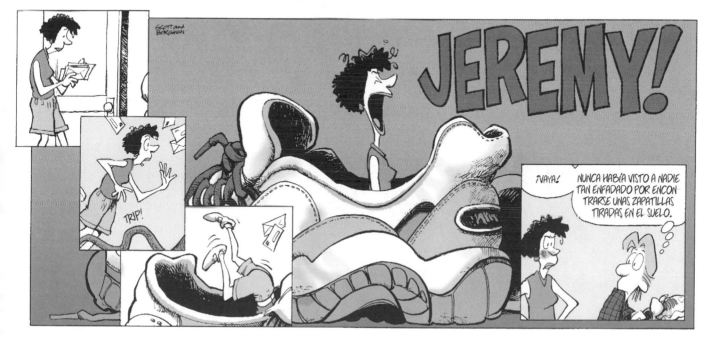

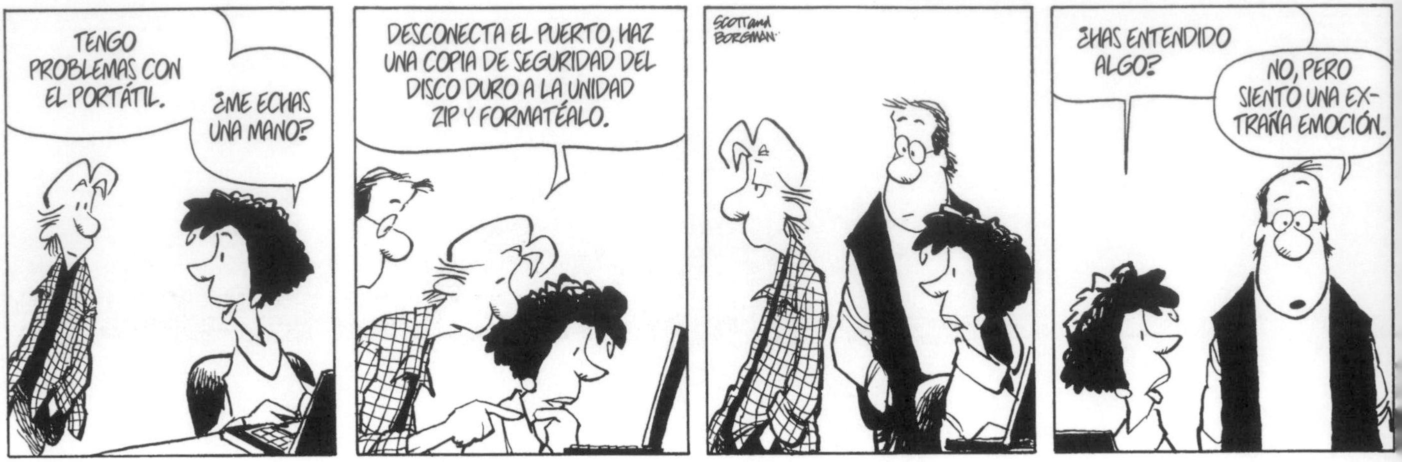
TENGO PROBLEMAS CON EL PORTÁTIL.
¿ME ECHAS UNA MANO?
DESCONECTA EL PUERTO, HAZ UNA COPIA DE SEGURIDAD DEL DISCO DURO A LA UNIDAD ZIP Y FORMATÉALO.
SCOTT and BORGMAN
¿HAS ENTENDIDO ALGO?
NO, PERO SIENTO UNA EXTRAÑA EMOCIÓN.

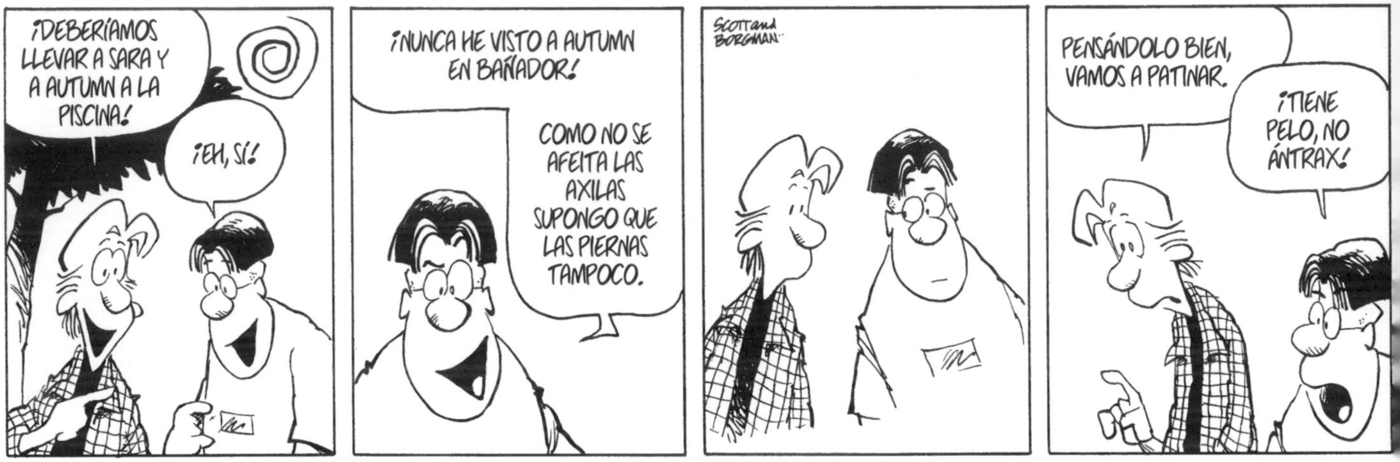
¡DEBERÍAMOS LLEVAR A SARA Y A AUTUMN A LA PISCINA!
¡EH, SÍ!
¡NUNCA HE VISTO A AUTUMN EN BAÑADOR!
COMO NO SE AFEITA LAS AXILAS SUPONGO QUE LAS PIERNAS TAMPOCO.
SCOTT and BORGMAN
PENSÁNDOLO BIEN, VAMOS A PATINAR.
¡TIENE PELO, NO ÁNTRAX!

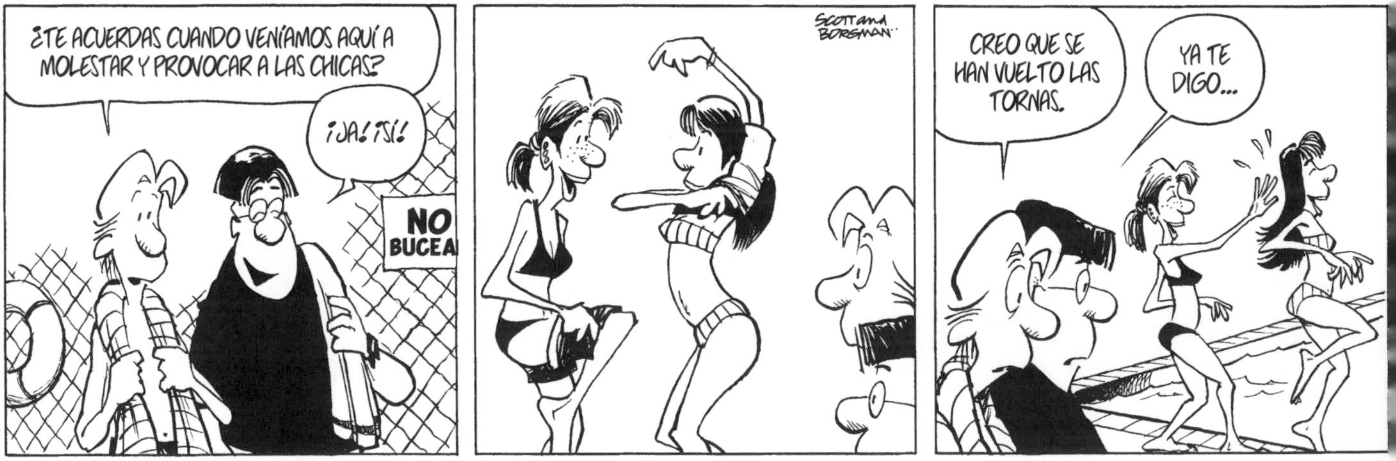
¿TE ACUERDAS CUANDO VENÍAMOS AQUÍ A MOLESTAR Y PROVOCAR A LAS CHICAS?
¡JA! ¡SÍ!
NO BUCEA
SCOTT and BORGMAN
CREO QUE SE HAN VUELTO LAS TORNAS.
YA TE DIGO...

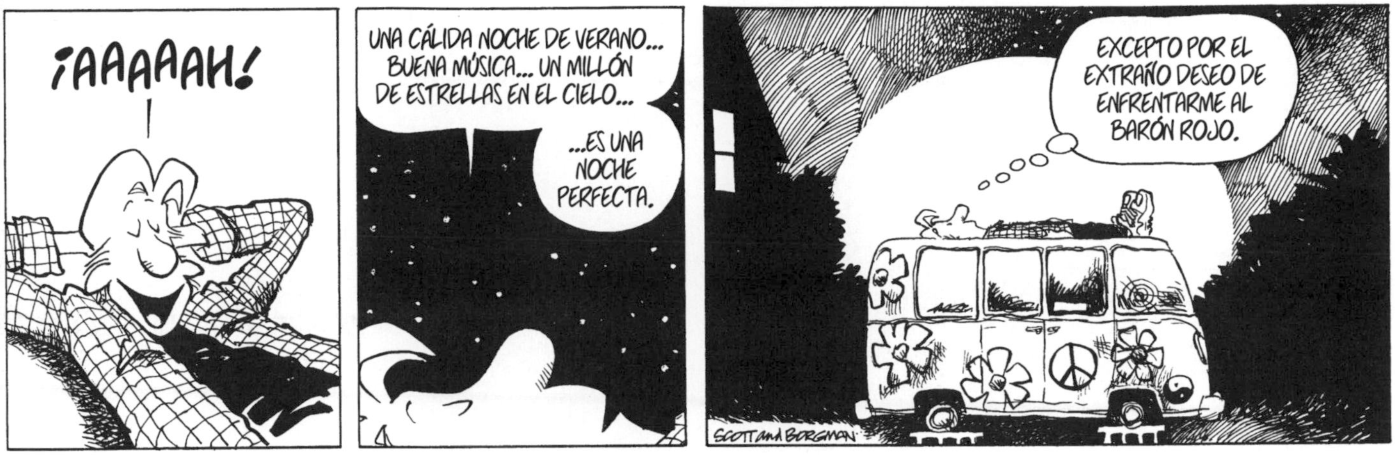
¡AAAAAH!
UNA CÁLIDA NOCHE DE VERANO... BUENA MÚSICA... UN MILLÓN DE ESTRELLAS EN EL CIELO...
...ES UNA NOCHE PERFECTA.
EXCEPTO POR EL EXTRAÑO DESEO DE ENFRENTARME AL BARÓN ROJO.
SCOTT AND BORGMAN

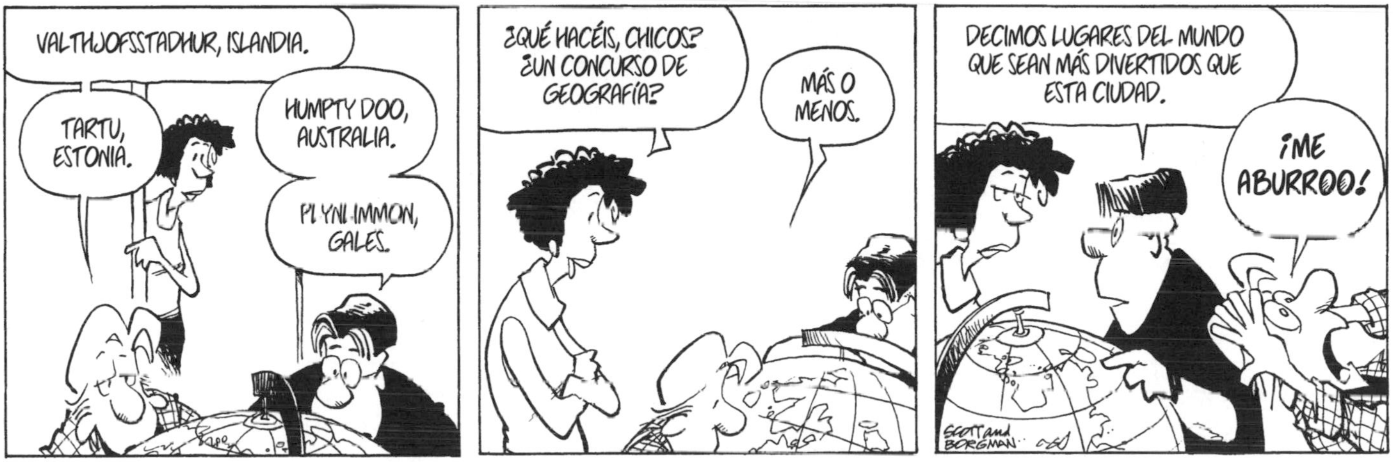
VALTHJOFSSTADHUR, ISLANDIA.
TARTU, ESTONIA.
HUMPTY DOO, AUSTRALIA.
PLYNLIMMON, GALES.
¿QUÉ HACÉIS, CHICOS? ¿UN CONCURSO DE GEOGRAFÍA?
MÁS O MENOS.
DECIMOS LUGARES DEL MUNDO QUE SEAN MÁS DIVERTIDOS QUE ESTA CIUDAD.
¡ME ABURROO!
SCOTT AND BORGMAN

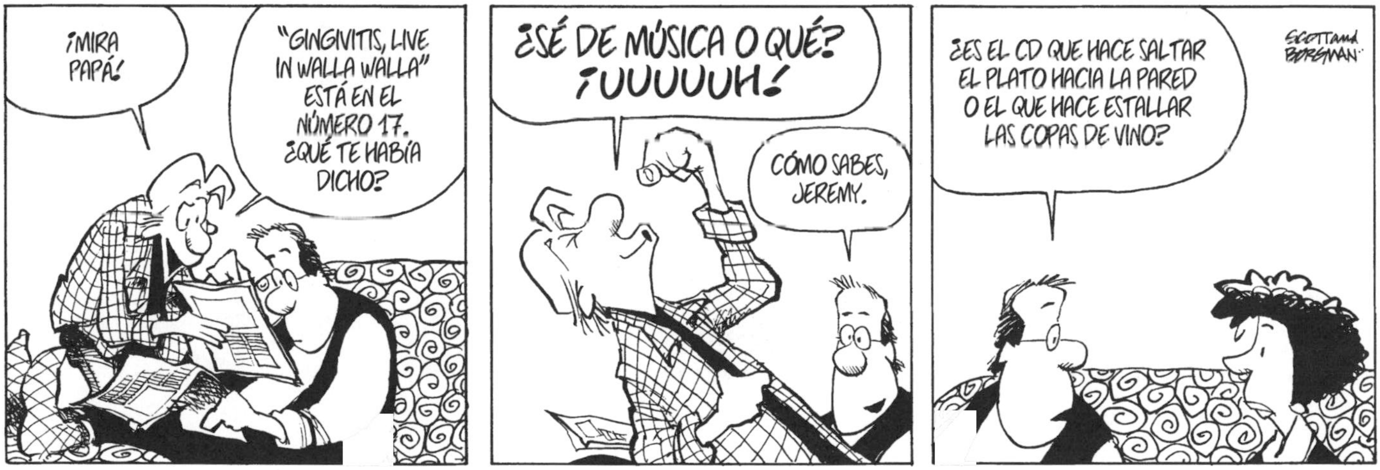
¡MIRA PAPÁ!
"GINGIVITIS, LIVE IN WALLA WALLA" ESTÁ EN EL NÚMERO 17. ¿QUÉ TE HABÍA DICHO?
¿SÉ DE MÚSICA O QUÉ? ¡UUUUUH!
CÓMO SABES, JEREMY.
¿ES EL CD QUE HACE SALTAR EL PLATO HACIA LA PARED O EL QUE HACE ESTALLAR LAS COPAS DE VINO?
SCOTT AND BORGMAN

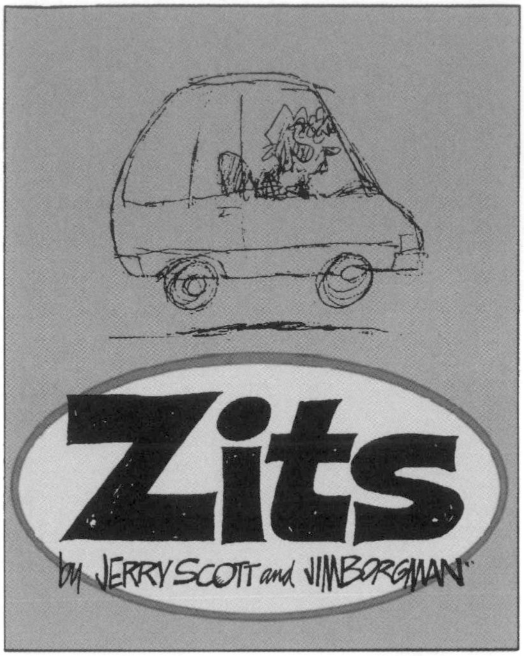
Zits
by JERRY SCOTT and JIM BORGMAN

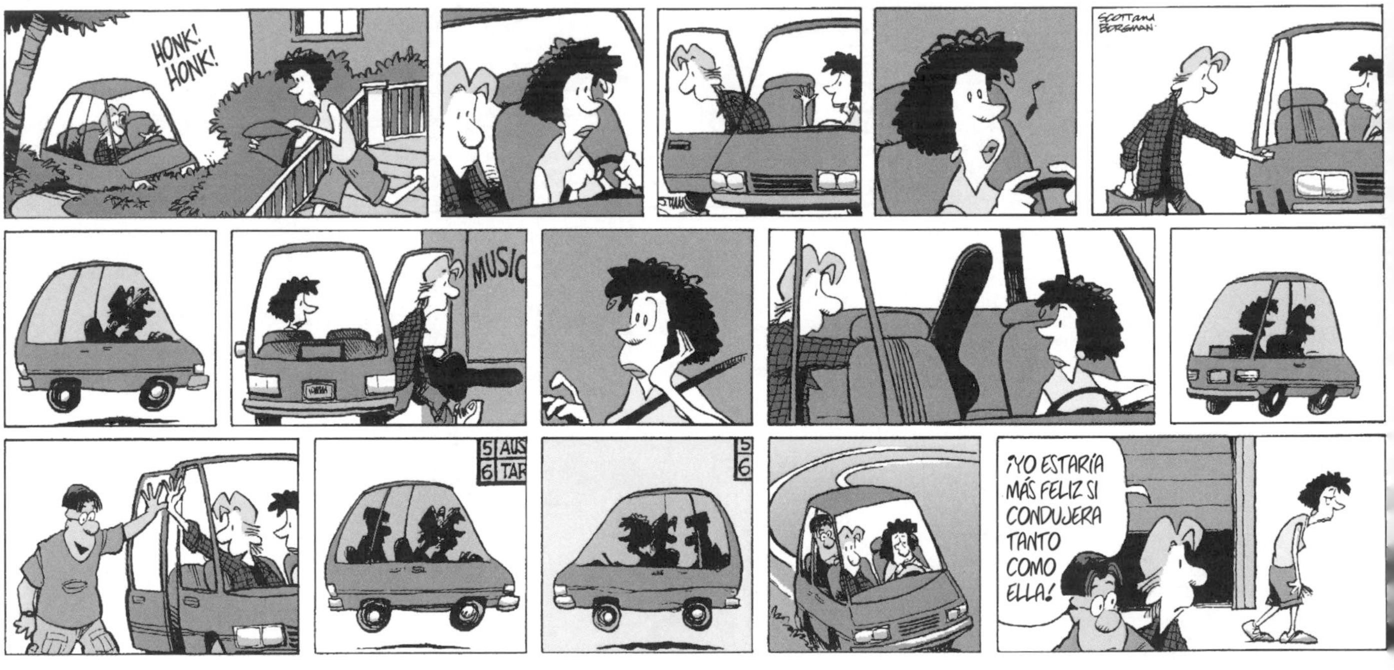
HONK! HONK!
SCOTT and BORGMAN
MUSIC
5 AUS
6 TAR
¡YO ESTARÍA MÁS FELIZ SI CONDUJERA TANTO COMO ELLA!

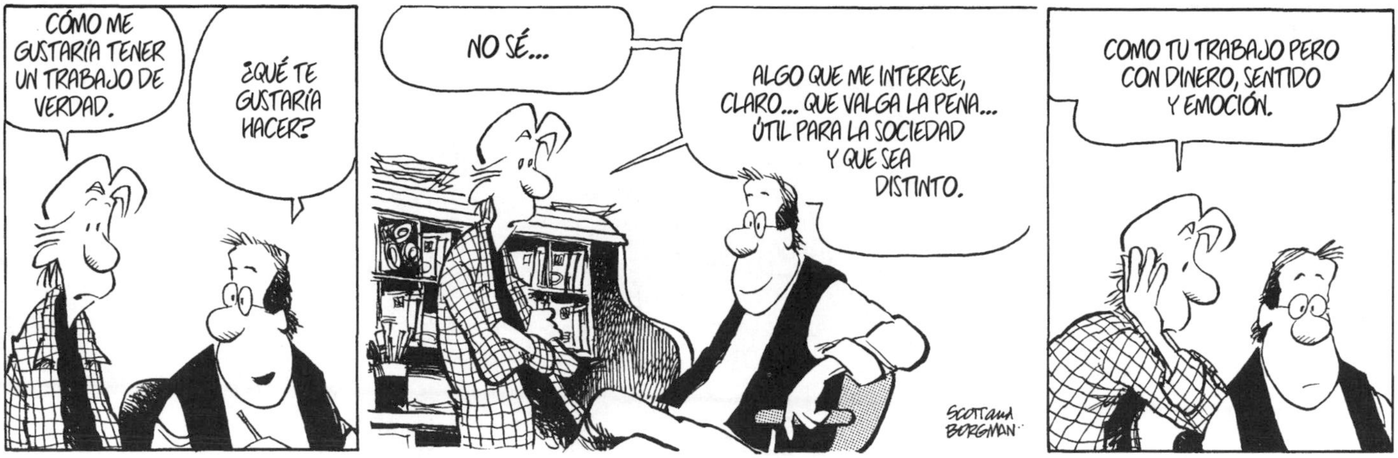
CÓMO ME GUSTARÍA TENER UN TRABAJO DE VERDAD.
¿QUÉ TE GUSTARÍA HACER?
NO SÉ...
ALGO QUE ME INTERESE, CLARO... QUE VALGA LA PENA... ÚTIL PARA LA SOCIEDAD Y QUE SEA DISTINTO.
COMO TU TRABAJO PERO CON DINERO, SENTIDO Y EMOCIÓN.
SCOTT and BORGMAN

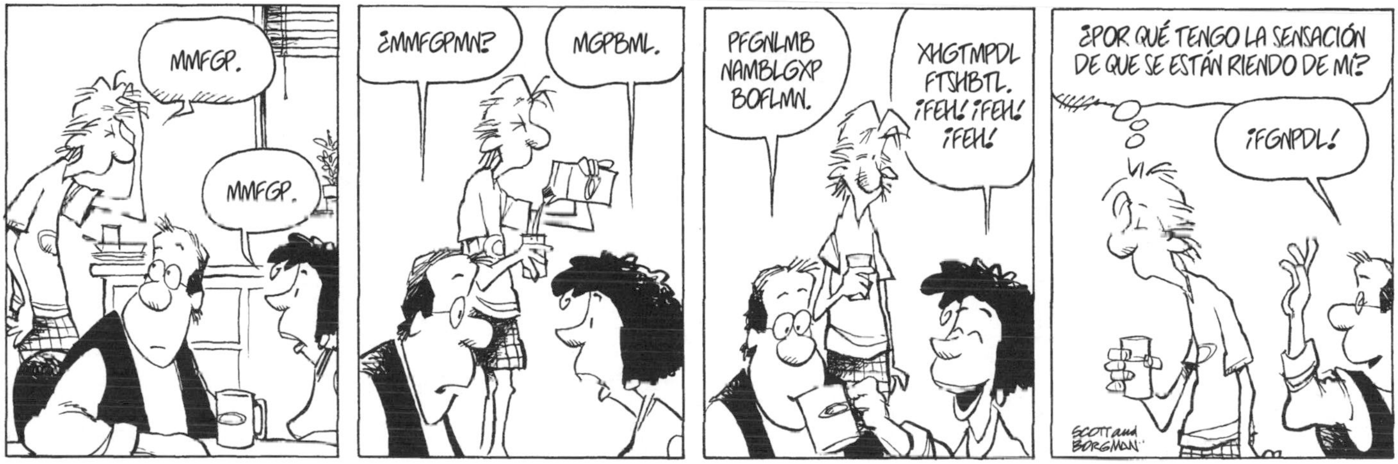
MMFGP.
MMFGP.
¿MMFGPMN?
MGPBML.
PFGNLMB NAMBLGXP BOFLMN.
XHGTMPDL FTSHBTL. ¡FEH! ¡FEH! ¡FEH!
¿POR QUÉ TENGO LA SENSACIÓN DE QUE SE ESTÁN RIENDO DE MÍ?
¡FGNPDL!
SCOTT and BORGMAN

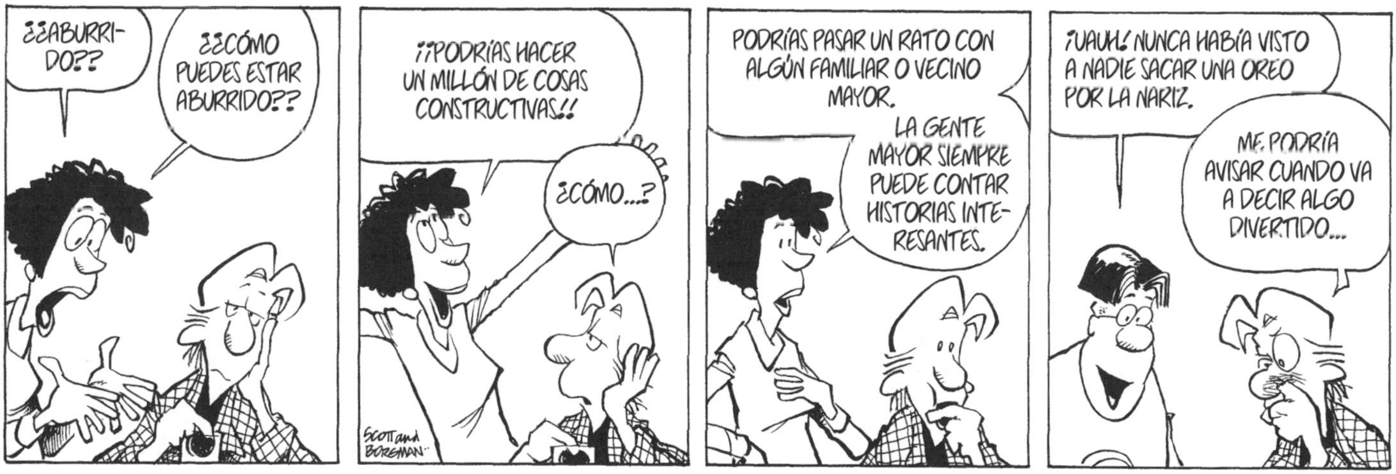
¿¿ABURRI-DO??
¿¿CÓMO PUEDES ESTAR ABURRIDO??
¡¡PODRÍAS HACER UN MILLÓN DE COSAS CONSTRUCTIVAS!!
¿CÓMO...?
SCOTT and BORGMAN
PODRÍAS PASAR UN RATO CON ALGÚN FAMILIAR O VECINO MAYOR.
LA GENTE MAYOR SIEMPRE PUEDE CONTAR HISTORIAS INTE-RESANTES.
¡UAUH! NUNCA HABÍA VISTO A NADIE SACAR UNA OREO POR LA NARIZ.
ME PODRÍA AVISAR CUANDO VA A DECIR ALGO DIVERTIDO...

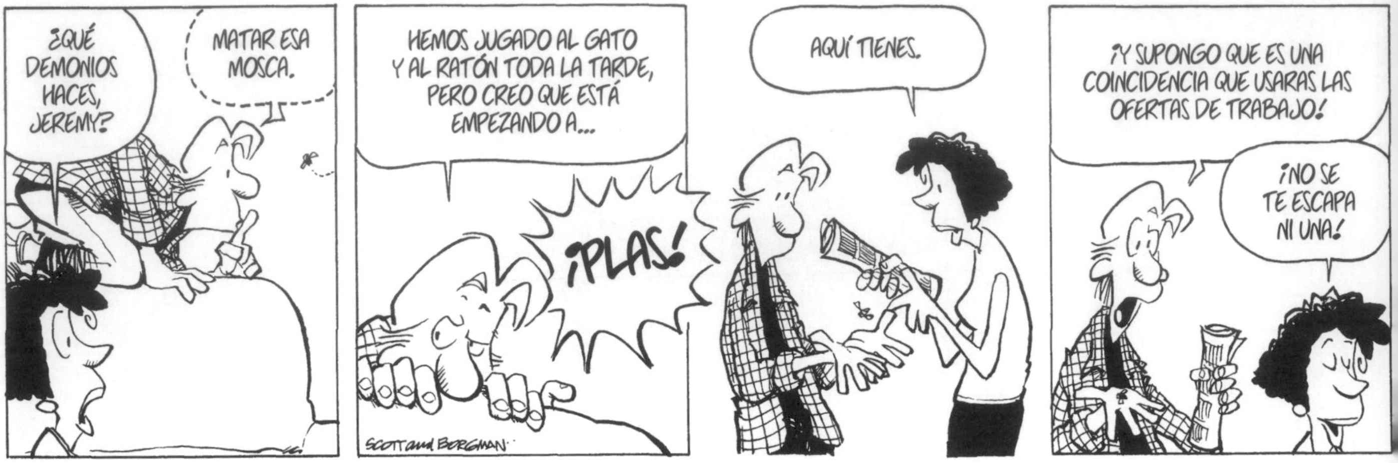
¿QUÉ DEMONIOS HACES, JEREMY?
MATAR ESA MOSCA.
HEMOS JUGADO AL GATO Y AL RATÓN TODA LA TARDE, PERO CREO QUE ESTÁ EMPEZANDO A...
¡PLAS!
SCOTT and BORGMAN
AQUÍ TIENES.
¡Y SUPONGO QUE ES UNA COINCIDENCIA QUE USARAS LAS OFERTAS DE TRABAJO!
¡NO SE TE ESCAPA NI UNA!

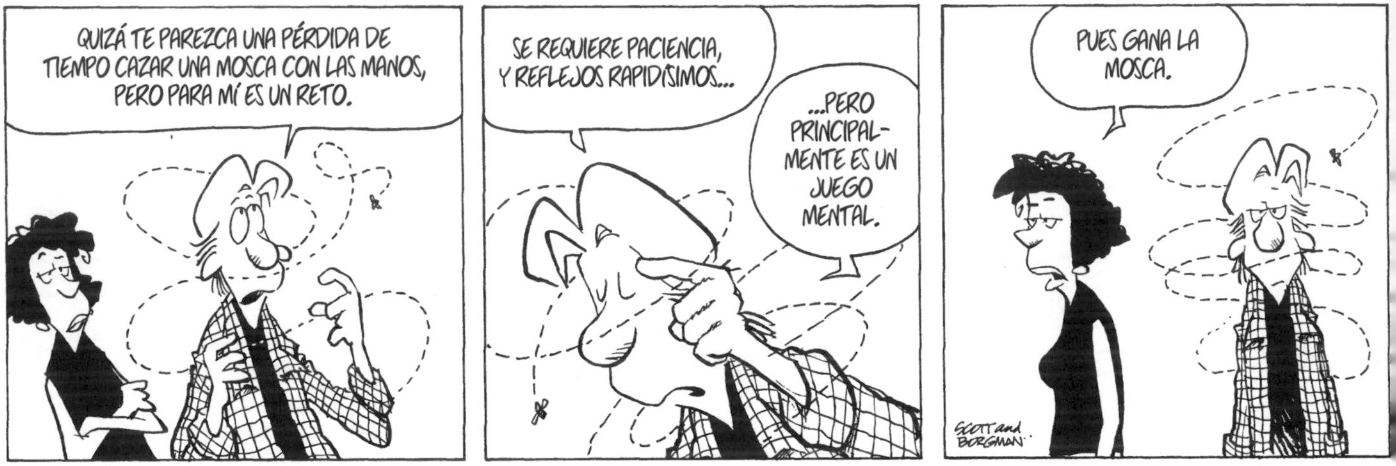
QUIZÁ TE PAREZCA UNA PÉRDIDA DE TIEMPO CAZAR UNA MOSCA CON LAS MANOS, PERO PARA MÍ ES UN RETO.
SE REQUIERE PACIENCIA, Y REFLEJOS RAPIDÍSIMOS...
...PERO PRINCIPAL-MENTE ES UN JUEGO MENTAL.
PUES GANA LA MOSCA.
SCOTT and BORGMAN

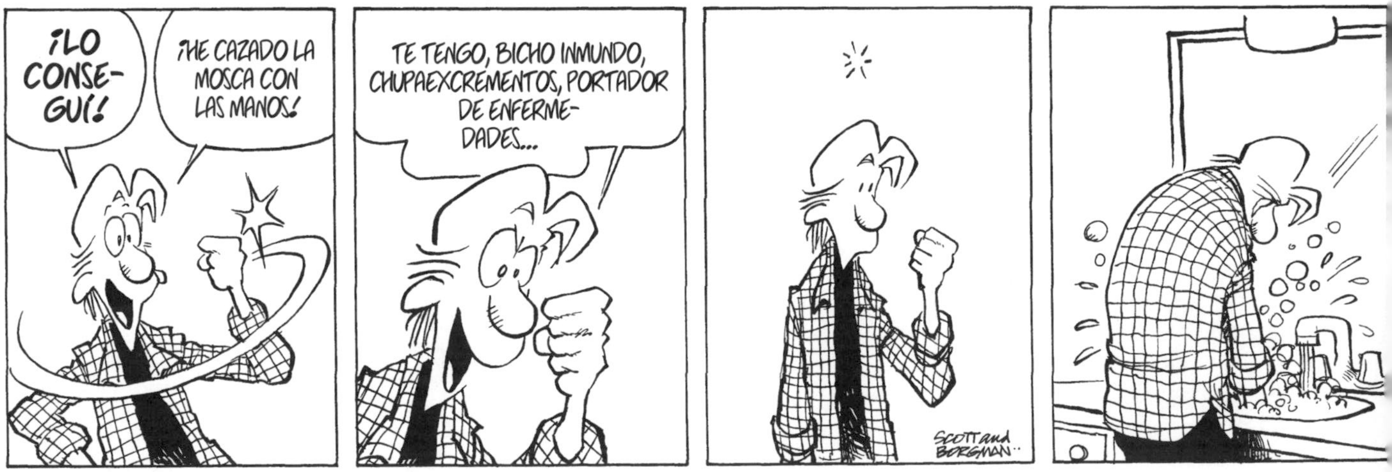
¡LO CONSE-GUÍ!
¡HE CAZADO LA MOSCA CON LAS MANOS!
TE TENGO, BICHO INMUNDO, CHUPAEXCREMENTOS, PORTADOR DE ENFERME-DADES...
SCOTT and BORGMAN

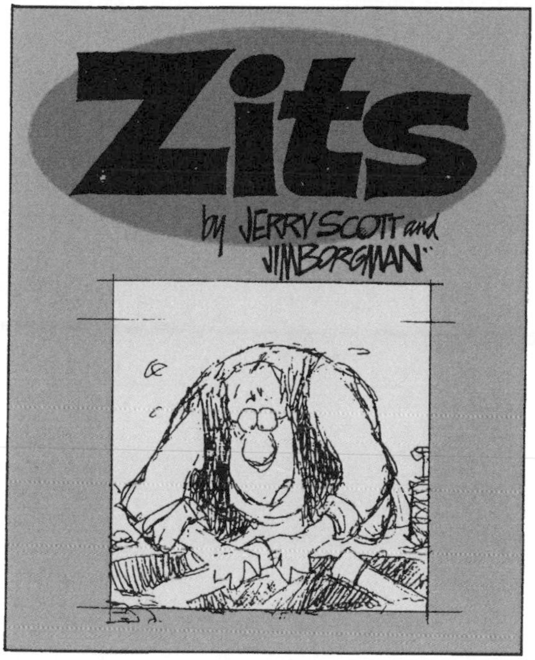
Zits
by JERRY SCOTT and JIM BORGMAN

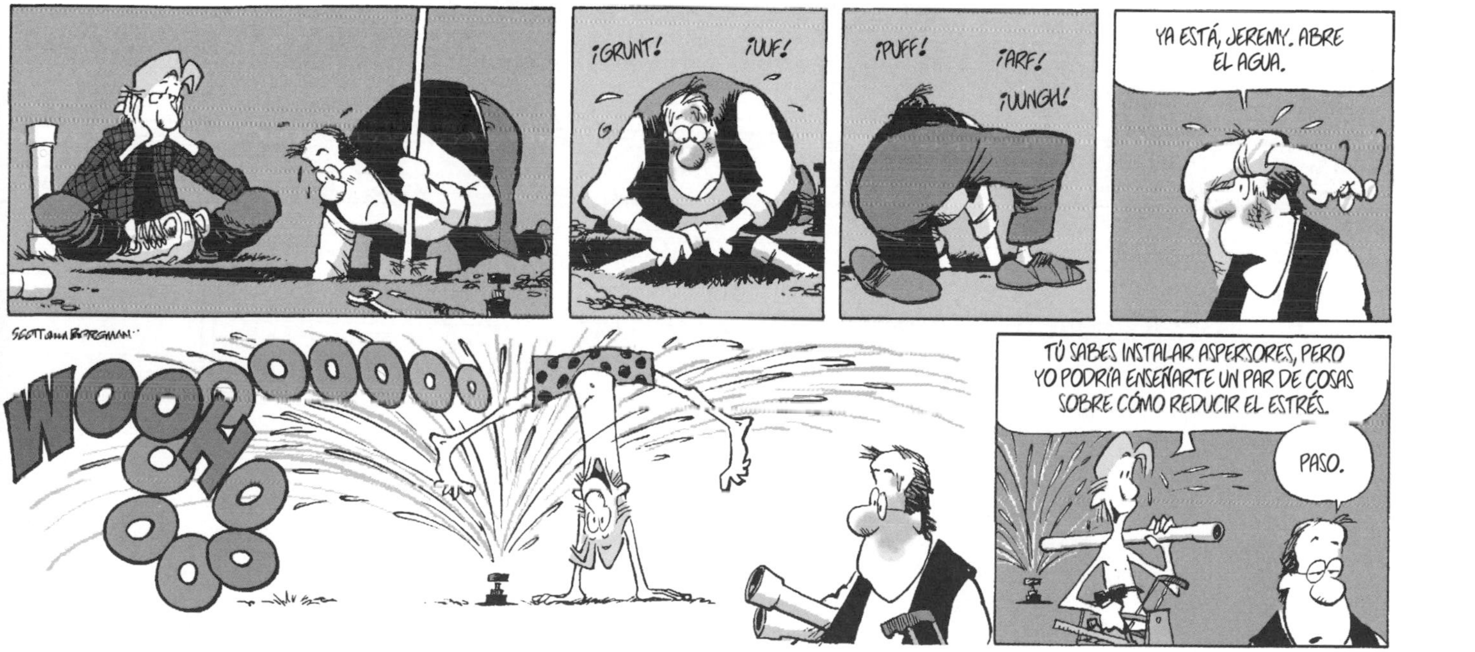
¡GRUNT!
¡UUF!
¡PUFF!
¡ARF!
¡UUNGH!
YA ESTÁ, JEREMY. ABRE EL AGUA.
WOOHOOOOOOOOOOOOO
TÚ SABES INSTALAR ASPERSORES, PERO YO PODRÍA ENSEÑARTE UN PAR DE COSAS SOBRE CÓMO REDUCIR EL ESTRÉS.
PASO.

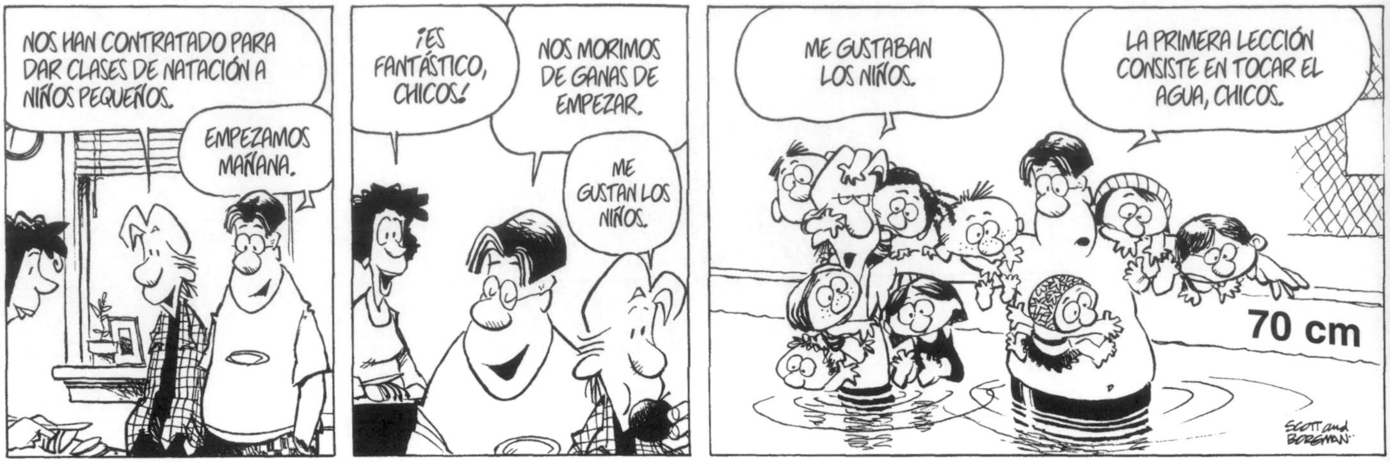
NOS HAN CONTRATADO PARA DAR CLASES DE NATACIÓN A NIÑOS PEQUEÑOS.
EMPEZAMOS MAÑANA.
¡ES FANTÁSTICO, CHICOS!
NOS MORIMOS DE GANAS DE EMPEZAR.
ME GUSTAN LOS NIÑOS.
ME GUSTABAN LOS NIÑOS.
LA PRIMERA LECCIÓN CONSISTE EN TOCAR EL AGUA, CHICOS.
70 cm
SCOTT and BORGMAN

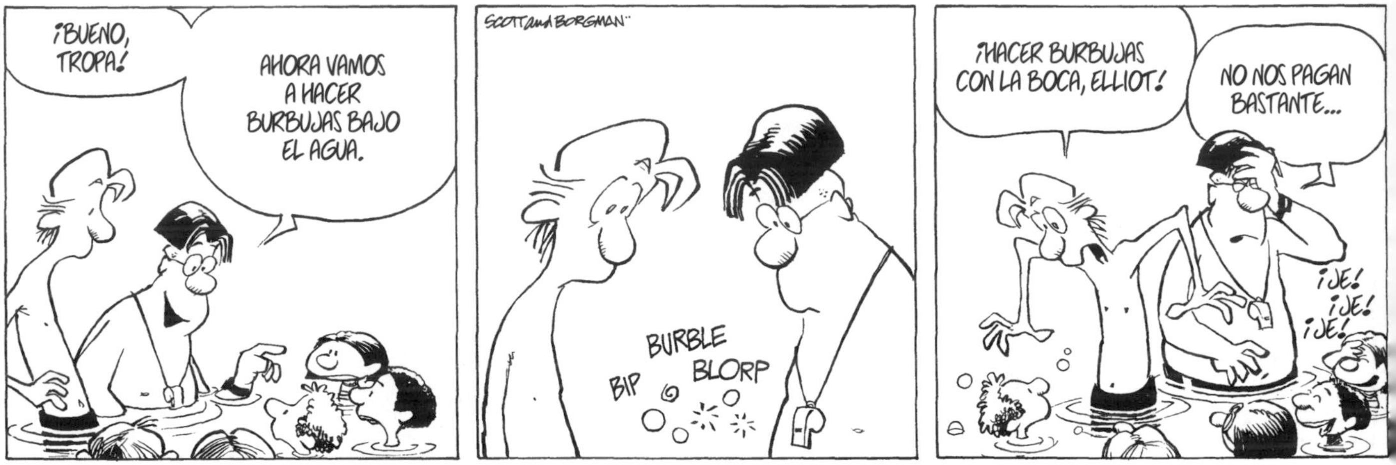
¡BUENO, TROPA!
AHORA VAMOS A HACER BURBUJAS BAJO EL AGUA.
SCOTT and BORGMAN
BURBLE
BIP
BLORP
¡HACER BURBUJAS CON LA BOCA, ELLIOT!
NO NOS PAGAN BASTANTE...
¡JE! ¡JE! ¡JE!

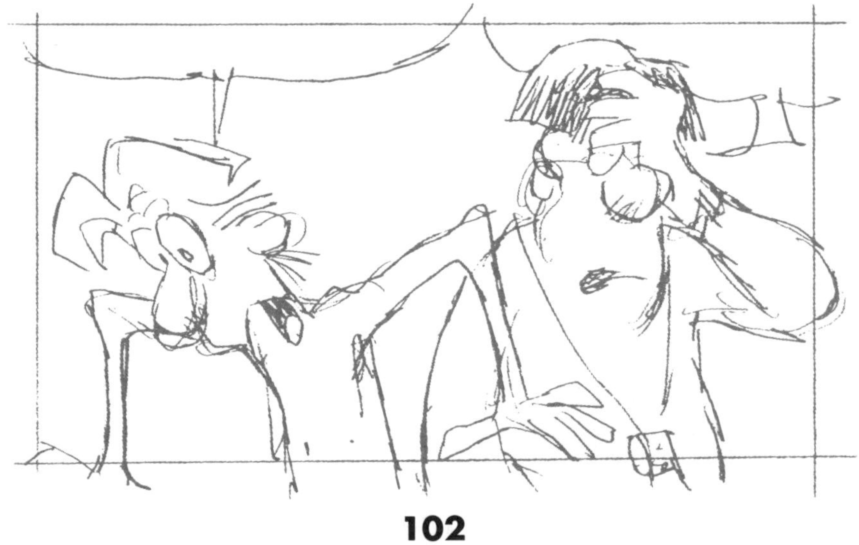

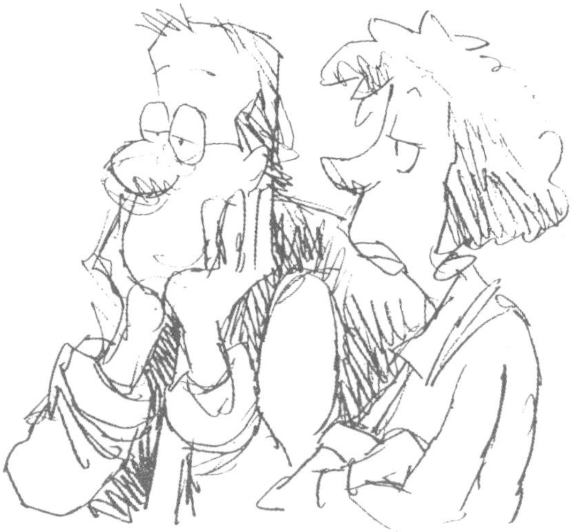

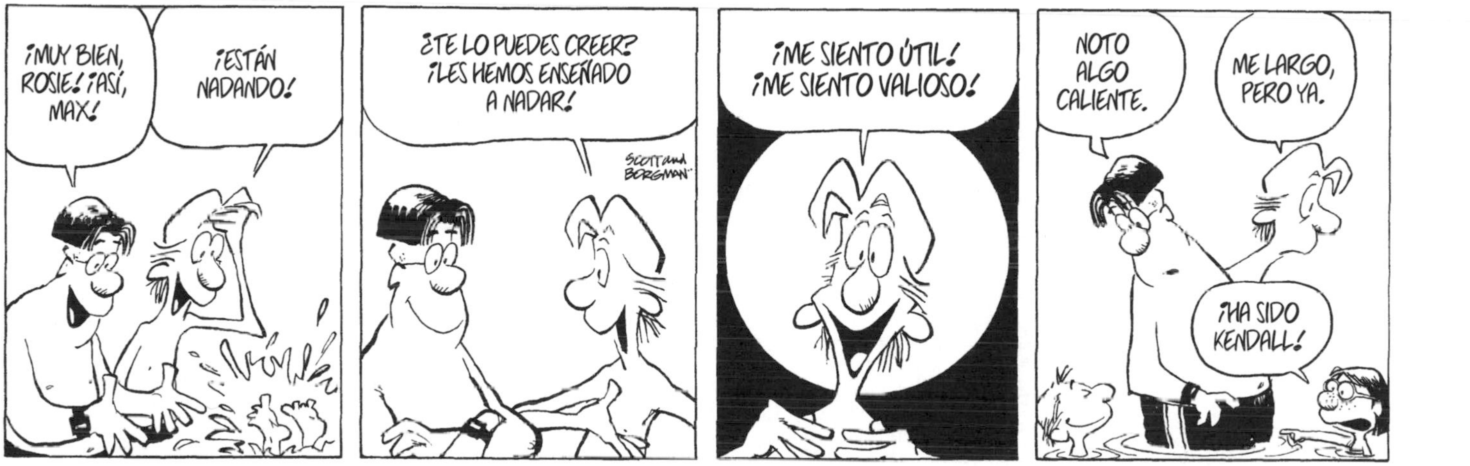

¡MUY BIEN, ROSIE! ¡ASÍ, MAX!
¡ESTÁN NADANDO!
¿TE LO PUEDES CREER? ¡LES HEMOS ENSEÑADO A NADAR!
SCOTT and BORGMAN
¡ME SIENTO ÚTIL! ¡ME SIENTO VALIOSO!
NOTO ALGO CALIENTE.
ME LARGO, PERO YA.
¡HA SIDO KENDALL!

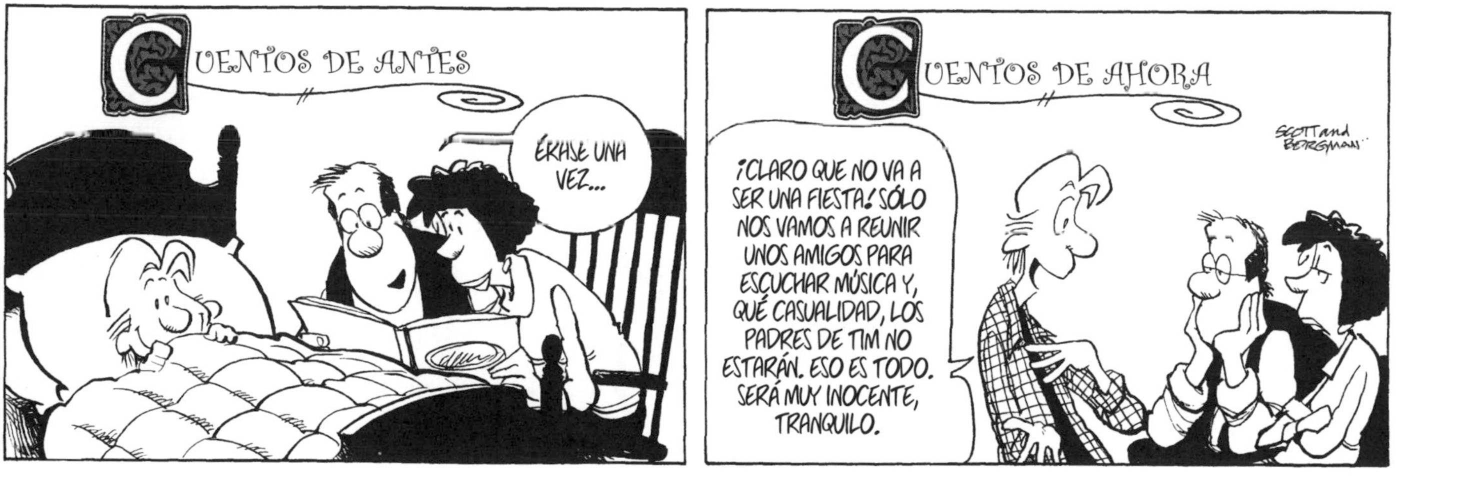

CUENTOS DE ANTES
ÉRASE UNA VEZ...
CUENTOS DE AHORA
SCOTT and BORGMAN
¡CLARO QUE NO VA A SER UNA FIESTA! SÓLO NOS VAMOS A REUNIR UNOS AMIGOS PARA ESCUCHAR MÚSICA Y, QUÉ CASUALIDAD, LOS PADRES DE TIM NO ESTARÁN. ESO ES TODO. SERÁ MUY INOCENTE, TRANQUILO.

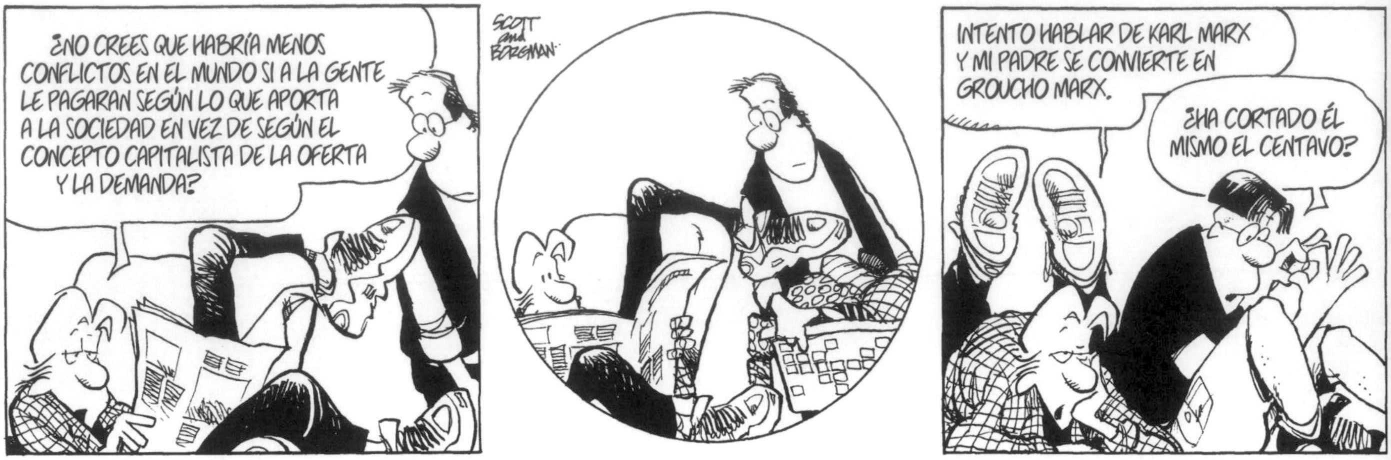
¿NO CREES QUE HABRÍA MENOS CONFLICTOS EN EL MUNDO SI A LA GENTE LE PAGARAN SEGÚN LO QUE APORTA A LA SOCIEDAD EN VEZ DE SEGÚN EL CONCEPTO CAPITALISTA DE LA OFERTA Y LA DEMANDA?
SCOTT and BORGMAN
INTENTO HABLAR DE KARL MARX Y MI PADRE SE CONVIERTE EN GROUCHO MARX.
¿HA CORTADO ÉL MISMO EL CENTAVO?

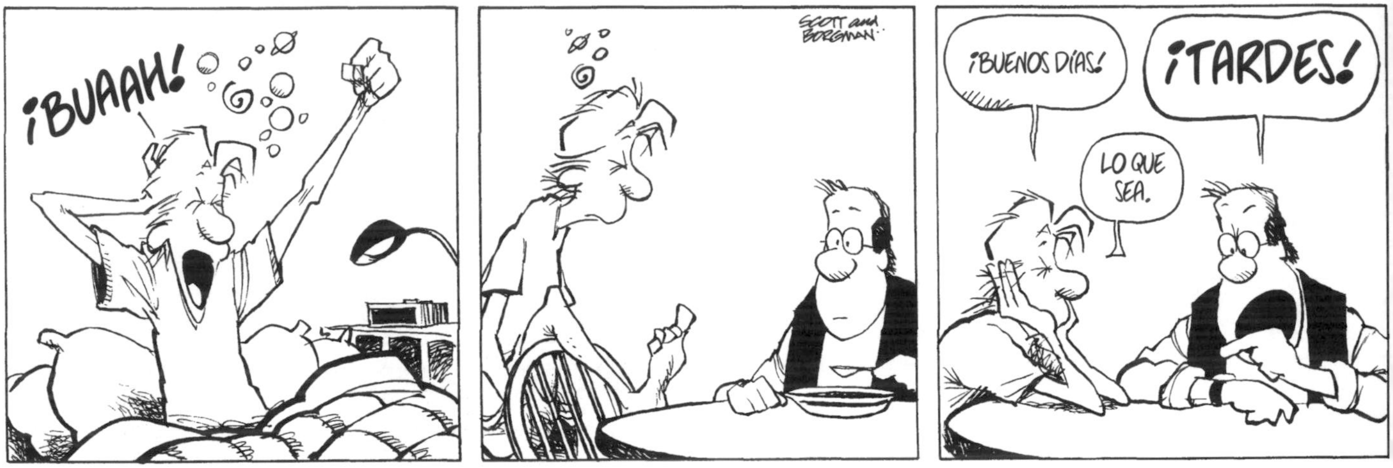
¡BUAAH!
SCOTT and BORGMAN
¡BUENOS DÍAS!
¡TARDES!
LO QUE SEA.

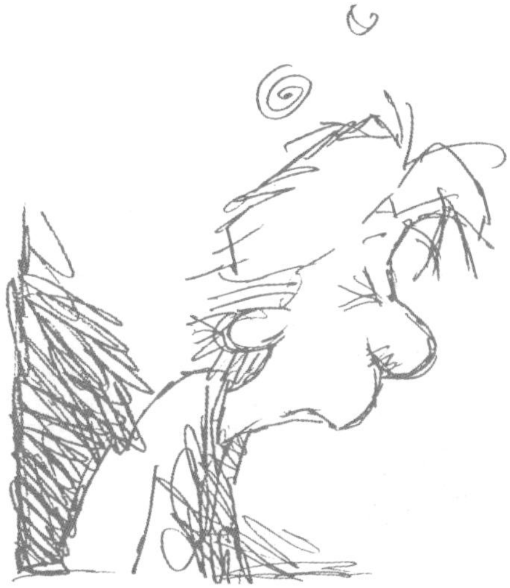

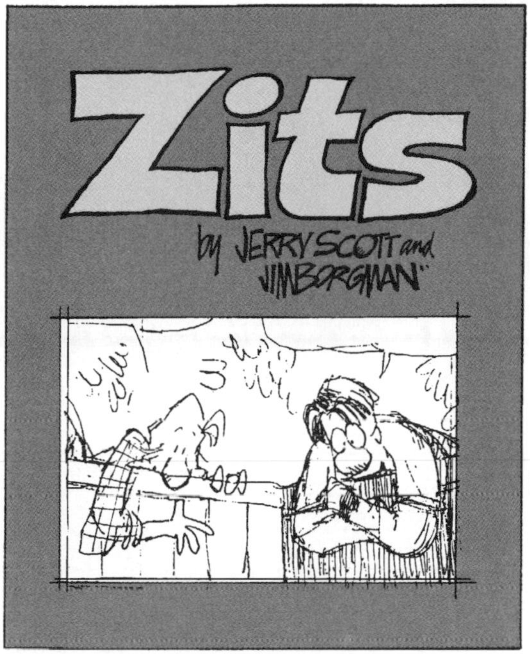
Zits
by JERRY SCOTT and JIM BORGMAN

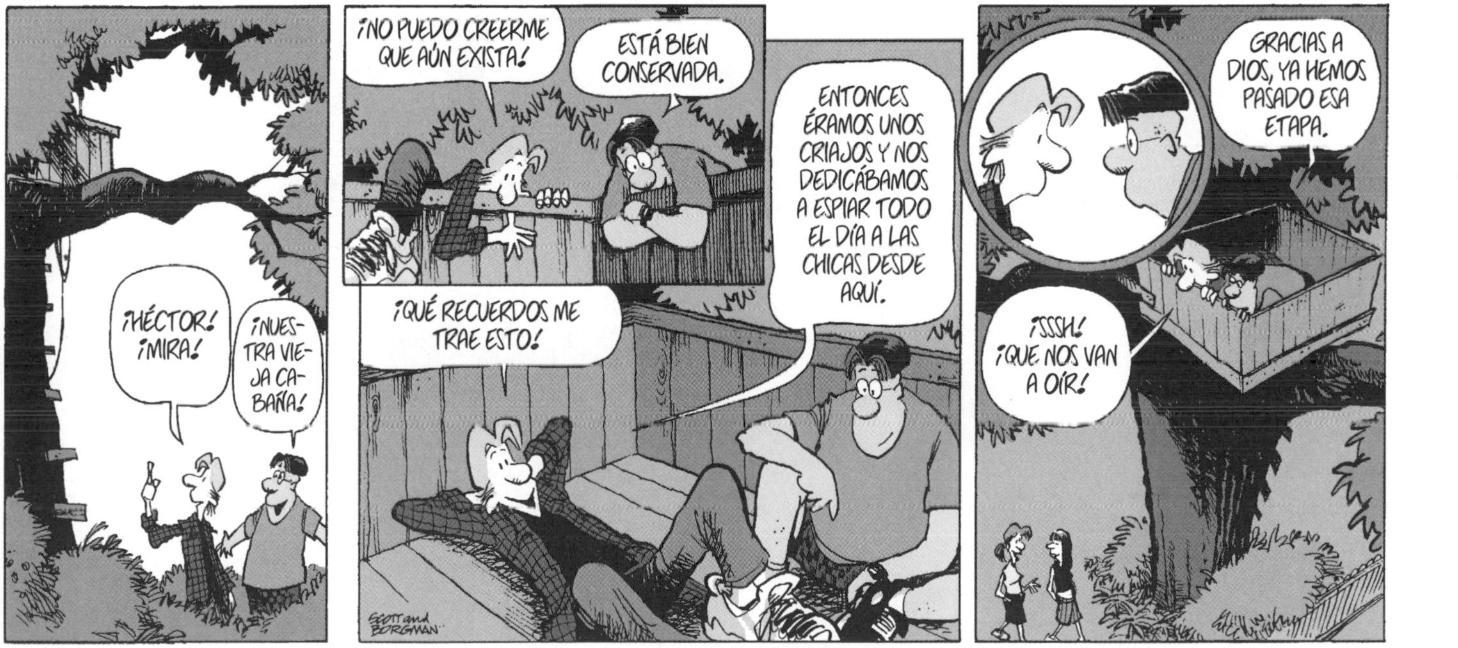
¡HÉCTOR! ¡MIRA!
¡NUESTRA VIEJA CABAÑA!
¡NO PUEDO CREERME QUE AÚN EXISTA!
ESTÁ BIEN CONSERVADA.
¡QUÉ RECUERDOS ME TRAE ESTO!
ENTONCES ÉRAMOS UNOS CRIAJOS Y NOS DEDICÁBAMOS A ESPIAR TODO EL DÍA A LAS CHICAS DESDE AQUÍ.
SCOTT and BORGMAN
GRACIAS A DIOS, YA HEMOS PASADO ESA ETAPA.
¡SSSH! ¡QUE NOS VAN A OÍR!

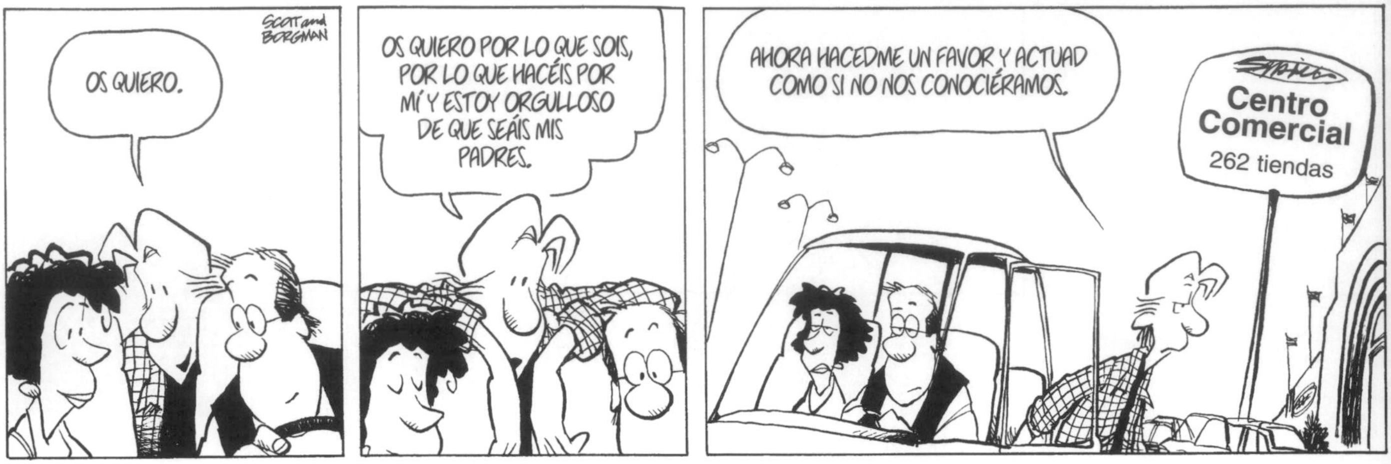
SCOTT and BORGMAN
OS QUIERO.
OS QUIERO POR LO QUE SOIS, POR LO QUE HACÉIS POR MÍ Y ESTOY ORGULLOSO DE QUE SEÁIS MIS PADRES.
AHORA HACEDME UN FAVOR Y ACTUAD COMO SI NO NOS CONOCIÉRAMOS.
Centro Comercial
262 tiendas

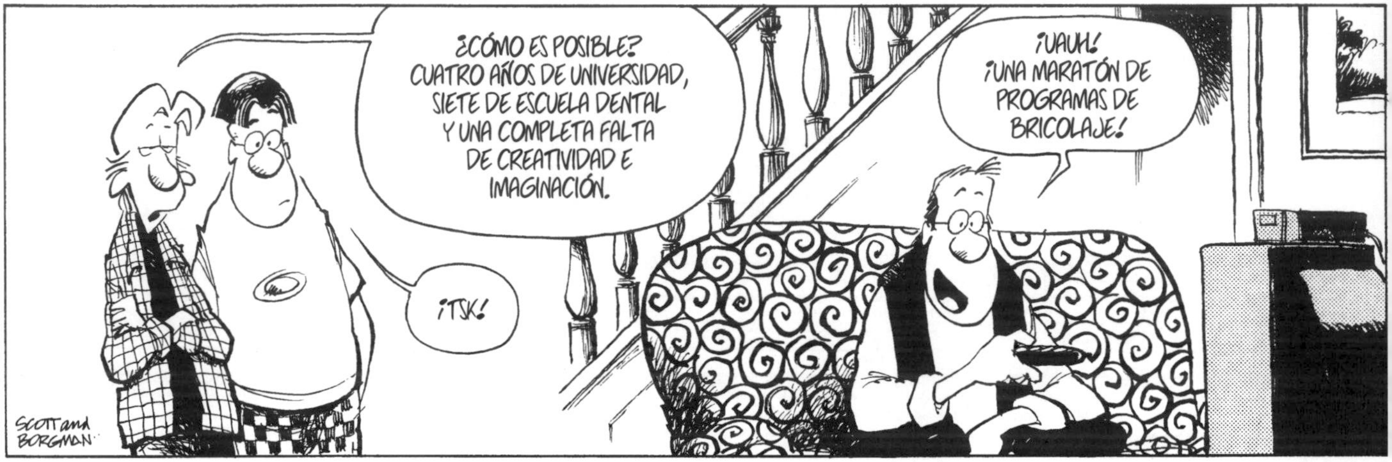
¿CÓMO ES POSIBLE? CUATRO AÑOS DE UNIVERSIDAD, SIETE DE ESCUELA DENTAL Y UNA COMPLETA FALTA DE CREATIVIDAD E IMAGINACIÓN.
¡TSK!
¡UAUH! ¡UNA MARATÓN DE PROGRAMAS DE BRICOLAJE!
SCOTT and BORGMAN

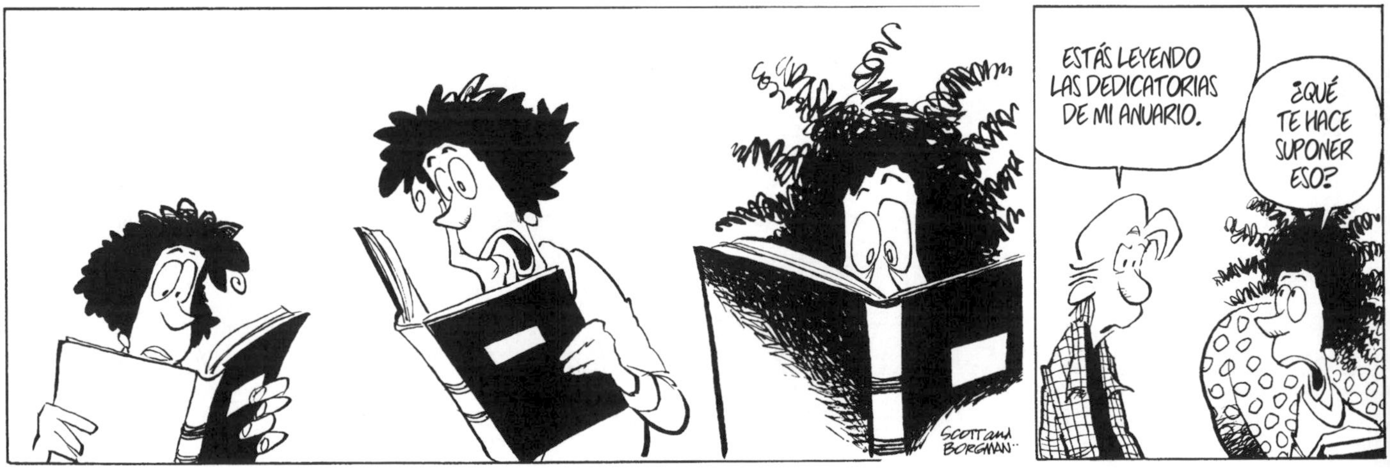
SCOTT and BORGMAN
ESTÁS LEYENDO LAS DEDICATORIAS DE MI ANUARIO.
¿QUÉ TE HACE SUPONER ESO?

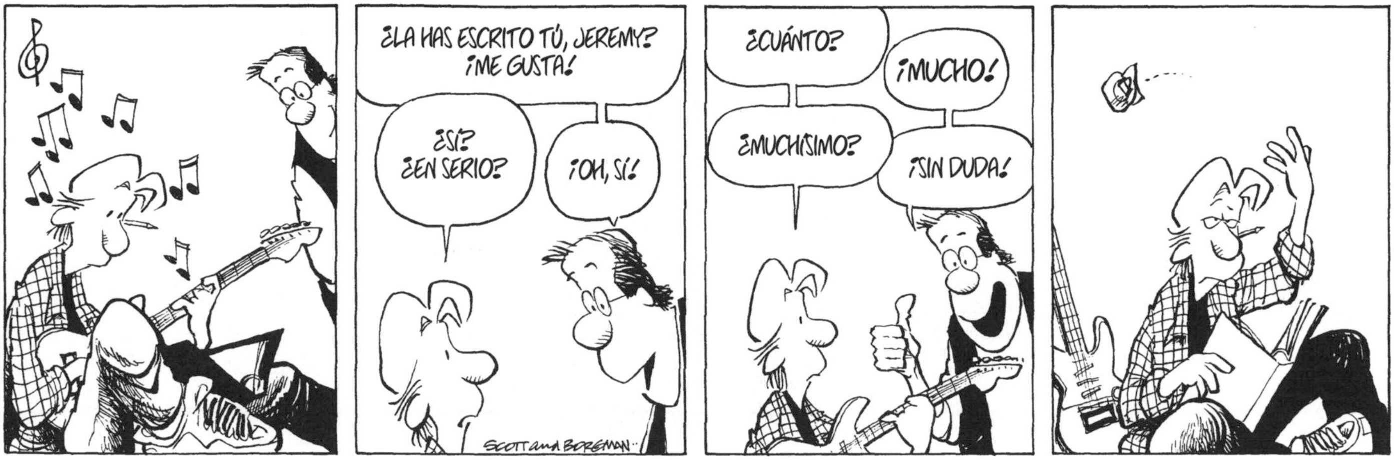
¿LA HAS ESCRITO TÚ, JEREMY? ¡ME GUSTA!
¿SÍ? ¿EN SERIO?
¡OH, SÍ!
SCOTT and BORGMAN
¿CUÁNTO?
¡MUCHO!
¿MUCHÍSIMO?
¡SIN DUDA!

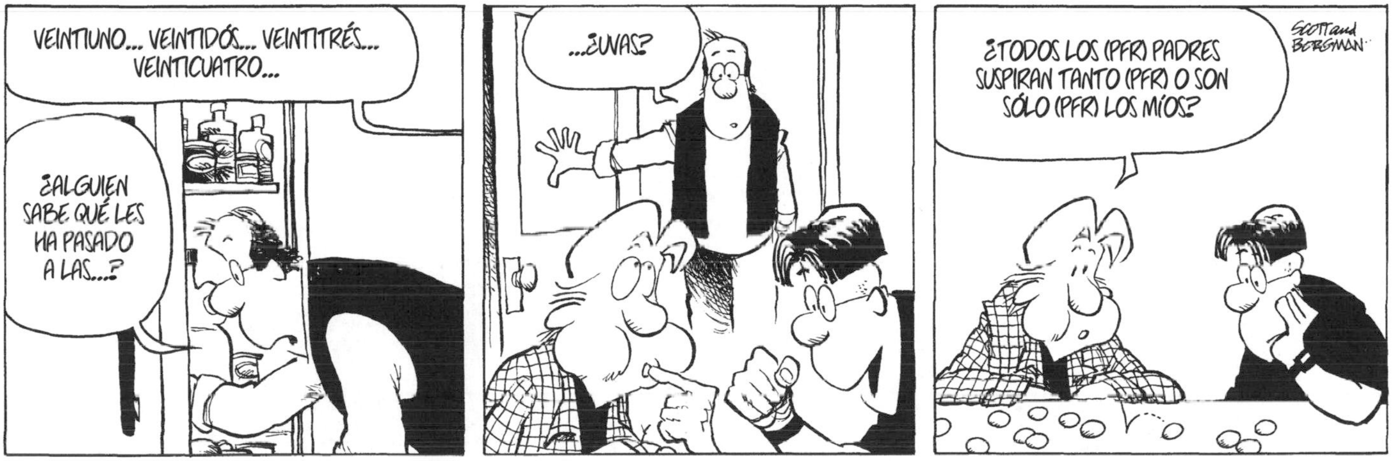
VEINTIUNO... VEINTIDÓS... VEINTITRÉS... VEINTICUATRO...
¿ALGUIEN SABE QUÉ LES HA PASADO A LAS...?
...¿UVAS?
SCOTT and BORGMAN
¿TODOS LOS (PFR) PADRES SUSPIRAN TANTO (PFR) O SON SÓLO (PFR) LOS MÍOS?

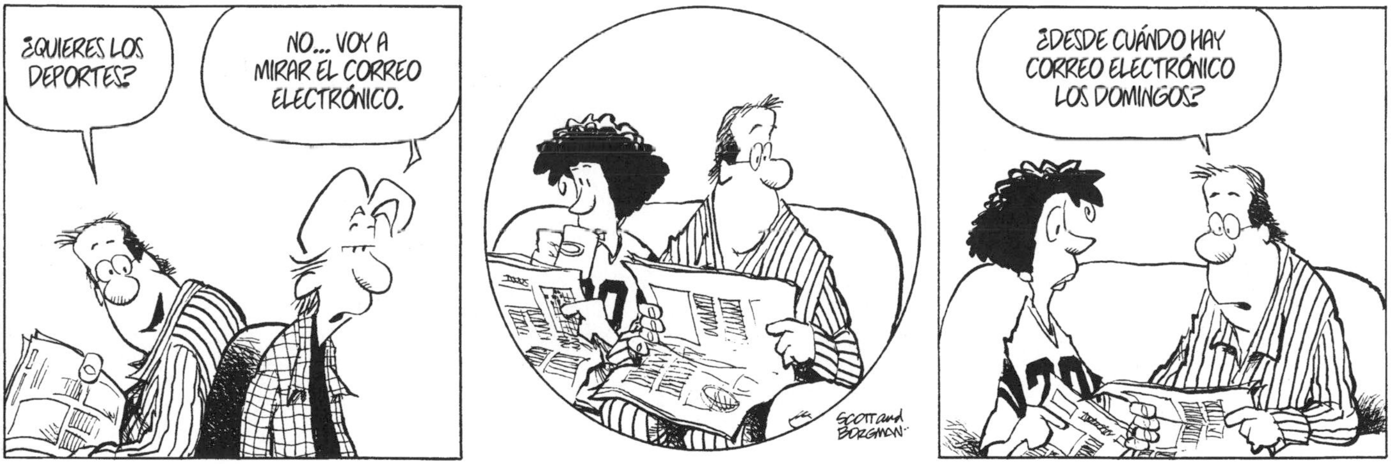
¿QUIERES LOS DEPORTES?
NO... VOY A MIRAR EL CORREO ELECTRÓNICO.
SCOTT and BORGMAN
¿DESDE CUÁNDO HAY CORREO ELECTRÓNICO LOS DOMINGOS?

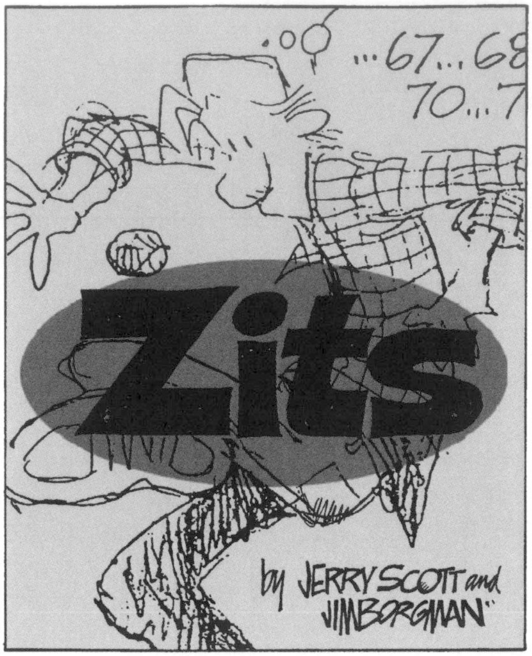
...67...68
70...7
Zits
by JERRY SCOTT and
JIM BORGMAN

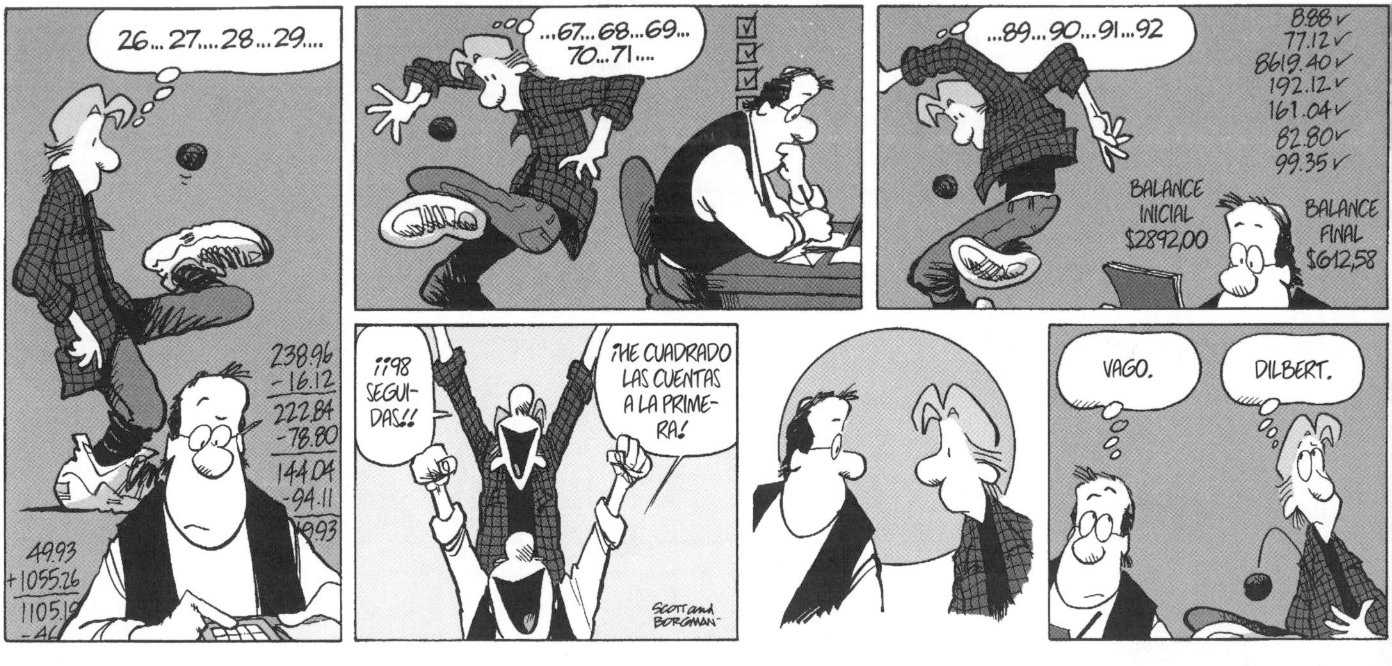
26... 27.... 28... 29....
238.96
-16.12
222.84
-78.80
144.04
-94.11
49.93
+1055.26
...67... 68... 69...
70... 71....
...89... 90... 91... 92
8.88
77.12
8619.40
192.12
161.04
82.80
99.35
BALANCE INICIAL $2892,00
BALANCE FINAL $612,58
¡¡98 SEGUI-DAS!!
¡HE CUADRADO LAS CUENTAS A LA PRIME-RA!
SCOTT and BORGMAN
VAGO.
DILBERT.

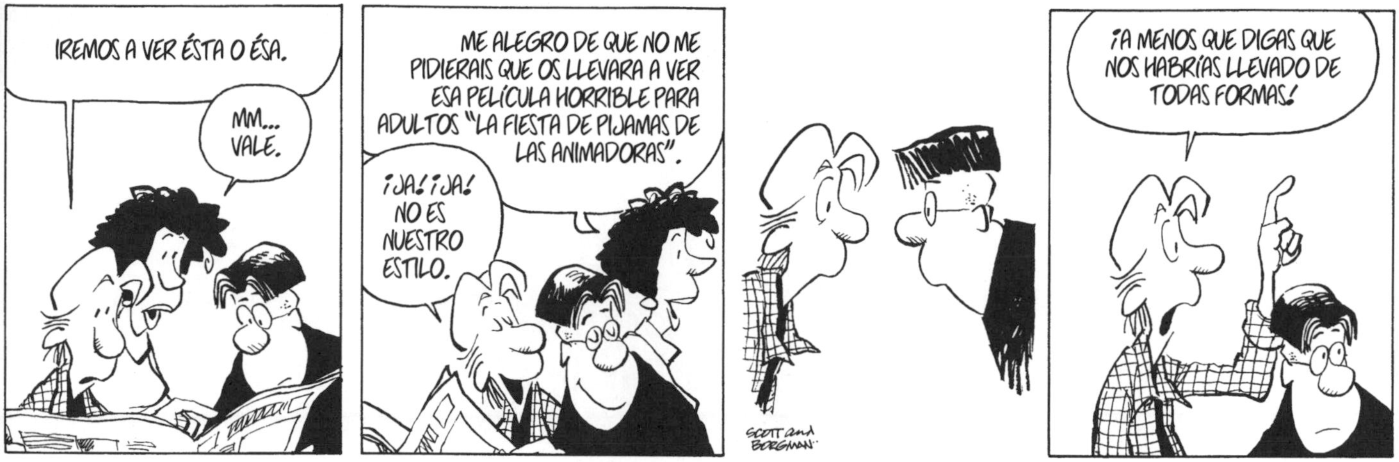
IREMOS A VER ÉSTA O ÉSA.
MM... VALE.
ME ALEGRO DE QUE NO ME PIDIERAIS QUE OS LLEVARA A VER ESA PELÍCULA HORRIBLE PARA ADULTOS "LA FIESTA DE PIJAMAS DE LAS ANIMADORAS".
¡JA! ¡JA! NO ES NUESTRO ESTILO.
¡A MENOS QUE DIGAS QUE NOS HABRÍAS LLEVADO DE TODAS FORMAS!
SCOTT and BORGMAN

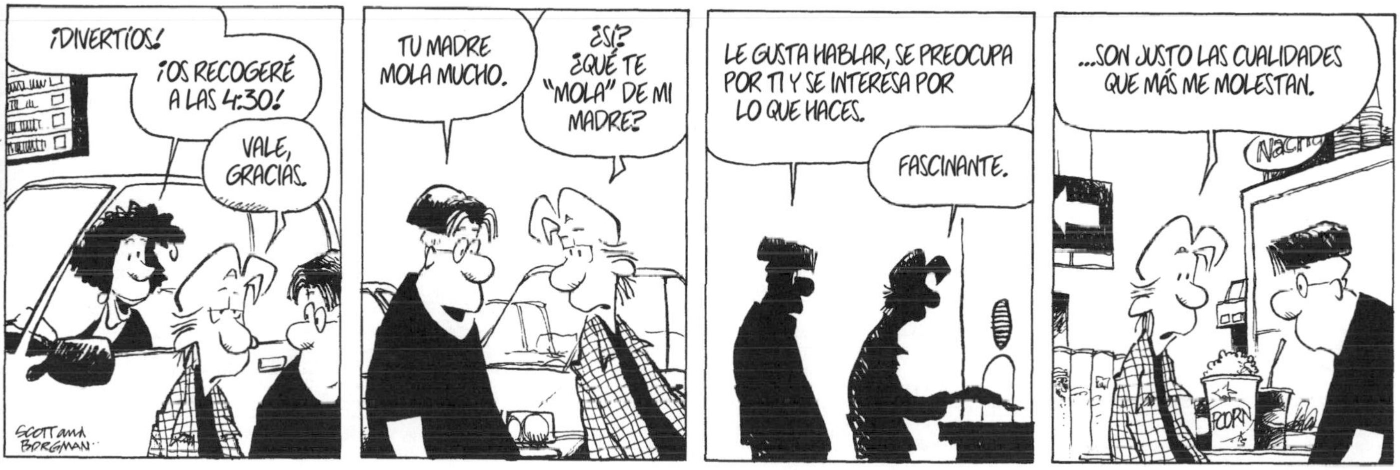
¡DIVERTÍOS!
¡OS RECOGERÉ A LAS 4:30!
VALE, GRACIAS.
SCOTT and BORGMAN
TU MADRE MOLA MUCHO.
¿SÍ? ¿QUÉ TE "MOLA" DE MI MADRE?
LE GUSTA HABLAR, SE PREOCUPA POR TI Y SE INTERESA POR LO QUE HACES.
FASCINANTE.
...SON JUSTO LAS CUALIDADES QUE MÁS ME MOLESTAN.

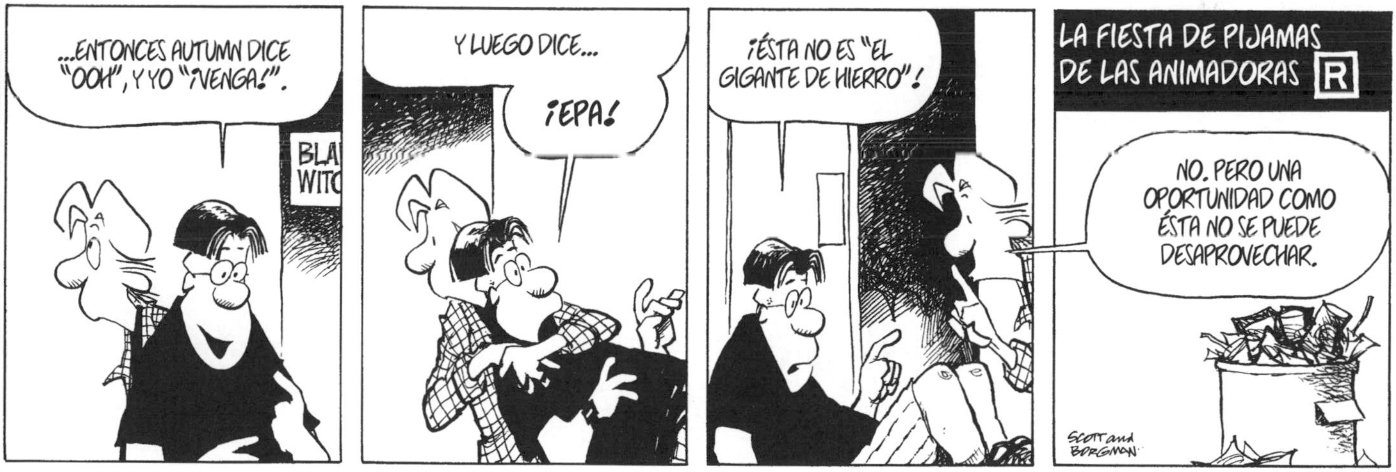
...ENTONCES AUTUMN DICE "OOH", Y YO "¡VENGA!".
Y LUEGO DICE...
¡EPA!
¡ÉSTA NO ES "EL GIGANTE DE HIERRO"!
LA FIESTA DE PIJAMAS DE LAS ANIMADORAS R
NO. PERO UNA OPORTUNIDAD COMO ÉSTA NO SE PUEDE DESAPROVECHAR.
SCOTT and BORGMAN

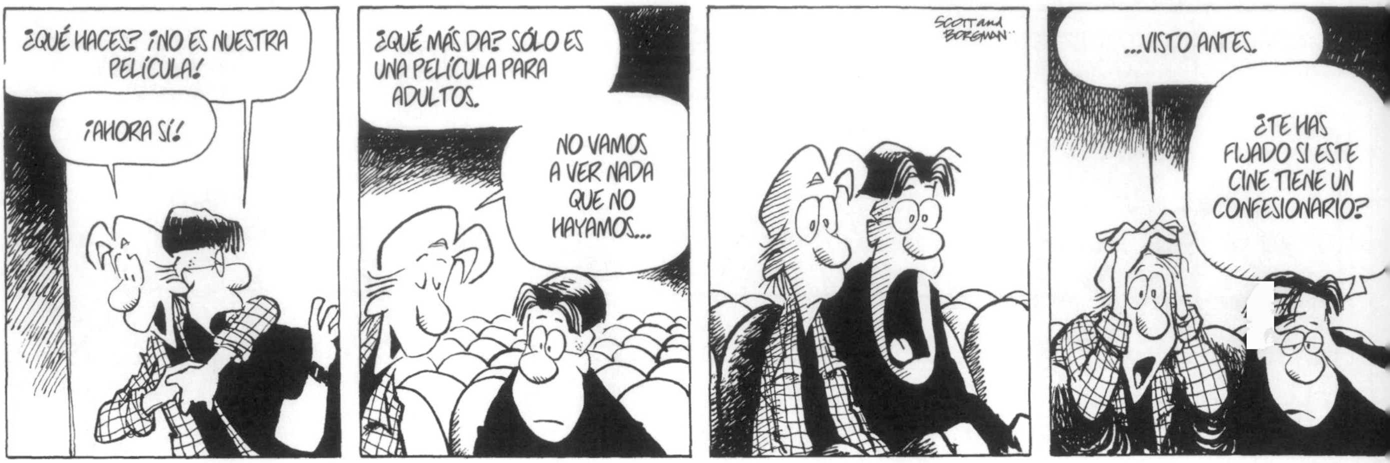
¿QUÉ HACES? ¡NO ES NUESTRA PELÍCULA!
¡AHORA SÍ!
¿QUÉ MÁS DA? SÓLO ES UNA PELÍCULA PARA ADULTOS.
NO VAMOS A VER NADA QUE NO HAYAMOS...
SCOTT AND BORGMAN
...VISTO ANTES.
¿TE HAS FIJADO SI ESTE CINE TIENE UN CONFESIONARIO?

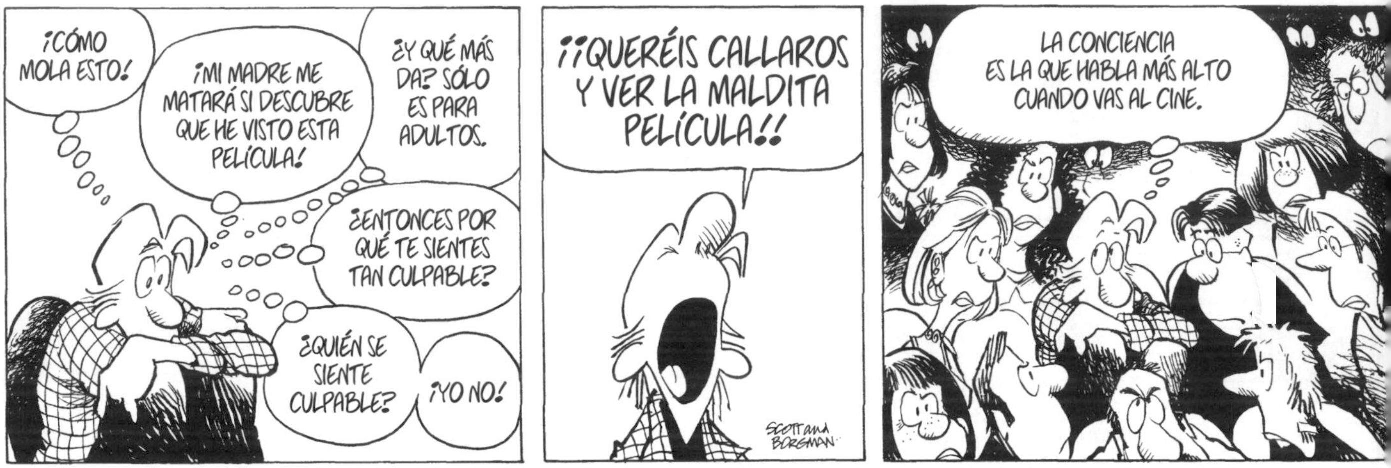
¡CÓMO MOLA ESTO!
¡MI MADRE ME MATARÁ SI DESCUBRE QUE HE VISTO ESTA PELÍCULA!
¿Y QUÉ MÁS DA? SÓLO ES PARA ADULTOS.
¿ENTONCES POR QUÉ TE SIENTES TAN CULPABLE?
¿QUIÉN SE SIENTE CULPABLE?
¡YO NO!
¡¡QUERÉIS CALLAROS Y VER LA MALDITA PELÍCULA!!
SCOTT AND BORGMAN
LA CONCIENCIA ES LA QUE HABLA MÁS ALTO CUANDO VAS AL CINE.

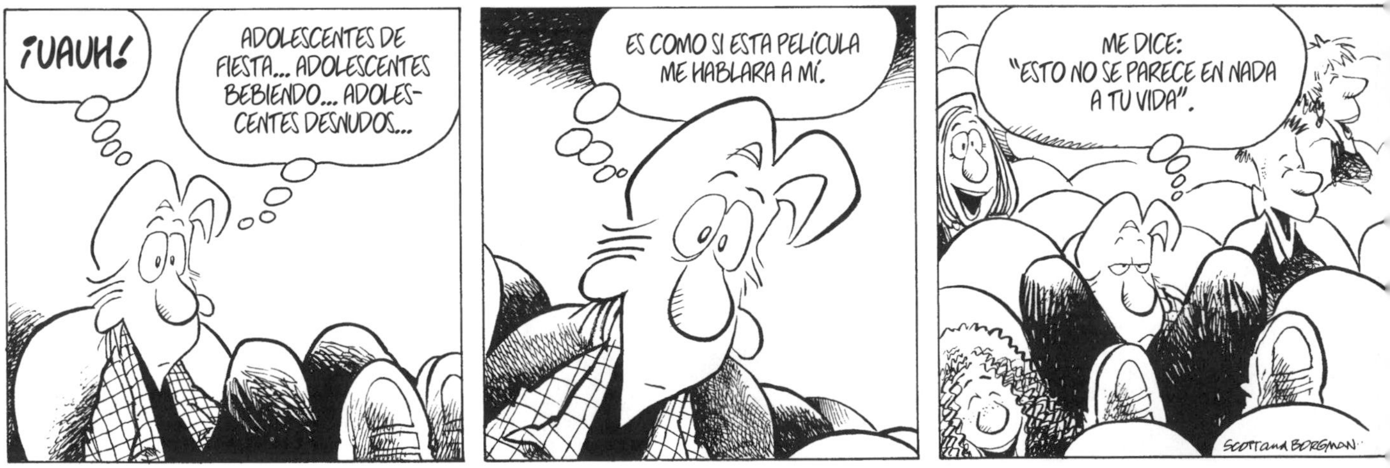
¡UAUH!
ADOLESCENTES DE FIESTA... ADOLESCENTES BEBIENDO... ADOLES-CENTES DESNUDOS...
ES COMO SI ESTA PELÍCULA ME HABLARA A MÍ.
ME DICE: "ESTO NO SE PARECE EN NADA A TU VIDA".
SCOTT AND BORGMAN

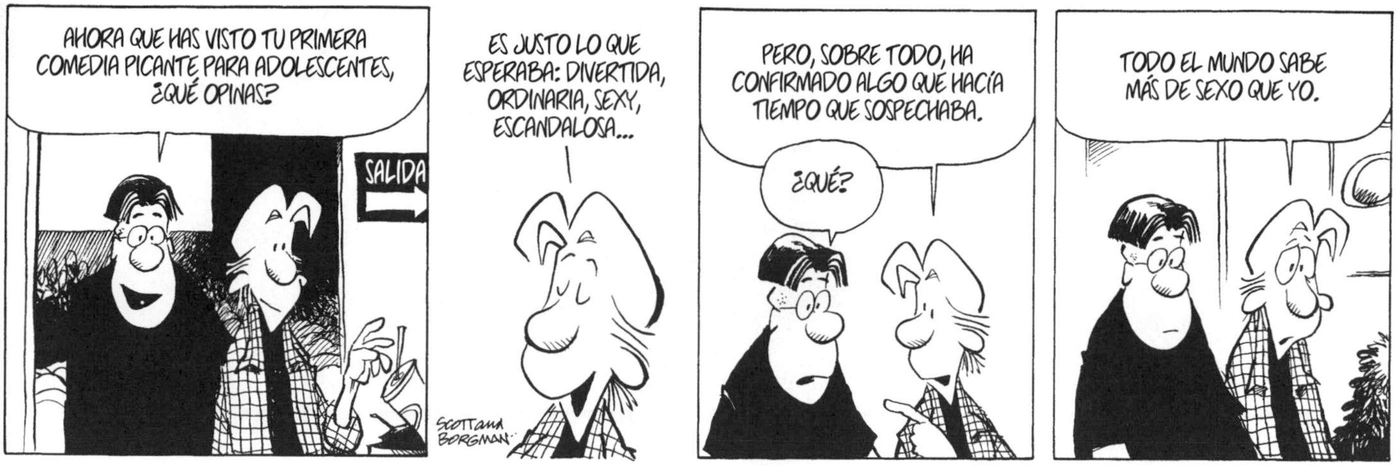
AHORA QUE HAS VISTO TU PRIMERA COMEDIA PICANTE PARA ADOLESCENTES, ¿QUÉ OPINAS?
SALIDA
ES JUSTO LO QUE ESPERABA: DIVERTIDA, ORDINARIA, SEXY, ESCANDALOSA...
SCOTT and BORGMAN
PERO, SOBRE TODO, HA CONFIRMADO ALGO QUE HACÍA TIEMPO QUE SOSPECHABA.
¿QUÉ?
TODO EL MUNDO SABE MÁS DE SEXO QUE YO.

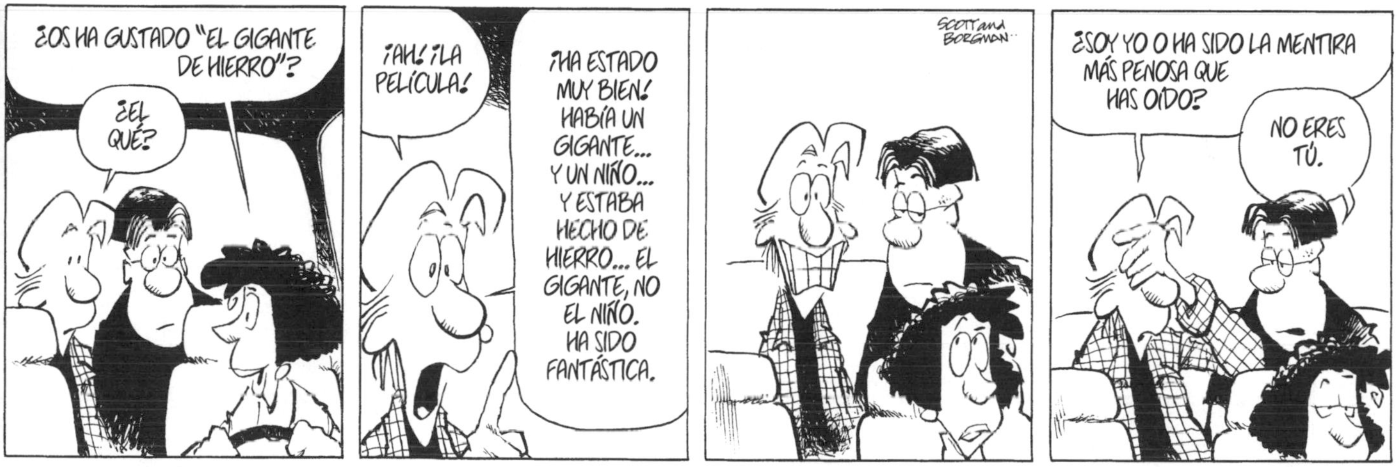
¿OS HA GUSTADO "EL GIGANTE DE HIERRO"?
¿EL QUÉ?
¡AH! ¡LA PELÍCULA!
¡HA ESTADO MUY BIEN! HABÍA UN GIGANTE... Y UN NIÑO... Y ESTABA HECHO DE HIERRO... EL GIGANTE, NO EL NIÑO. HA SIDO FANTÁSTICA.
SCOTT and BORGMAN
¿SOY YO O HA SIDO LA MENTIRA MÁS PENOSA QUE HAS OÍDO?
NO ERES TÚ.

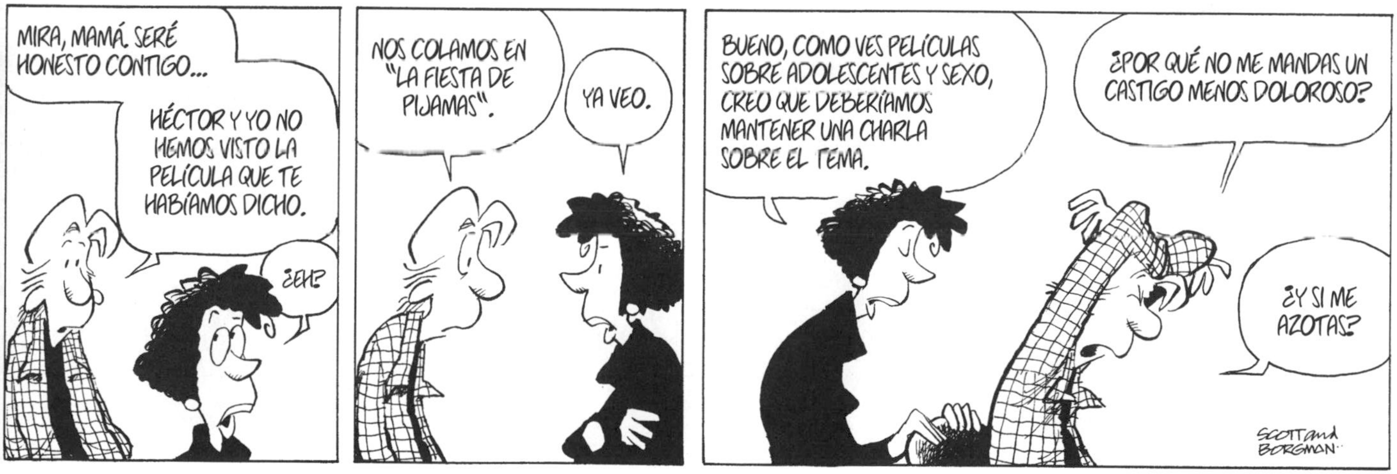
MIRA, MAMÁ. SERÉ HONESTO CONTIGO...
HÉCTOR Y YO NO HEMOS VISTO LA PELÍCULA QUE TE HABÍAMOS DICHO.
¿EH?
NOS COLAMOS EN "LA FIESTA DE PIJAMAS".
YA VEO.
BUENO, COMO VES PELÍCULAS SOBRE ADOLESCENTES Y SEXO, CREO QUE DEBERÍAMOS MANTENER UNA CHARLA SOBRE EL TEMA.
¿POR QUÉ NO ME MANDAS UN CASTIGO MENOS DOLOROSO?
¿Y SI ME AZOTAS?
SCOTT and BORGMAN

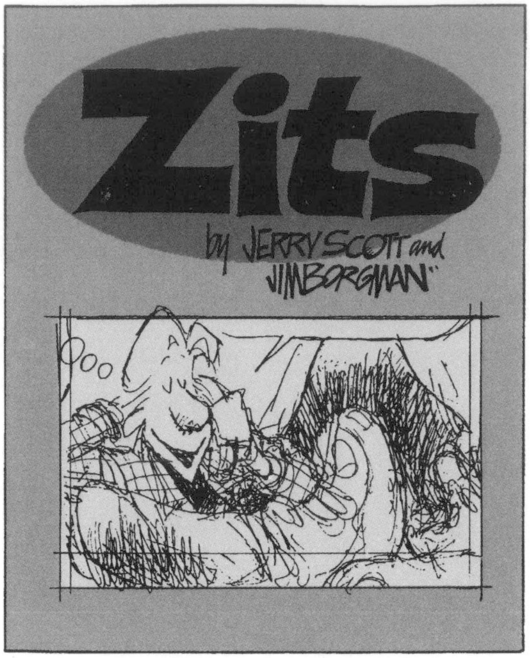
Zits
by JERRY SCOTT and
JIM BORGMAN

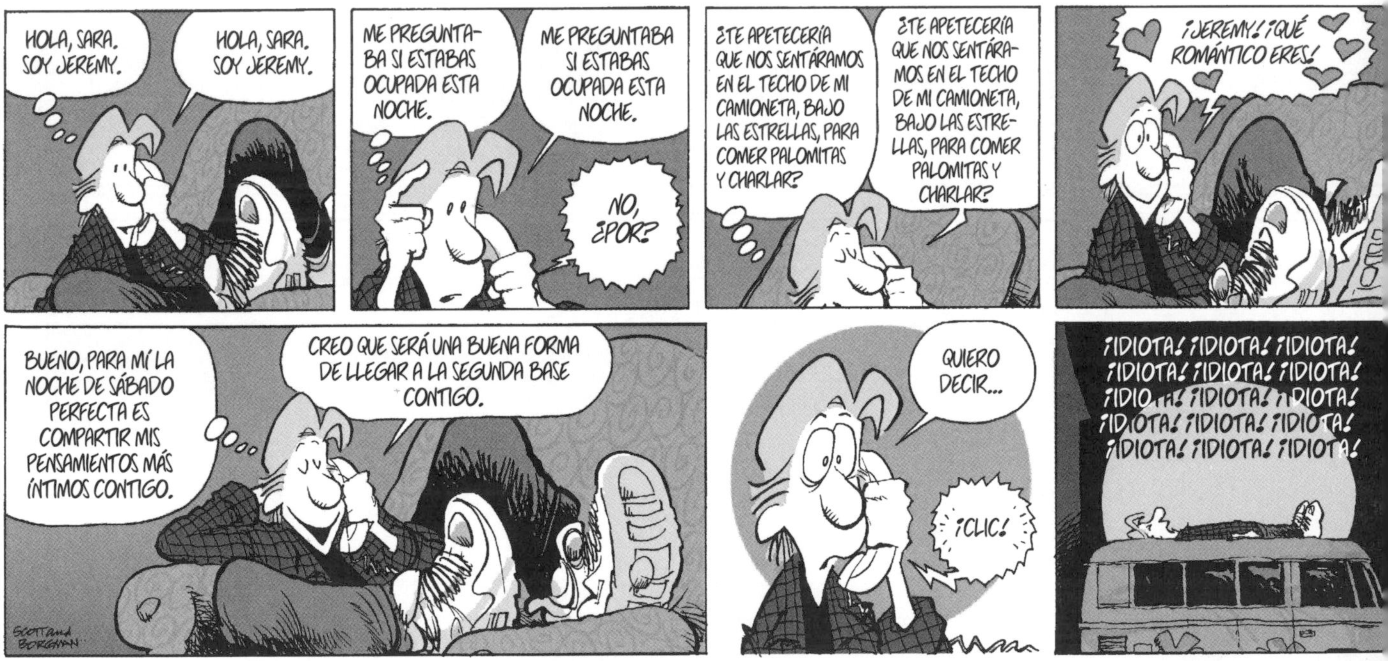
HOLA, SARA. SOY JEREMY.
HOLA, SARA. SOY JEREMY.
ME PREGUNTABA SI ESTABAS OCUPADA ESTA NOCHE.
ME PREGUNTABA SI ESTABAS OCUPADA ESTA NOCHE.
NO, ¿POR?
¿TE APETECERÍA QUE NOS SENTÁRAMOS EN EL TECHO DE MI CAMIONETA, BAJO LAS ESTRELLAS, PARA COMER PALOMITAS Y CHARLAR?
¿TE APETECERÍA QUE NOS SENTÁRAMOS EN EL TECHO DE MI CAMIONETA, BAJO LAS ESTRELLAS, PARA COMER PALOMITAS Y CHARLAR?
¡JEREMY! ¡QUÉ ROMÁNTICO ERES!
BUENO, PARA MÍ LA NOCHE DE SÁBADO PERFECTA ES COMPARTIR MIS PENSAMIENTOS MÁS ÍNTIMOS CONTIGO.
CREO QUE SERÁ UNA BUENA FORMA DE LLEGAR A LA SEGUNDA BASE CONTIGO.
SCOTT and BORGMAN
QUIERO DECIR...
¡CLIC!
¡IDIOTA! ¡IDIOTA! ¡IDIOTA! ¡IDIOTA! ¡IDIOTA! ¡IDIOTA! ¡IDIOTA! ¡IDIOTA! ¡IDIOTA! ¡IDIOTA! ¡IDIOTA! ¡IDIOTA! ¡IDIOTA! ¡IDIOTA! ¡IDIOTA!

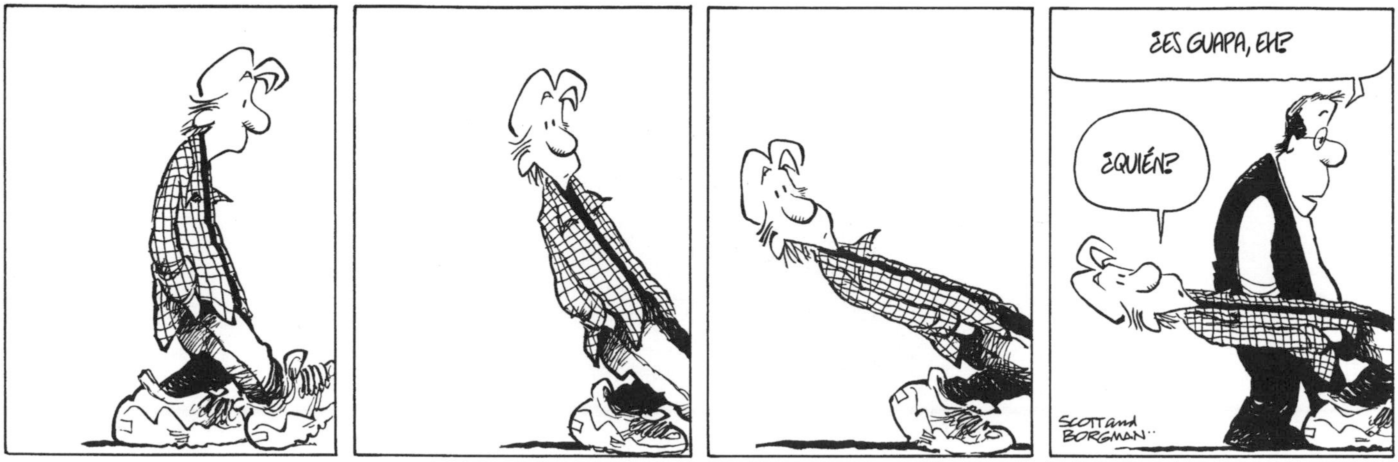
¿ES GUAPA, EH?
¿QUIÉN?
SCOTT and BORGMAN

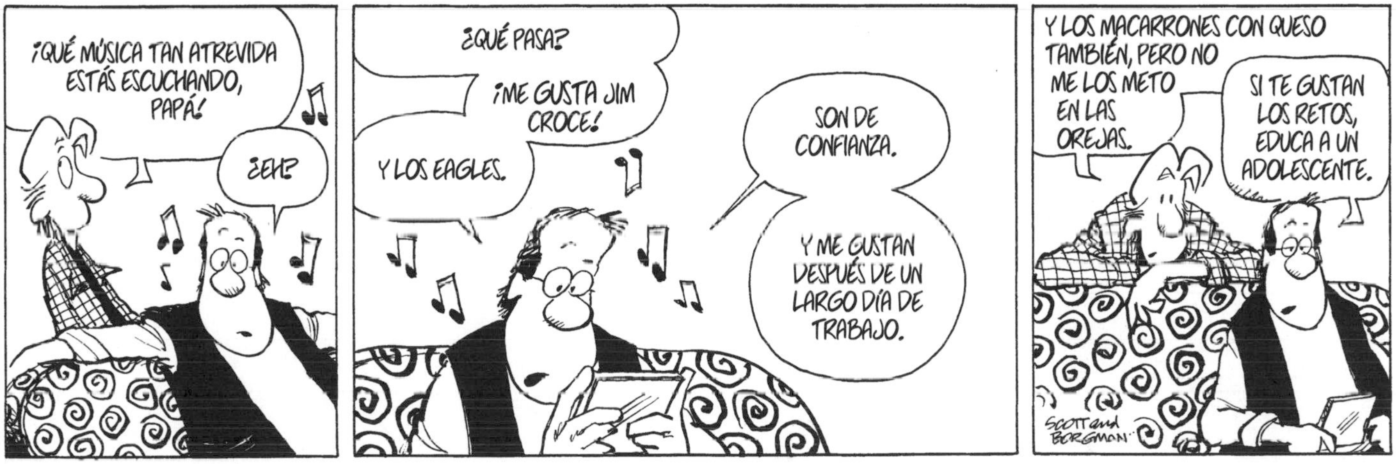
¡QUÉ MÚSICA TAN ATREVIDA ESTÁS ESCUCHANDO, PAPÁ!
¿EH?
¿QUÉ PASA?
¡ME GUSTA JIM CROCE!
Y LOS EAGLES.
SON DE CONFIANZA.
Y ME GUSTAN DESPUÉS DE UN LARGO DÍA DE TRABAJO.
Y LOS MACARRONES CON QUESO TAMBIÉN, PERO NO ME LOS METO EN LAS OREJAS.
SI TE GUSTAN LOS RETOS, EDUCA A UN ADOLESCENTE.
SCOTT and BORGMAN

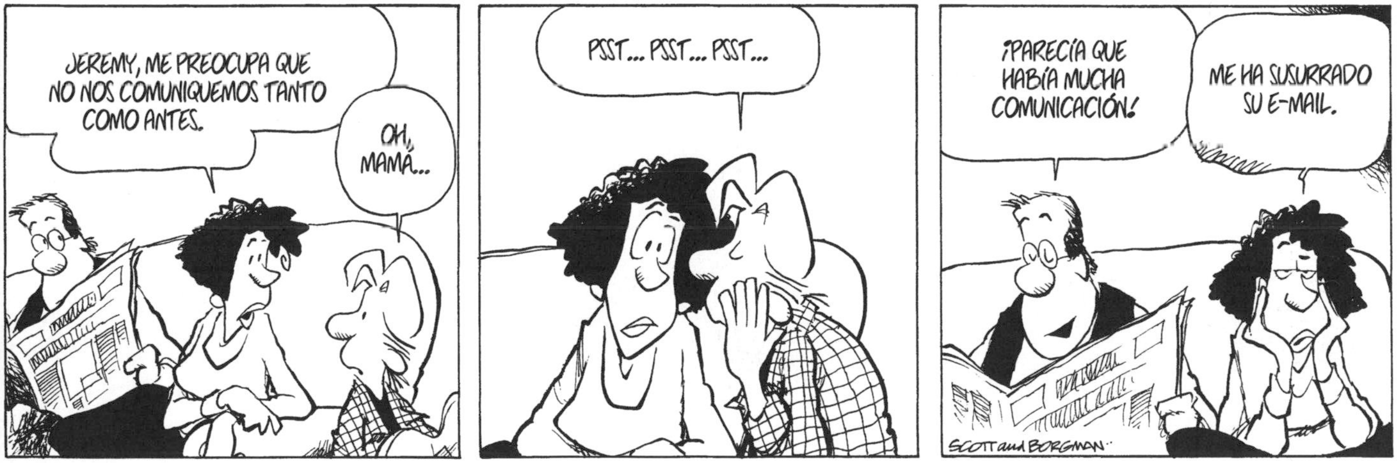
JEREMY, ME PREOCUPA QUE NO NOS COMUNIQUEMOS TANTO COMO ANTES.
OH, MAMÁ...
PSST... PSST... PSST...
¡PARECÍA QUE HABÍA MUCHA COMUNICACIÓN!
ME HA SUSURRADO SU E-MAIL.
SCOTT and BORGMAN

Zits
by JERRY SCOTT and JIM BORGMAN

DEBERÍAS LLEVAR PANTALONES CAQUI CON ESA CAMISA.
¡MAMÁÁÁ!
¡YA NO PUEDES DECIRME CÓMO TENGO QUE VESTIR!
¡MI ESTILO DE VESTIR ME DEFINE!
METERTE CON MI ROPA ES COMO METERTE CON LA ESENCIA DE MI IDENTIDAD.
¡SLAM!
SCOTT and BORGMAN
DEBERÍAS LLEVAR PANTALONES CAQUI CON ESA CAMISA.
GUAY.

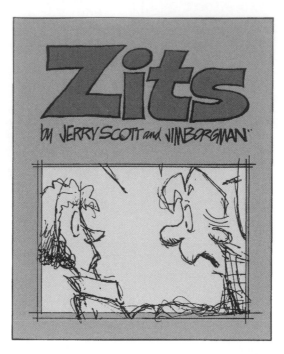

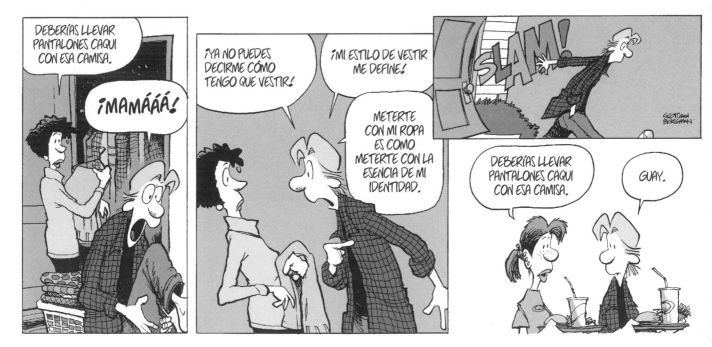

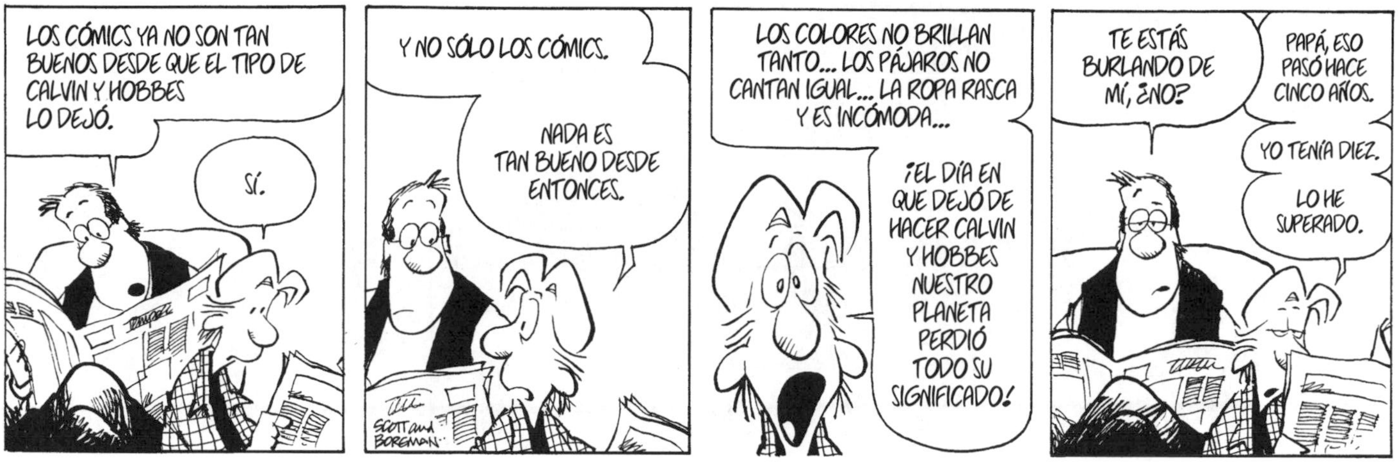
LOS CÓMICS YA NO SON TAN BUENOS DESDE QUE EL TIPO DE CALVIN Y HOBBES LO DEJÓ.
SÍ.
Y NO SÓLO LOS CÓMICS.
NADA ES TAN BUENO DESDE ENTONCES.
SCOTT and BORGMAN
LOS COLORES NO BRILLAN TANTO... LOS PÁJAROS NO CANTAN IGUAL... LA ROPA RASCA Y ES INCÓMODA...
¡EL DÍA EN QUE DEJÓ DE HACER CALVIN Y HOBBES NUESTRO PLANETA PERDIÓ TODO SU SIGNIFICADO!
TE ESTÁS BURLANDO DE MÍ, ¿NO?
PAPÁ, ESO PASÓ HACE CINCO AÑOS.
YO TENÍA DIEZ.
LO HE SUPERADO.

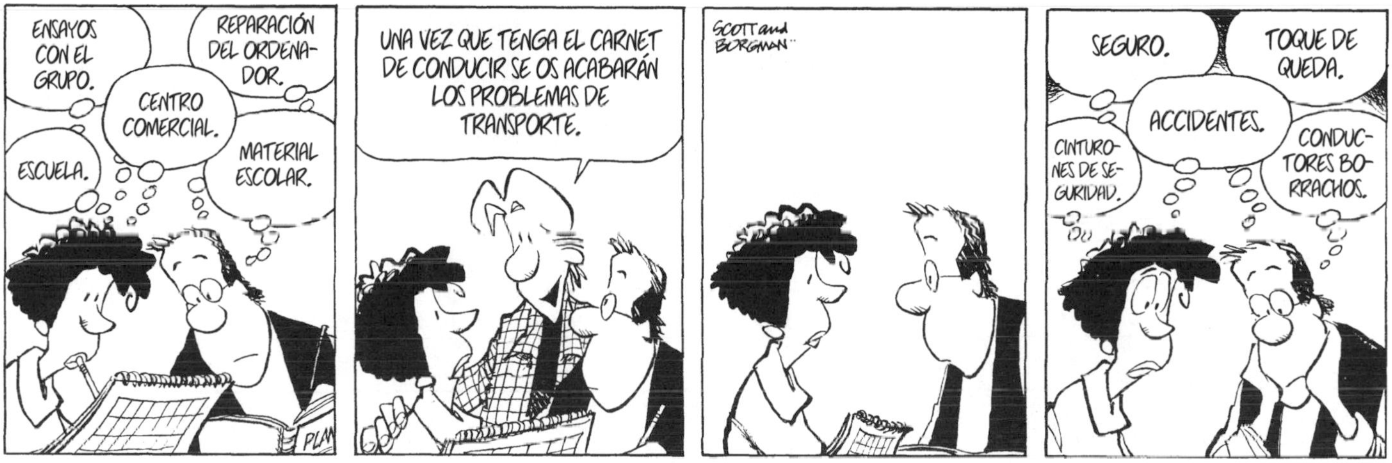
ENSAYOS CON EL GRUPO.
REPARACIÓN DEL ORDENADOR.
CENTRO COMERCIAL.
ESCUELA.
MATERIAL ESCOLAR.
UNA VEZ QUE TENGA EL CARNET DE CONDUCIR SE OS ACABARÁN LOS PROBLEMAS DE TRANSPORTE.
SCOTT and BORGMAN
SEGURO.
TOQUE DE QUEDA.
ACCIDENTES.
CINTURONES DE SEGURIDAD.
CONDUCTORES BORRACHOS.

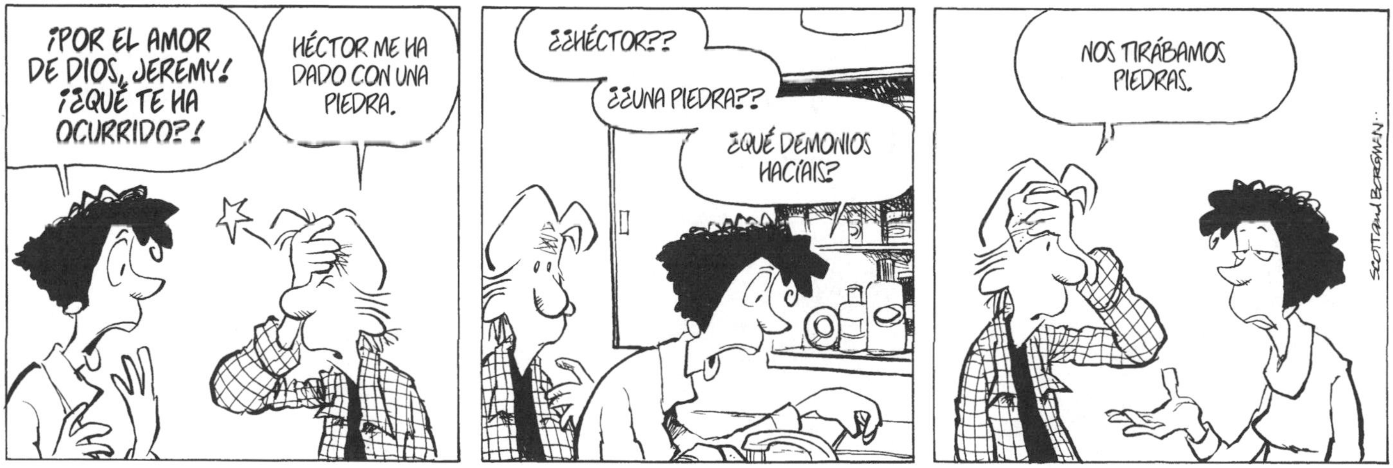
¡POR EL AMOR DE DIOS, JEREMY! ¡¿QUÉ TE HA OCURRIDO?!
HÉCTOR ME HA DADO CON UNA PIEDRA.
¿¿HÉCTOR??
¿¿UNA PIEDRA??
¿QUÉ DEMONIOS HACÍAIS?
NOS TIRÁBAMOS PIEDRAS.
SCOTT and BORGMAN

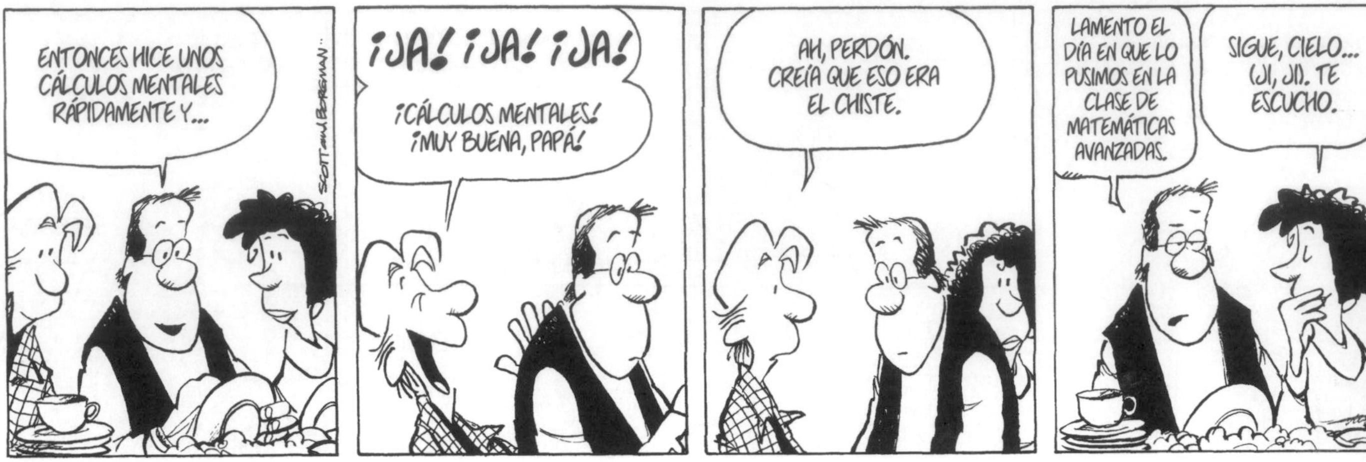
ENTONCES HICE UNOS CÁLCULOS MENTALES RÁPIDAMENTE Y...
¡JA! ¡JA! ¡JA!
¡CÁLCULOS MENTALES! ¡MUY BUENA, PAPÁ!
AH, PERDÓN. CREÍA QUE ESO ERA EL CHISTE.
LAMENTO EL DÍA EN QUE LO PUSIMOS EN LA CLASE DE MATEMÁTICAS AVANZADAS.
SIGUE, CIELO... (JI, JI). TE ESCUCHO.

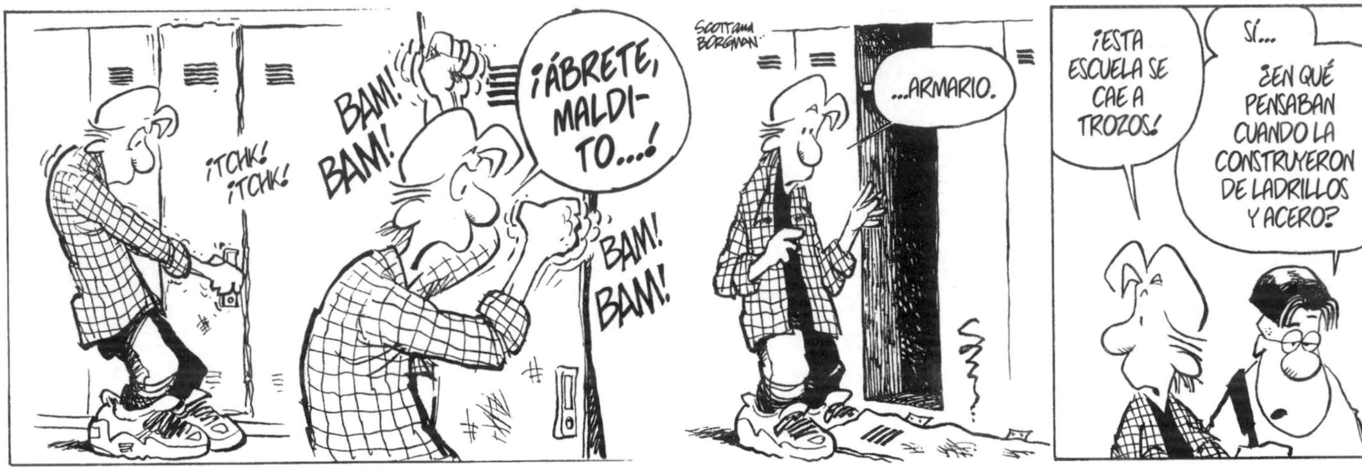
¡TCHK! ¡TCHK!
BAM! BAM!
¡ÁBRETE, MALDI-TO...!
BAM! BAM!
...ARMARIO.
¡ESTA ESCUELA SE CAE A TROZOS!
SÍ...
¿EN QUÉ PENSABAN CUANDO LA CONSTRUYERON DE LADRILLOS Y ACERO?

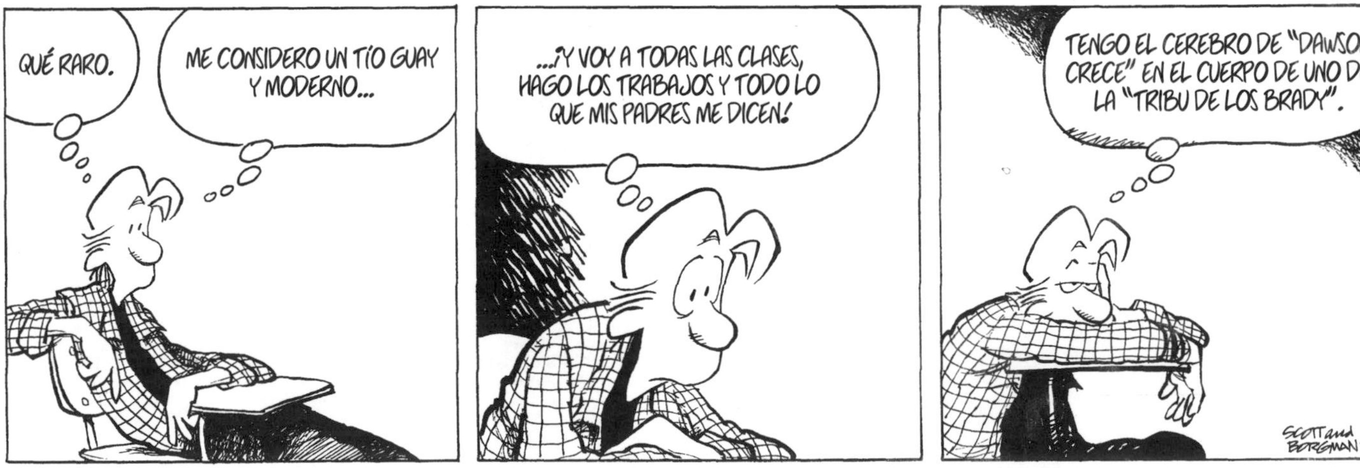
QUÉ RARO.
ME CONSIDERO UN TÍO GUAY Y MODERNO...
...¡Y VOY A TODAS LAS CLASES, HAGO LOS TRABAJOS Y TODO LO QUE MIS PADRES ME DICEN!
TENGO EL CEREBRO DE "DAWSON CRECE" EN EL CUERPO DE UNO DE LA "TRIBU DE LOS BRADY".

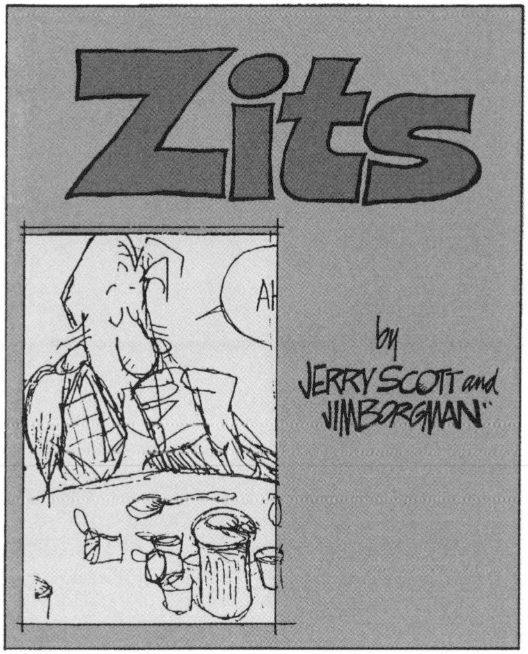
Zits
AH
by
JERRY SCOTT and
JIM BORGMAN

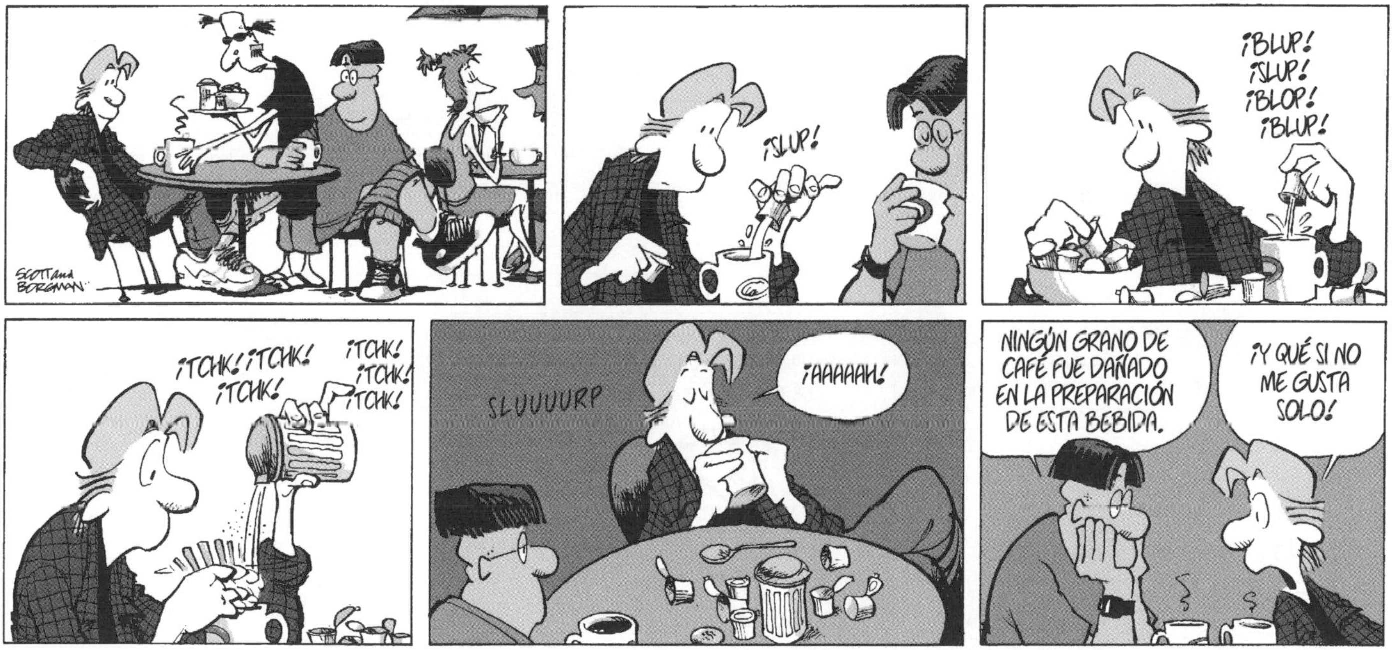
SCOTT and BORGMAN
¡SLUP!
¡BLUP!
¡SLUP!
¡BLOP!
¡BLUP!
¡TCHK! ¡TCHK!
¡TCHK!
¡TCHK!
¡TCHK!
¡TCHK!
SLUUUURP
¡AAAAAAH!
NINGÚN GRANO DE CAFÉ FUE DAÑADO EN LA PREPARACIÓN DE ESTA BEBIDA.
¡Y QUÉ SI NO ME GUSTA SOLO!

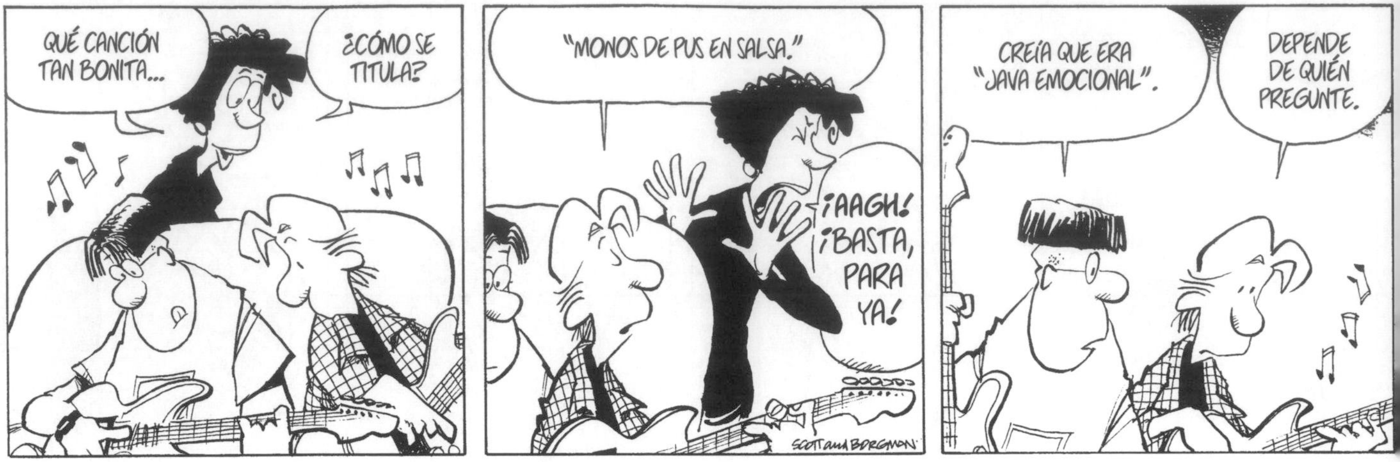
QUÉ CANCIÓN TAN BONITA...
¿CÓMO SE TITULA?
"MONOS DE PUS EN SALSA."
¡AAGH! ¡BASTA, PARA YA!
CREÍA QUE ERA "JAVA EMOCIONAL".
DEPENDE DE QUIÉN PREGUNTE.
SCOTT and BORGMAN

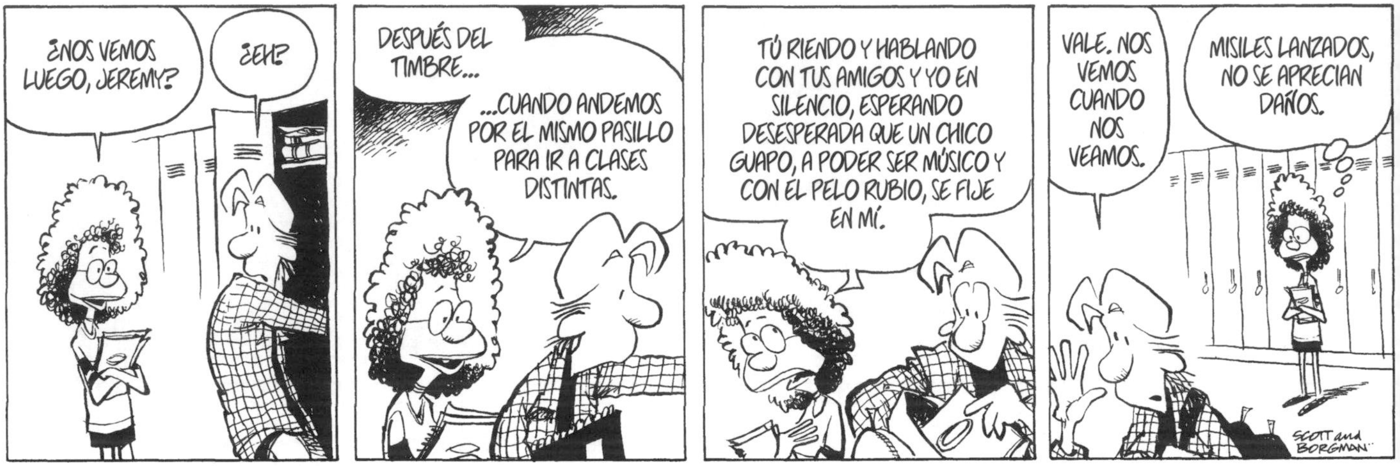
¿NOS VEMOS LUEGO, JEREMY?
¿EH?
DESPUÉS DEL TIMBRE...
...CUANDO ANDEMOS POR EL MISMO PASILLO PARA IR A CLASES DISTINTAS.
TÚ RIENDO Y HABLANDO CON TUS AMIGOS Y YO EN SILENCIO, ESPERANDO DESESPERADA QUE UN CHICO GUAPO, A PODER SER MÚSICO Y CON EL PELO RUBIO, SE FIJE EN MÍ.
VALE. NOS VEMOS CUANDO NOS VEAMOS.
MISILES LANZADOS, NO SE APRECIAN DAÑOS.
SCOTT and BORGMAN

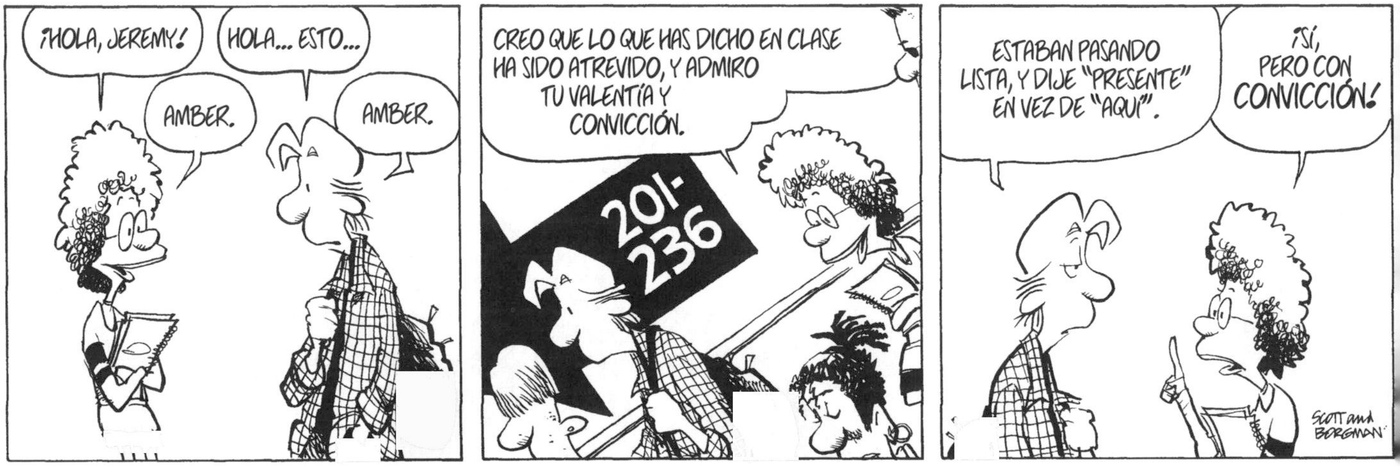
¡HOLA, JEREMY!
HOLA... ESTO...
AMBER.
AMBER.
CREO QUE LO QUE HAS DICHO EN CLASE HA SIDO ATREVIDO, Y ADMIRO TU VALENTÍA Y CONVICCIÓN.
201-236
ESTABAN PASANDO LISTA, Y DIJE "PRESENTE" EN VEZ DE "AQUÍ".
¡SÍ, PERO CON CONVICCIÓN!
SCOTT and BORGMAN

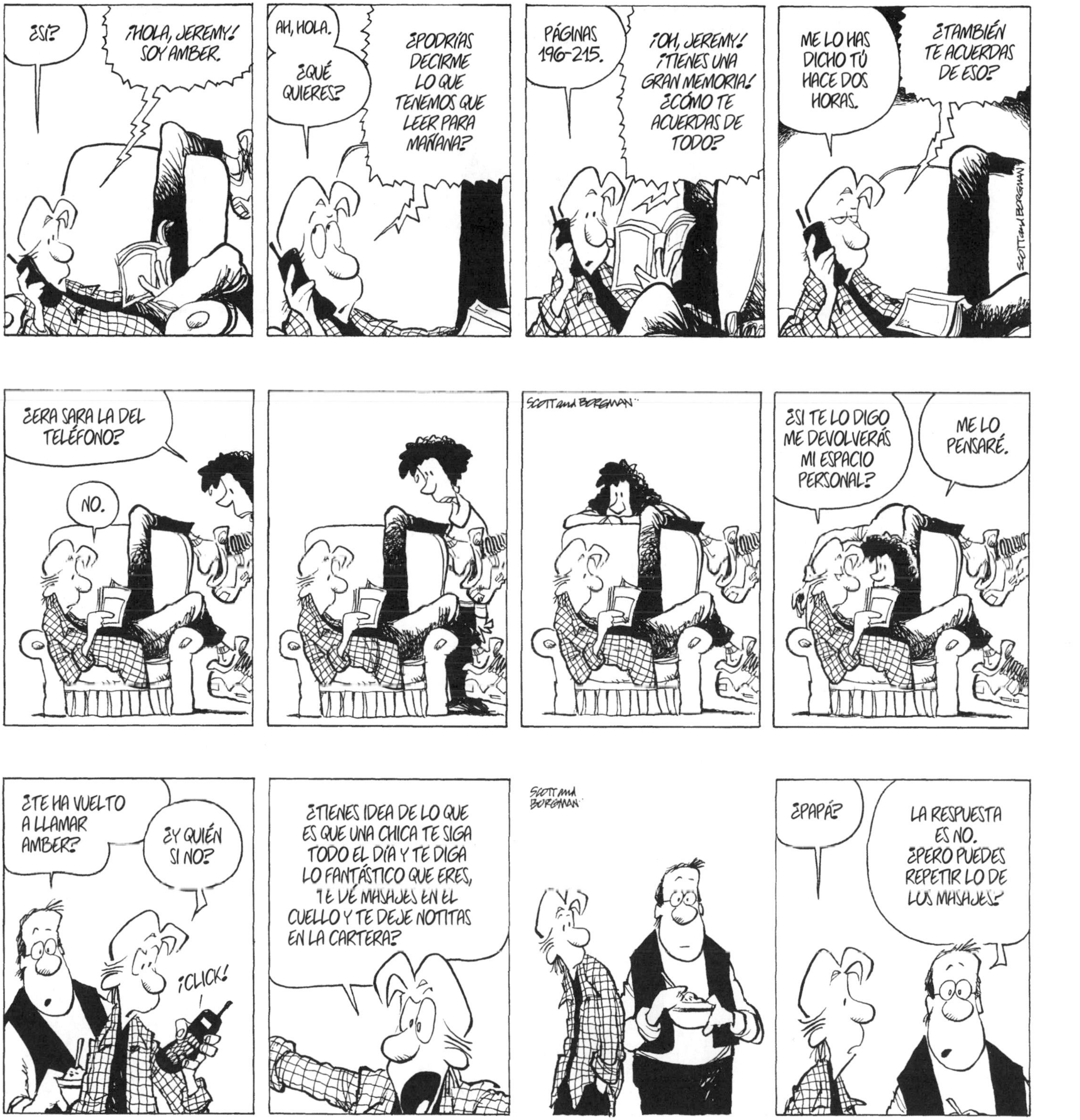
¿SÍ?
¡HOLA, JEREMY! SOY AMBER.
AH, HOLA.
¿QUÉ QUIERES?
¿PODRÍAS DECIRME LO QUE TENEMOS QUE LEER PARA MAÑANA?
PÁGINAS 196-215.
¡OH, JEREMY! ¡TIENES UNA GRAN MEMORIA! ¿CÓMO TE ACUERDAS DE TODO?
ME LO HAS DICHO TÚ HACE DOS HORAS.
¿TAMBIÉN TE ACUERDAS DE ESO?
SCOTT and BORGMAN
¿ERA SARA LA DEL TELÉFONO?
NO.
SCOTT and BORGMAN
¿SI TE LO DIGO ME DEVOLVERÁS MI ESPACIO PERSONAL?
ME LO PENSARÉ.
¿TE HA VUELTO A LLAMAR AMBER?
¿Y QUIÉN SI NO?
¡CLICK!
¿TIENES IDEA DE LO QUE ES QUE UNA CHICA TE SIGA TODO EL DÍA Y TE DIGA LO FANTÁSTICO QUE ERES, TE DÉ MASAJES EN EL CUELLO Y TE DEJE NOTITAS EN LA CARTERA?
SCOTT and BORGMAN
¿PAPÁ?
LA RESPUESTA ES NO. ¿PERO PUEDES REPETIR LO DE LOS MASAJES?

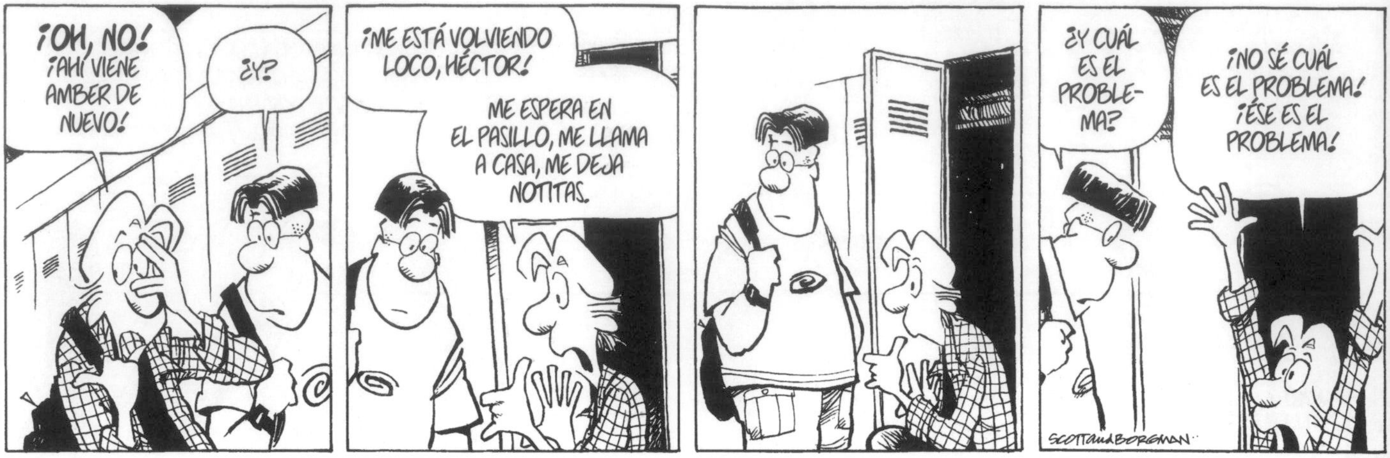
¡OH, NO! ¡AHÍ VIENE AMBER DE NUEVO!
¿Y?
¡ME ESTÁ VOLVIENDO LOCO, HÉCTOR!
ME ESPERA EN EL PASILLO, ME LLAMA A CASA, ME DEJA NOTITAS.
¿Y CUÁL ES EL PROBLEMA?
¡NO SÉ CUÁL ES EL PROBLEMA! ¡ÉSE ES EL PROBLEMA!

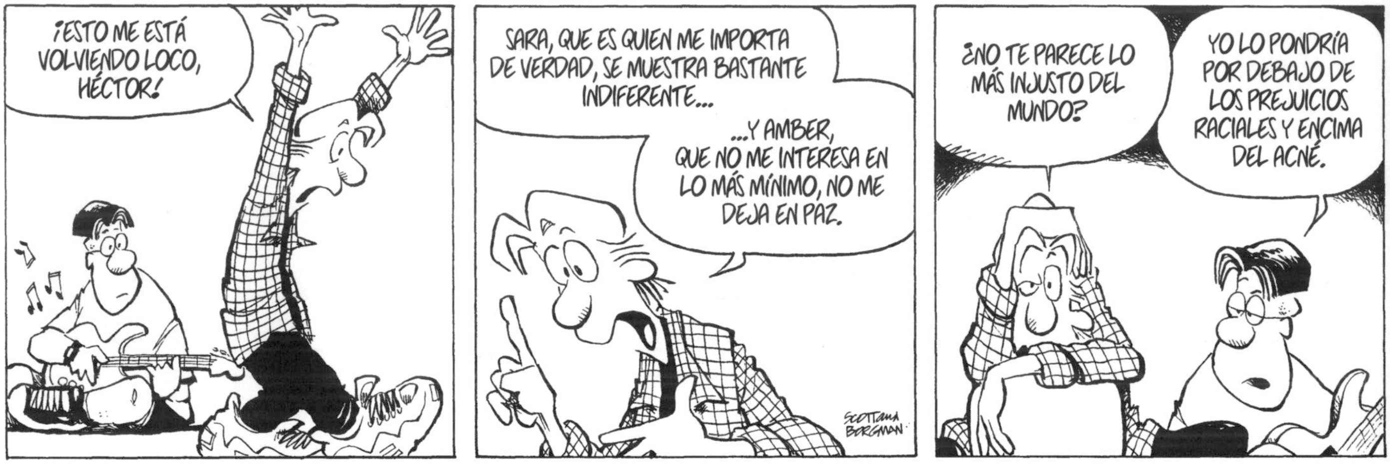
¡ESTO ME ESTÁ VOLVIENDO LOCO, HÉCTOR!
SARA, QUE ES QUIEN ME IMPORTA DE VERDAD, SE MUESTRA BASTANTE INDIFERENTE...
...Y AMBER, QUE NO ME INTERESA EN LO MÁS MÍNIMO, NO ME DEJA EN PAZ.
¿NO TE PARECE LO MÁS INJUSTO DEL MUNDO?
YO LO PONDRÍA POR DEBAJO DE LOS PREJUICIOS RACIALES Y ENCIMA DEL ACNÉ.

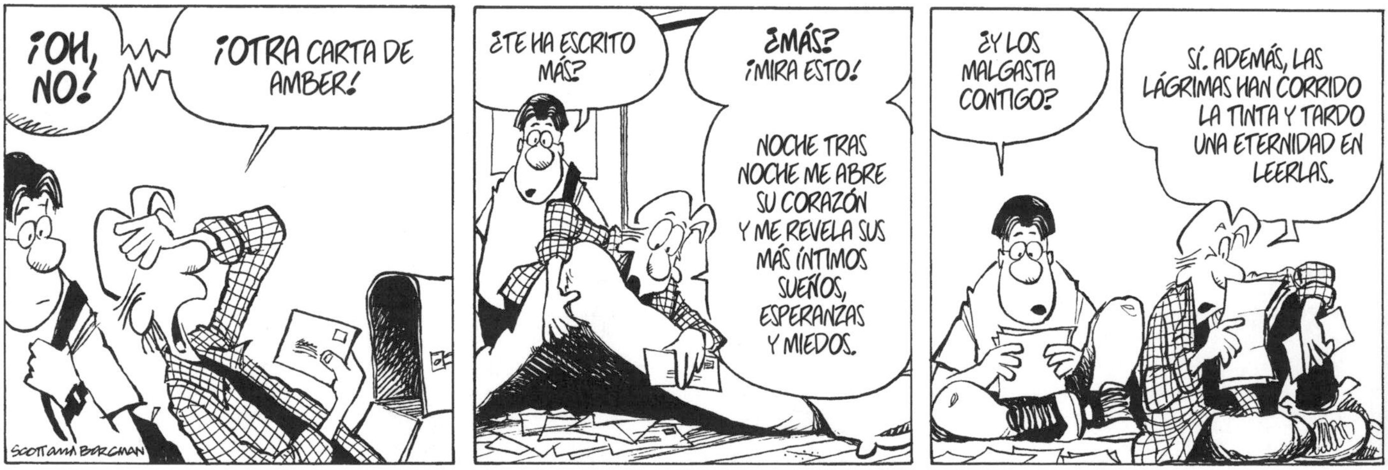
¡OH, NO!
¡OTRA CARTA DE AMBER!
¿TE HA ESCRITO MÁS?
¿MÁS? ¡MIRA ESTO!
NOCHE TRAS NOCHE ME ABRE SU CORAZÓN Y ME REVELA SUS MÁS ÍNTIMOS SUEÑOS, ESPERANZAS Y MIEDOS.
¿Y LOS MALGASTA CONTIGO?
SÍ. ADEMÁS, LAS LÁGRIMAS HAN CORRIDO LA TINTA Y TARDO UNA ETERNIDAD EN LEERLAS.

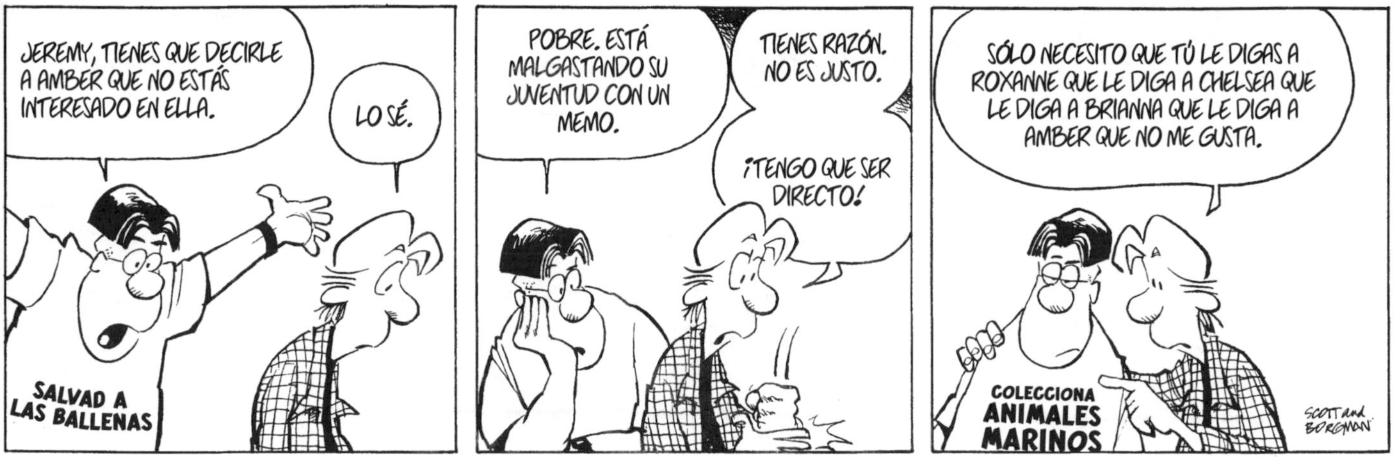
JEREMY, TIENES QUE DECIRLE A AMBER QUE NO ESTÁS INTERESADO EN ELLA.
LO SÉ.
SALVAD A LAS BALLENAS
POBRE. ESTÁ MALGASTANDO SU JUVENTUD CON UN MEMO.
TIENES RAZÓN. NO ES JUSTO.
¡TENGO QUE SER DIRECTO!
SÓLO NECESITO QUE TÚ LE DIGAS A ROXANNE QUE LE DIGA A CHELSEA QUE LE DIGA A BRIANNA QUE LE DIGA A AMBER QUE NO ME GUSTA.
COLECCIONA ANIMALES MARINOS
SCOTT and BORGMAN

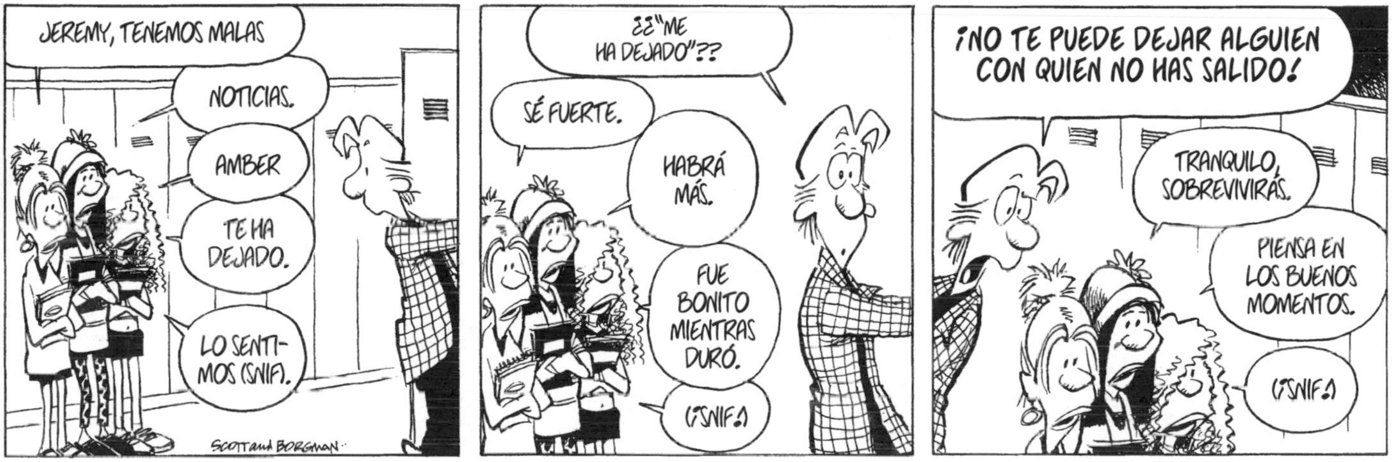
JEREMY, TENEMOS MALAS
NOTICIAS.
AMBER
TE HA DEJADO.
LO SENTI-MOS (SNIF).
SCOTT and BORGMAN
¿¿"ME HA DEJADO"??
SÉ FUERTE.
HABRÁ MÁS.
FUE BONITO MIENTRAS DURÓ.
(¡SNIF!)
¡NO TE PUEDE DEJAR ALGUIEN CON QUIEN NO HAS SALIDO!
TRANQUILO, SOBREVIVIRÁS.
PIENSA EN LOS BUENOS MOMENTOS.
(¡SNIF!)

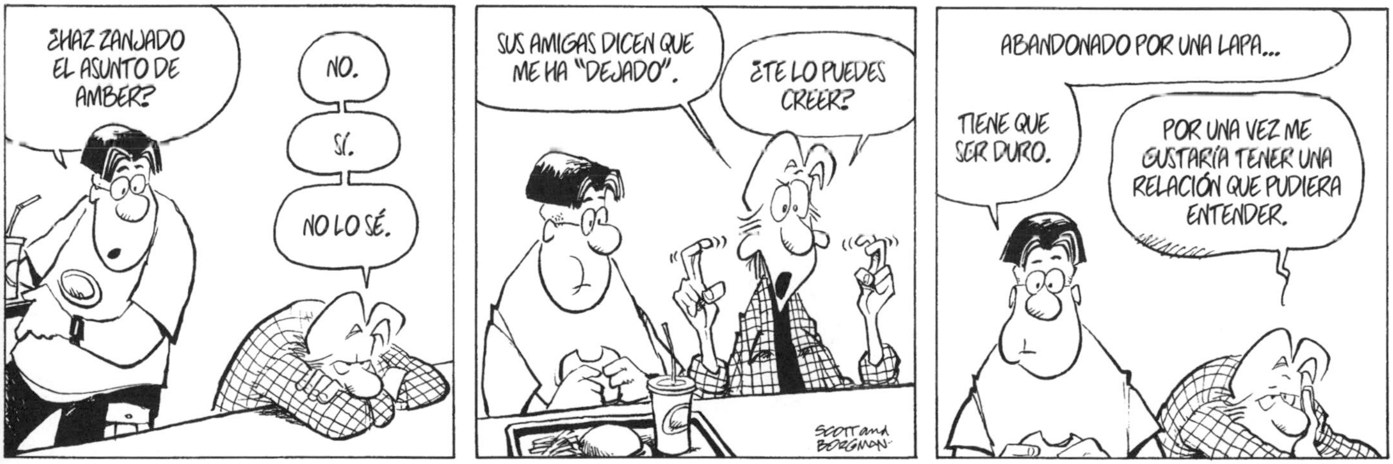
¿HAZ ZANJADO EL ASUNTO DE AMBER?
NO.
SÍ.
NO LO SÉ.
SUS AMIGAS DICEN QUE ME HA "DEJADO".
¿TE LO PUEDES CREER?
SCOTT and BORGMAN
ABANDONADO POR UNA LAPA...
TIENE QUE SER DURO.
POR UNA VEZ ME GUSTARÍA TENER UNA RELACIÓN QUE PUDIERA ENTENDER.

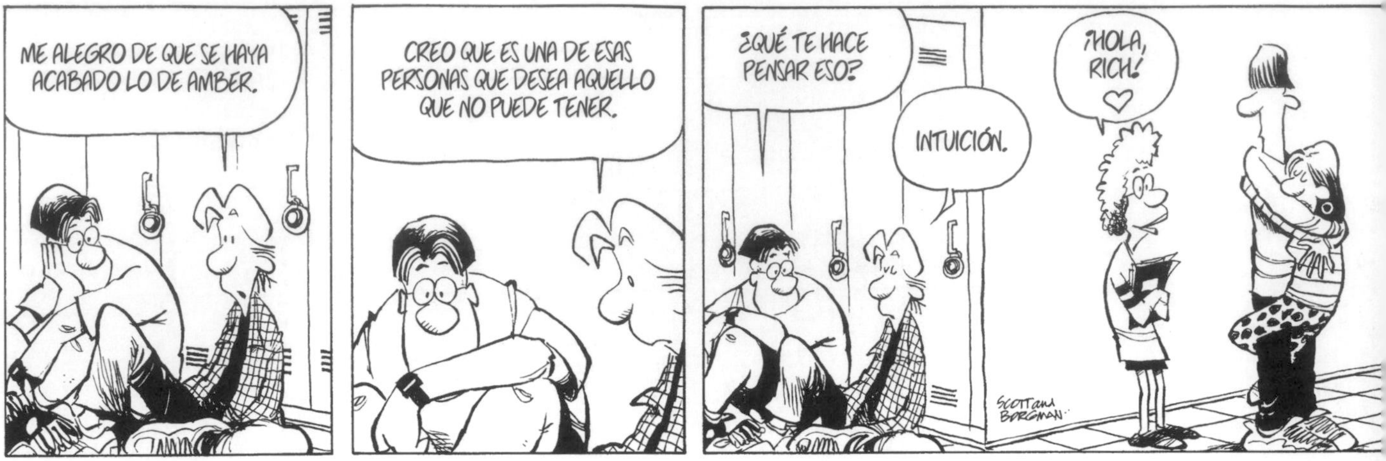
ME ALEGRO DE QUE SE HAYA ACABADO LO DE AMBER.
CREO QUE ES UNA DE ESAS PERSONAS QUE DESEA AQUELLO QUE NO PUEDE TENER.
¿QUÉ TE HACE PENSAR ESO?
INTUICIÓN.
¡HOLA, RICH!
SCOTT and BORGMAN

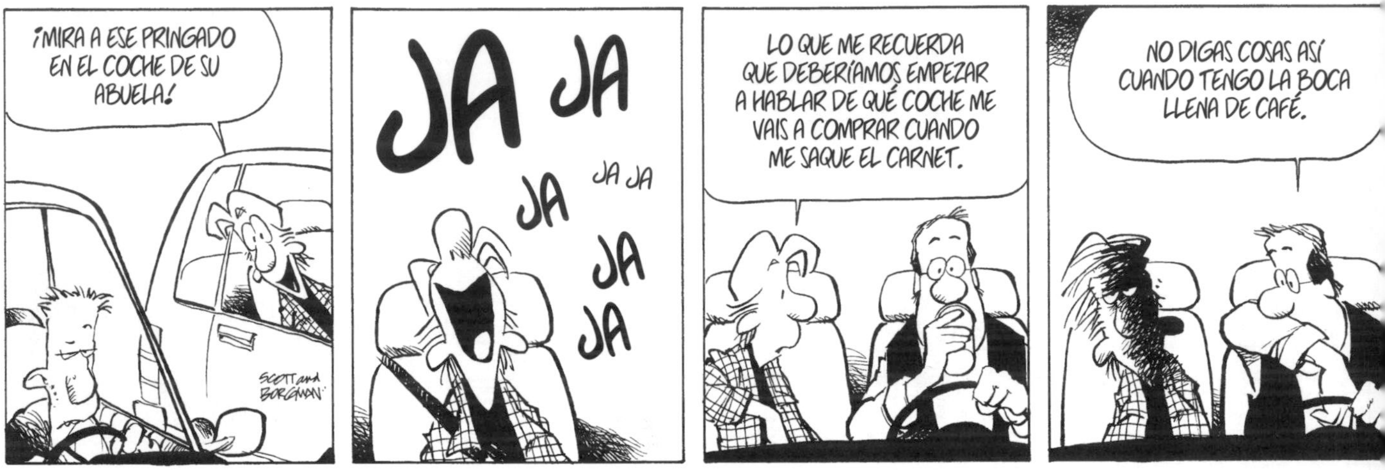
¡MIRA A ESE PRINGADO EN EL COCHE DE SU ABUELA!
SCOTT and BORGMAN
JA JA JA JA JA JA JA JA
LO QUE ME RECUERDA QUE DEBERÍAMOS EMPEZAR A HABLAR DE QUÉ COCHE ME VAIS A COMPRAR CUANDO ME SAQUE EL CARNET.
NO DIGAS COSAS ASÍ CUANDO TENGO LA BOCA LLENA DE CAFÉ.

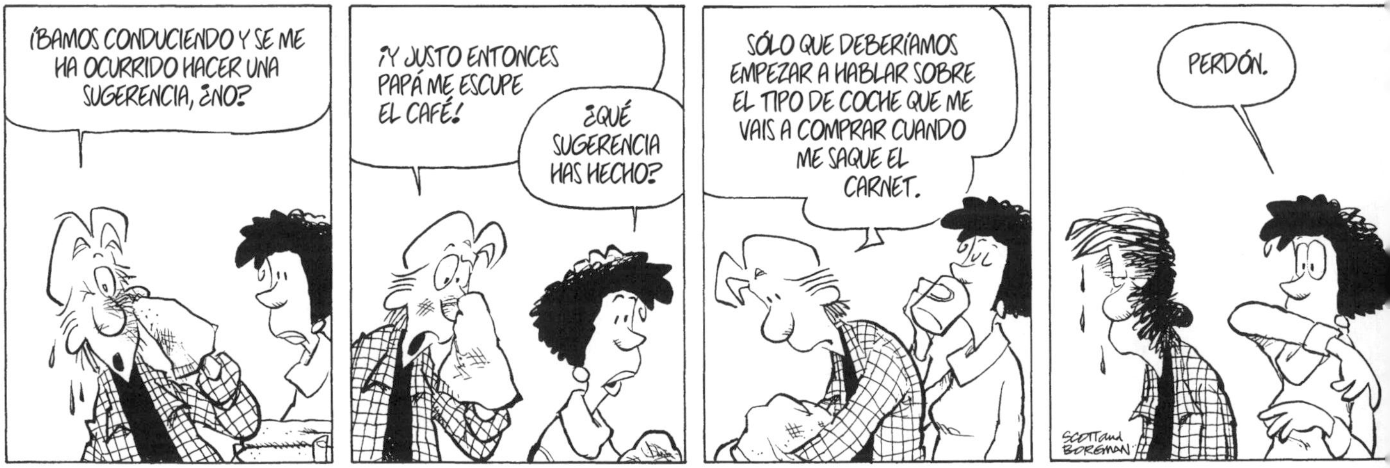
ÍBAMOS CONDUCIENDO Y SE ME HA OCURRIDO HACER UNA SUGERENCIA, ¿NO?
¡Y JUSTO ENTONCES PAPÁ ME ESCUPE EL CAFÉ!
¿QUÉ SUGERENCIA HAS HECHO?
SÓLO QUE DEBERÍAMOS EMPEZAR A HABLAR SOBRE EL TIPO DE COCHE QUE ME VAIS A COMPRAR CUANDO ME SAQUE EL CARNET.
PERDÓN.
SCOTT and BORGMAN